本书受到教育部哲学社会科学研究重大课题攻关项目"特别行政区制度在我国国家管理体制中的地位和作用研究"(10JZD0034-1)资助

两岸及港澳法制研究系列

香港司法终审权研究
On the Judicial Power of Final Adjudication of Hong Kong Special Administrative Region

易赛键 \ 著

厦门大学出版社
XIAMEN UNIVERSITY PRESS
国家一级出版社
全国百佳图书出版单位

前　言

　　香港、澳门回归以来，走上了同祖国内地优势互补、共同发展的宽广道路，"一国两制"的伟大实践取得了举世公认的成功。在香港特别行政区设置终审法院是香港回归祖国后在司法制度上的重大变化。终审法院是香港司法系统中的最高审级，香港回归前设在伦敦，由英王室枢密院掌握香港的司法终审权。由于香港特别行政区终审法院有终审权，香港特别行政区法院的审判不受中国内地最高人民法院的监督。因此，有必要研究香港司法终审权的性质和特征是什么？它与作为主权国家的终审权有何异同？香港司法终审权在实践中是否会与最高人民法院的终审权发生冲突，以及发生冲突时该遵循何种原则与规则进行化解？全国人大常委会释法与香港司法终审权的关系如何？全国人大常委会对基本法的解释程序如何构建？等等。这些问题是我国司法审判领域的重大理论与现实课题，更是涉及我国"一国两制"原则的重大宪制性问题。

　　目前，大陆和港、澳、台地区的研究成果或多或少涉及了香港司法终审权的一些问题，但还存在不足。这里列举一二。首先，缺乏对香港终审法院管辖权范围及其限制的分析。正如基本权利存在界限一样，香港终审法院管辖权也存在界限。学界在论述高度自治权范围时，一般引用《香港基本法》第19条的规定："香港特别行政区享有独立的司法权和终审权；香港特别行政区法院除继续保持香港原有法律制度和原则对法院审判权所作的限制外，对香港特别行政区所有的案件均有审判权；香港特别行政区法院对国防、外交等国家行为无管辖权。"但由于中国内地的最高人民法院对国防与外交等国家行为一般也无管辖权，因此，这种论证方式存在一定缺陷，无法区分香港司法终审权与国家意义上的终审权。其次，缺乏对全国人大常委会释法的原则与程序设计及对终审法院司法扩权的分析。虽然，《香港基本法》第158条授权香港特别行政区在审理案件时对本法关于香港特别行政区自治范围内的条款自行解释，也赋予了香港特别行政区法院对本法的其他条款也可解释的权力。但是，却同时设置了一项特别程序，就是香港法院在审理案件时需要对本法关于中央人民政府管理的事务或中央和香港特别行政区关系的条款进行解释,而该条款的解释又影响到案件的判决,在对该案件作出不可上诉的终局判决前,应由香港特别行政区终审法院提请全国人民代表大会常务委员会对有关条款作出解释。也就是说,存在有学者认为的全国人大常委会解释与香港特区法院解释的双轨模式。但该条文并未对解释的程序进行建构,在实践中,全国人大常委会的四次释法也是只存在于实践中的某些做法,并未形成法定的程序。而且,对香港终审法院司法扩权问题也缺乏科学分析和判断,等等。

正是基于对以上问题的思考,才有了写作本书的思路和源泉。本书始终坚持历史唯物主义和辩证唯物主义的马克思主义根本研究方法。除此之外,还运用了一些基本的研究方法,包括比较分析法、历史分析法、实证分析法、规范分析法、图表分析法等等。本书除了第一章(绪论)和第六章(代结论)之外,本体部分共有四章。

目 录

第一章 绪论 ………………………………………………………… 1
  第一节 写作缘起 …………………………………………………… 1
  第二节 文献综述 …………………………………………………… 3
  第三节 研究方法 …………………………………………………… 8
  第四节 主要内容 …………………………………………………… 8
  第五节 学术创新 …………………………………………………… 12

第二章 香港司法终审权概述 ……………………………………… 16
  第一节 香港司法终审权相关概念辨析 …………………………… 16
    一、香港司法终审权与国家主权 ………………………………… 16
    二、香港司法终审权与违宪审查 ………………………………… 23
    三、香港司法终审权与国家终审权 ……………………………… 31
  第二节 香港司法终审权的性质与特征 …………………………… 33
    一、香港司法终审权的性质 ……………………………………… 33
    二、香港司法终审权的特征 ……………………………………… 35
  第三节 香港司法终审权的宪法地位 ……………………………… 38
    一、香港司法终审权的宪法属性 ………………………………… 39
    二、香港司法终审权的宪法价值 ………………………………… 41
    三、香港司法终审权的宪法功能 ………………………………… 43

第三章 香港司法终审权历史回顾 ………………………………… 48
  第一节 "港英时期"的司法终审(1843—1985年) ……………… 48
    一、英国枢密院拥有司法终审权 ………………………………… 48
    二、中英谈判与中英联合声明 …………………………………… 52
  第二节 "过渡时期"的司法终审(1985—1997年) ……………… 57
    一、如何理解"涉及国家重大利益" ……………………………… 58

  二、如何理解"保持香港原有法律"……………………………… 60
  三、全国性法律如何在香港适用……………………………… 64
  四、司法终审权与基本法解释权……………………………… 65
 第三节 香港缘何享有司法终审权……………………………… 71
  一、政治因素：确保恢复主权………………………………… 72
  二、经济因素：核算制度成本………………………………… 74
  三、文化因素：争取情感认同………………………………… 75
  四、社会因素：维护香港法治………………………………… 77

第四章 香港终审法院管辖权范围及其限制…………………………… 79
 第一节 香港终审法院管辖权范围……………………………… 80
  一、普通法的理解……………………………………………… 80
  二、基本法的原意……………………………………………… 85
 第二节 香港终审法院管辖权限制……………………………… 95
  一、基于主权的限制…………………………………………… 96
  二、基于基本法的限制………………………………………… 98
  三、基于宪法的限制…………………………………………… 101
 第三节 香港终审法院违基审查权……………………………… 103
  一、司法审查称谓的匡正……………………………………… 103
  二、法院司法扩权的倾向……………………………………… 109
  三、法院违基审查权界限……………………………………… 113

第五章 香港司法终审权与基本法解释…………………………………… 117
 第一节 香港基本法解释制度原理……………………………… 117
  一、基本法解释机制…………………………………………… 118
  二、基本法解释原则…………………………………………… 123
  三、基本法解释规则…………………………………………… 127
 第二节 香港终审法院解释基本法……………………………… 132
  一、终审法院释法的特点……………………………………… 132
  二、法院释法程序的缺失……………………………………… 135
  三、终审法院释法的规限……………………………………… 138
 第三节 全国人大常委会四次释法……………………………… 141
  一、1999 年 6 月 26 日释法…………………………………… 142
  二、2004 年 4 月 6 日释法……………………………………… 144

  三、2005年4月27日释法 …………………………………… 147
  四、2011年8月26日释法 …………………………………… 150
  五、四次释法实践的比较 …………………………………… 155
 第四节 人大释法对香港司法终审权的影响 ………………… 156
  一、有影响说 ………………………………………………… 157
  二、无影响说 ………………………………………………… 159
第六章 香港司法终审权的坚守与前瞻(代结语) ……………… 162
 第一节 准确把握一国两制科学内涵 …………………………… 162
 第二节 明确基本法和普通法的关系 …………………………… 165
 第三节 完善基本法解释的程序规则 …………………………… 167
 第四节 基本法委员会应更有所作为 …………………………… 170
参考文献 ………………………………………………………………… 173
后 记 ………………………………………………………………… 182

第一章 绪 论

第一节 写作缘起

"一国两制"的科学构想是根据世界的现实提出来的。当代世界的现实,简言之,就是一个世界市场、两种社会制度。第二次世界大战以后,社会主义制度在十几个国家建立。由于资本主义经济、政治发展不平衡规律的作用,使得社会主义首先在经济并不十分发达的国家获得胜利。这决定了社会主义的发展还有相当长的一段路要走,目前尚不具备最终战胜资本主义的力量。世界范围内两种社会制度的共存与竞争,也就为一个统一国家内两种社会制度的共存与竞争提供了客观可能性。世界的现实性还在于两种不同的社会制度拥有一个共同的世界市场。随着现代科学技术的发展,世界经济正在走向国际化,各国经济之间的互相渗透、互相依存、互相竞争已成为经济发展的不可缺少的重要因素。①

有学者认为,一国两制法治实践的真正起点在哪里?简单地说是法庭。②一直以来,司法终审权问题并未被宪法学界所重点关注,但是特别行政区制度在中国变成现实,并经过十多年的法治实践之后,这个非重点关注的问题变得越来越需要关注了。中央赋予香港特别行政区享有高度自治权,是落实"一国两制"、"港人治港"、高度自治方针的具体体现。《中华人民共和国香港特别行

---

① 浦兴祖主编:《中华人民共和国政治制度》,上海人民出版社2005年版,第436~437页。
② 陈友清:《1997—2007:一国两制法治实践的法理学观察——以法制冲突为视角》,法律出版社2008年版,第2页。

政区基本法》(以下简称《香港基本法》)第1条规定:"香港特别行政区是中华人民共和国不可分离的部分。"第12条规定:"香港特别行政区是中华人民共和国的一个享有高度自治权的地方行政区域,直辖于中央人民政府。"这表明,香港特别行政区是中华人民共和国的一个地方行政区域。《香港基本法》第2条规定:"全国人民代表大会授权香港特别行政区依照本法的规定实行高度自治,享有行政管理权、立法权、独立的司法权和终审权。"这些条款明确了香港特区的高度自治权是全国人民代表大会授予的,高度自治权的范围涵盖行政权、立法权、司法权及终审权。而终审权作为一项主权性质的权力,被中央授予了地方行政区域,这是中央政府充分考虑内地和香港的实际情况而作出的慎重选择,是世界范围内的一项创举。

香港特别行政区设置终审法院是香港回归祖国后在司法制度上的重大变化。终审法院是香港司法系统中的最高审级,香港回归前设在伦敦,由英王室枢密院掌握香港的终审权。我国的一个重要政策,是1997年对香港恢复行使主权时,将终审权从英国收回,而后授予香港特别行政区,并设立终审法院。这一政策写入了《中英联合声明》,并在制定香港基本法时写入了《香港基本法》。[1] 马来西亚和新加坡独立时,终审法院都仍是英国枢密院。后来马来西亚自设终审法院,新加坡则沿用英国枢密院至今。我国的这一规定是恢复行使主权,贯彻"一国两制"、"港人治港"、高度自治的充分体现。[2]

由于香港特别行政区终审法院有终审权,因此,香港特别行政区法院的审判不受中国内地最高人民法院的监督。[3] 那么,香港特区终审权的性质和特征是什么?它与作为主权国家的终审权有何异同?香港特别行政区的终审权在实践中是否会与最高人民法院的终审权发生冲突,以及发生冲突时该遵循何种原则与规则进行化解?香港特区终审法院在自治范围内的释法与全国人大常委会的释法如何衔接?全国人大常委会对《香港基本法》的解释程序如何构建?这些问题是我国司法审判领域的重大理论与现实课题,更是涉及我国"一国两制"原则的重大宪制性问题。

---

[1] 《香港基本法》第82条规定:"香港特别行政区的终审权属于香港特别行政区终审法院。终审法院可根据需要邀请其他普通法适用地区的法官参加审判。"

[2] 国务院发展研究中心港澳研究所:《香港基本法读本》,商务印书馆2009年版,第147~148页。

[3] 国务院发展研究中心港澳研究所:《香港基本法读本》,商务印书馆2009年版,第149页。

第二节　文献综述

我国内地学界研究特别行政区终审权的论文非常少,在"中国学术期刊网"上,以"终审权"为篇名进行搜索,只有2篇,分别是邹平学、潘亚鹏的《港澳特区终审权的宪法学思考》(载《江苏行政学院学报》2010年第1期),以及张剑平的《香港特别行政区终审权的宪法学思辨》(载《湖南工业大学学报》2008年第1期)。这两篇论文是目前能找到的专门研究特区终审权的非常有价值的文章,邹平学、潘亚鹏的文章除了阐述终审权的根本特性之外,还比较了特区终审权与国家意义上的终审权之间的差异,分析了决定特区终审权顺利运行的几大宪制因素。张剑平的文章则探讨了香港特区终审权的宪法依据,分析了终审权具有的权威独立性、功能自治性、宪法授权性和效力终极性四个特征以及两项特别属性。① 该文还从修改香港基本法有关条款的角度,分析了如何规制香港特别行政区终审权。

若以"终审权"为主题词进行搜索,较有研究深度的论文有20篇左右。分别是:肖蔚云的《略论香港终审法院的判词及全国人大常委会的释法》(载《浙江社会科学》2000年第9期);胡锦光的《关于香港法院的司法审查权》(载《法学家》2007年第3期);胡锦光、朱世海的《三权分立抑或行政主导制——论香港特别行政区政体的特征》(载《河南省政法管理干部学院学报》2010年第2期);王凤超的《关于中央和香港特别行政区的关系》(载《中共党史研究》1997年第2期);思文的《"九七"前后的香港司法体制——香港政制系列研究之四》(载《深圳大学学报》1997年第1期);沈木珠的《"一国两制"下深港法律地位比较》(载《特区经济》1995年第9期);刘玫的《"一国两制"下香港司法体系的变化》(载《人民检察》1997年第6期);中国社科院法学研究所课题组的《"一国两制"与香港基本法》(载《法学研究》1997年第4期);齐树洁的《"一国两制"与香港终审法院》(载《人民政坛》1995年第9期);邓作君的《回归后香港审判制度与内地审判制度的区别》(载《大庆社会科学》1997年第5期);孙明飞的《论澳门特别行政区司法体制的独立性》(载《华南师范大学学报》1999年

---

① 这两项特别属性分别是特别宪法程序性和终审范围的有限性。张剑平:《香港特别行政区终审权的宪法学思辨》,载《湖南工业大学学报》(社会科学版)2008年第1期。

第 3 期)；张月明的《论大陆和香港的区际司法协助》(载《广西大学学报》1997 年第 3 期)；钟业坤、沈乐平的《论香港特别行政区的司法制度》(载《暨南学报》1992 年第 4 期)；刘超捷的《论中国区际法律冲突的特点及其解决途径》(载《辽宁青年管理干部学院学报》1999 年第 4 期)；吴寿江的《试析未来香港在司法领域中的高度自治权》(载《政法学报》1994 年第 2 期)；刘端郎的《谈香港的法律和司法制度》(载《广州对外贸易学院学报》1989 年第 4 期)；马瑞丽的《我国内地与港、澳、台间的法律冲突与解决》(载《学习论坛》1999 年第 7 期)；马光远的《香港，两种"法制"演绎迷人探戈》(载《法制日报》2008 年 12 月 14 日)；汪文的《香港终审法院问题协议的启示》(载《瞭望》新闻周刊 1995 年第 25 期)。

此外，还有为数不多的学位论文涉及终审权问题，如清华大学李松锋的硕士论文《香港基本法解释权问题研究》(2006 年)；暨南大学刘燕燕的硕士论文《〈香港基本法〉第 158 条的完善》(2011 年)。以上研究成果从终审法院的裁判、全国人大常委会对香港基本法的解释、区际法律冲突、区际司法协助以及香港与内地的审判制度等角度进行实证分析，具有很高的理论价值与实践价值。

若再把题名的搜索范围扩大到"高度自治"或"高度自治权"，则还有论文 20 篇左右。如马若龙、叶海波的《从"港英政制"到"高度自治"——香港政治发展道路十年回眸》(载《学习月刊》2007 年第 13 期)；程洁的《中央管治权与特区高度自治——以基本法规定的授权关系为框架》(载《法学》2007 年第 8 期)；李林的《香港基本法规定的"高度自治"及其实践》(载《四川统一战线》2007 年第 7 期)；陈腾芳的《论香港特别行政区的高度自治》(载《政法学刊》1996 年第 4 期)；程林胜的《"一国两制"下台湾高度自治的"四项权力"》(载《统一论坛》1996 年第 5 期)；李元书的《高度自治，港人治港》(载《学术交流》1997 年第 4 期)；莫力根的《"一国两制"、"港人治港"、高度自治方针的重要体现——评述香港特别行政区第一任行政长官及临时立法会议员的选举产生》(载《内蒙古统战理论研究》1997 年第 1 期)；曾中恕的《论中央对香港特别行政区高度自治权的保障与监督》(载《法学论坛》1997 年第 4 期)；曾华群的《略论香港特别行政区的高度对外自治权》[载《厦门大学学报》(哲社版)1998 年第 1 期]；郭天武、陈雪珍的《论中央授权与香港特别行政区高度自治》(载《当代港澳研究》2011 年第 3 辑)；吴寿江的《试析未来香港在司法领域中的高度自治权》(载《政法论坛》1994 年第 2 期)；曾华群的《香港特别行政区高度自治权争议——对外事务实践的视角》(载《比较法研究》2002年第1期)等等。这些研究成果虽然没有直接以特区终审权为研究对象,但从"一国两制"、"中央与特区关系"等更为多元的视角进行了有益的探索,对开拓写作视野、丰富写作思路具有很大的参考价值。因此,这些研究成果在"特区终审权"资料缺乏、写作困难的情况下,起到了雪中送炭的效果。

上述研究成果以学术论文或学位论文为载体,数量不算可观,而以"特区终审权"为题名的著作更是少之又少,也许是笔者的遗漏与疏忽,至今还未曾发现研究特区终审权的专著。这一方面给本书的写作增加了不小的难度,另一方面又给本书的学术创新带来了可能。虽然专著匮乏,但是从已有的著述中仍然可以挖掘出不少有价值的资料。比如,陈弘毅的《香港特别行政区的法治轨迹》(中国民主法制出版社2010年版),韩大元的《中国宪法事例研究》(法律出版社2010年版),焦洪昌、姚国建的《宪法学案例教程》(知识产权出版社2007年版),胡锦光的《违宪审查比较研究》(中国人民大学出版社2006年版),陈端洪的《宪治与主权》(法律出版社2007年版),陈友清的《1997—2007:一国两制法治实践的法理学观察——以法制冲突为视角》(法律出版社2008年版),鲁凡之的《香港:从殖民地到特别行政区》(广角镜出版社1982年版)等等。由于在综述中不便一一列明,笔者将在之后的行文中再加以具体说明。

以上研究成果或多或少地对香港特区终审权的特性、运行方式及运行中遇到的困境以及如何处理中央与特区政府的关系等问题均有涉及,对特区终审权与国家意义上的终审权等问题进行了有价值的探索。具体体现为以下几个方面:

第一,香港特区终审权的宪法特性。认为香港特区终审权具有权威独立性、功能自治性、效力终极性、特别宪法程序性以及终审范围有限性等。[1] 通过与国家意义上的终审权的对比分析,认为特区终审权具有授权性和从属性、地方性、效力范围的受限性、适用程序及期限的限制性以及主权者宪制的制约性。[2]

---

[1] 张剑平:《香港特别行政区终审权的宪法学思辨》,载《湖南工业大学学报》(社会科学版)2008年第1期。

[2] 邹平学、潘亚鹏:《港澳特区终审权的宪法学思考》,载《江苏行政学院学报》2010年第1期。

第二,香港特区终审权的宪法规制。认为香港特区终审权缺乏有效的程序性规制与现实的监督措施,并提出全国人大在收到终审法院解释基本法的请求后,应进一步明确"中央人民政府管理的事务"、"中央和香港特别行政区关系"的具体范围,同时,对《香港基本法》第158条进行修改。①

第三,香港特区终审权顺利运行的宪制因素。主要有:中央与特区最根本的"主权—授权"宪制关系,正确理解单一制下的"高度自治",不规避提请全国人大常委会解释基本法的法定义务,考虑和照顾主权。②

第四,围绕基本法解释权阐释特区终审权。由于中国内地与香港属于不同的法域,有关香港基本法解释权的所有争议均源自基本法的"混合特性"。《香港基本法》第158条的制度安排不仅能够区分"一国"之下大陆法和普通法之特质,且可以保留两种法律及司法制度的基石。不过,由于《香港基本法》第158条"是两种法律制度妥协的产物",它是导致基本法解释混乱和冲突的根源。《香港基本法》第158条主观上解决了实体法上的解释权及其分配问题,但它对于人大常委会解释基本法的具体程序以及香港法院解释基本法的具体程序并没有作出特别的规定或指引。总体上说,该法第158条蕴含着一种有待牢固确立的宪法秩序。③

虽然以上研究成果阐明了香港特区终审权的诸多原理,但也存在一些不足:

其一,对终审权为何授予香港特区的原因分析不够全面。关于中央为什么要授予特别行政区以终审权,在以上研究成果中少有系统的阐释。一般论者都只涉及两个方面:一是香港原有法律制度不同于大陆的法律制度,二是为了保持香港的繁荣与稳定。这里姑且不论这两个方面的原因是否都完全成立,我们还应想想,除此之外,是否还有更为具体的原因没有分析到。

其二,对终审权在中英谈判期间以及基本法起草过程中的历史分析不够深入。中英谈判过程中存在很多分歧,诸如政治体制、驻军问题、基本法解释

---

① 张剑平:《香港特别行政区终审权的宪法学思辨》,载《湖南工业大学学报》(社会科学版)2008年第1期。
② 邹平学、潘亚鹏:《港澳特区终审权的宪法学思考》,载《江苏行政学院学报》2010年第1期。
③ 朱国斌:《香港基本法第158条与立法解释》,载《法学研究》2008年第2期。

权的归属问题等。这些争议在不少论文中均有涉及。① 而对于在中英谈判时期以及基本法起草过程中对终审权的争议,很少有论文进行过分析,或者是分析得不够深入。

其三,对特区终审权与国家主权之间关系的理论分析有所欠缺。如前所述的邹平学、潘亚鹏的文章《港澳特区终审权的宪法学思考》,对特区终审权与国家意义上的终审权作出了有价值的分析。还有学者在专著中论及此问题,比如陈端洪教授在《宪治与主权》一书中从博丹的主权理论出发,探讨了主权政治与政治主权,这是香港基本法对主权理论的应用与突破。但似乎还可以结合卢梭从"公意"出发阐述的主权理论来研究特区终审权与国家主权的关系。

其四,缺乏对香港终审法院管辖权范围及其限制的分析。正如基本权利存在界限一样,特区终审权也存在界限。学界在论述高度自治范围时,一般引用《香港基本法》第19条②加以说明。其实,由于最高人民法院对国防与外交等国家行为一般也无管辖权,因此这种论证方式存在一定的缺陷,无法区分特区终审权与国家意义上的终审权。

其五,缺乏对全国人大释法的原则与程序设计及终审法院判决的分析。虽然《香港基本法》第158条规定了香港法院对自治范围内的条款可自行解释,但是,同时规定了香港法院对其他条款也可解释,只是设置了特别程序,在特定情形下③需要提请全国人大常委会作出解释。也就是说,存在人大常委会解释与香港特区法院解释的双轨模式。但该条文并未对解释的程序进行建构,在实践中,全国人大常委会的四次释法也是只存在做法,而并未形成法定

---

① 徐曰彪:《中英谈判与香港回归》,载《今日中国》(中文版)1997年第9期;张祖:《抗战时期中英谈判之政府高层歧见分析——以归还香港为中心》,载《求索》2011年第4期;曾慧燕:《中英谈判的日日夜夜》,载《南风窗》1985年第8期。

② 《香港基本法》第19条规定:"香港特别行政区享有独立的司法权和终审权;香港特别行政区法院除继续保持香港原有法律制度和原则对法院审判权所作的限制外,对香港特别行政区所有的案件均有审判权;香港特别行政区法院对国防、外交等国家行为无管辖权。"

③ 这项特别程序,就是香港特区法院在审理案件时需要对本法关于中央人民政府管理的事务或中央和香港特别行政区关系的条款进行解释,而该条款的解释又影响到案件的判决,在对该案件作出不可上诉的终局判决前,应由香港特别行政区终审法院提请全国人民代表大会常委会对有关条款作出解释。

的程序。而且,对特区法院扩权问题也缺乏科学的分析和判断。

第三节 研究方法

本书始终坚持历史唯物主义和辩证唯物主义的马克思主义根本研究方法。除此之外,还有一些基本的研究方法:

第一,比较分析法。通过分析比较普通法系的解释模式和大陆法系的解释模式等,阐释香港特区终审权在运行过程中,香港终审法院对香港基本法的解释与全国人大常委会的解释之间的关系。

第二,历史分析法。运用史料从历史的横纵向角度分析香港特别行政区终审权产生的社会背景、国际因素与历史脉络。探索香港司法权与终审权在运行过程中的种种历史因素。

第三,实证分析法。联系香港特别行政区终审法院的判例,并结合我国的宪法文本与中央对特别行政区的政策精神,来探讨分析香港特别行政区终审权的某些规律性因素,以及在今后的司法实践中应注意的问题。

第四,规范分析法。结合宪法、港澳基本法、反分裂国家法、立法法等法律文本的相关条款,甚或是《中英联合声明》等香港基本法的法律渊源进行分析,探讨香港特区终审权在我国宪法中的地位,提出完善相关条款,健全人大常委会对基本法解释程序等建议。

第四节 主要内容

本书除了第一章(绪论)和第六章(结论)之外,本体部分共有四章。

第二章为"香港司法终审权概述"。分析了香港司法终审权的性质与特征;对香港终审权与国家主权、与违宪审查、与国家终审权进行概念比较;从香港司法终审权的宪法属性、宪法价值、宪法功能三个方面,阐述了香港司法终审权的宪法地位。《香港基本法》第2条规定的高度自治权源自中央政府的授权,这区别于联邦国家中的州的权力,州的权力是内生的,各州拥有剩余权力。

比如,美国(通过10个宪法修正案)①和瑞士(《瑞典联邦宪法》的第3条)。②香港特区终审权本质上隶属于司法权,同时,由于香港的高度自治权不是其本身固有的,而是中央授予的,因此,香港特区终审权是授权性的司法权。特区终审权与最高人民法院的终审权相比,具有如下特征:来源间接性、地方终局性、特别程序性、范围有限性等。

第三章为"香港司法终审权历史回顾"。本章叙述了"港英时期"香港司法终审权的状况、中英谈判时期对终审权的争议以及基本法起草过程中对终审权的讨论,旨在梳理香港特区终审权的历史流变与形成脉络。并选取了"如何理解涉及国家重大利益"、"如何理解保持香港原有法律"、"全国性法律如何在香港适用"、"司法终审权与基本法解释权"四个方面的重点问题进行分析。关于香港缘何享有司法终审权,学界一般从维护香港社会稳定、保持香港繁荣发展方面作出解释。笔者还从政治因素、经济因素、文化因素、社会因素四个方面进行了初步分析。本章的写作素材,主要有在香港大学法学院图书馆查询到的香港特别行政区基本法起草委员会秘书处编辑的《基本法(草案)征求意见稿咨询报告》、《香港基本法最后报告》、《基本法解释及修改权最后报告》、《司法管辖权与全国性法律在香港的应用的最后报告》、《基本法解释及修改权讨论文件》等等。③

第四章为"香港终审法院管辖权范围及其限制"。香港地区实行普通法判例制度,从这个角度来说,终审法院可以创造规则,如果香港特区终审权的管辖范围确定了,则特区内其他法院的管辖范围也就相应确定了。笔者从"普通法的理解"、"基本法的原意"两个方面阐述香港终审法院管辖权范围;从"基于主权的限制"、"基于基本法的限制"、"基于宪法的限制"三个方面阐述香港终审法院管辖权限制;从"司法审查称谓的匡正"、"法院司法扩权的倾向"、"基本法审查权的界限"阐述了香港终审法院基本法审查权。《香港基本法》第19条第3款规定:香港特别行政区对国防、外交等国家行为无管辖权。问题的关键有两个:一是如何理解"国家行为",这也涉及如何界定国防行为与外交行为;二是如何理解"国家行为"之前的"等"的含义?对于第一个问题,最高人民法

---

① 《美国宪法修正案》第10条规定:"宪法未授予合众国,也未禁止各州行使的权力,分别由各州或由人民保留。"
② PY Lo, *The Hong Kong Basic Law*, Lexis Nexis, 2011, p. 19.
③ 类似的报告和文件未公开出版,但可以在香港大学法学图书馆查阅到。

院《关于执行〈中华人民共和国行政诉讼法〉若干问题的解释》对《行政诉讼法》第 12 条第 1 项中的"国家行为"作了规定:"国家行为"是指国务院、中央军事委员会、国防部、外交部等根据宪法和法律的授权,以国家的名义实施的有关国防和外交事务的行为,以及经宪法和法律授权的国家机关宣布紧急状态、实施戒严和总动员等行为。这个规定,并没有解释国防与外交的具体含义,因此,有必要进一步探讨。对于第二个问题,内地与香港的学者持有不同的看法,官方和大多数内地学者认为"等国家行为"是"等外等",包含了除国防、外交行为之外的国家行为;①而香港学者一般认为是"等内等",即国家行为只包括国防行为与外交行为。基本法起草委员会当时没有考虑"等"的含义。本章通过分析香港法院的典型判决,阐述了香港回归祖国前后因终审权问题产生的宪法危机的成因及应对措施。以"刚果案"为例,通过区分审理对象和审查对象,阐述其所涉及的外交行为问题,如果该案本身就是外交行为的案件,则直接依据基本法,香港法院不需要受理;问题在于,该案的审理对象不是外交行为,而是在审理过程中需要查明某些事实问题时涉及外交行为,因此香港终审法院提请人大常委会释法。此后人大常委会在第四次释法中提到了"政策",而如何理解国家的"政策"在香港地区的法律效力问题,也是本章所要论及的。

  第五章为"香港司法终审权与基本法解释"。全国人大常委会分别于 1999 年 6 月 26 日、2004 年 4 月 6 日、2005 年 4 月 27 日、2011 年 8 月 26 日对香港基本法的有关条款作出解释。本章主要从基本法解释机制、基本法解释原则、基本法解释规则三个方面阐述香港基本法解释制度原理;从终审法院释法的特点、法院释法程序的缺失、终审法院释法的规限阐述香港终审法院如何解释基本法;比较分析了全国人大常委会的四次释法,以及人大释法对司法终审权的影响。香港特区终审权不是国家意义上的终审权,全国人大常委会对基本法的解释对香港特区终审权有限制作用。如果全国人大常委会的解释对香港终审法院之前的判决有溯及力,则会对香港社会产生不利影响。在"吴嘉

---

① 全国人大常委会在 2011 年 8 月 26 日对《香港基本法》的解释中提到:《中华人民共和国香港特别行政区基本法》第 19 条第 3 款规定的"国防、外交等国家行为"包括中央人民政府决定国家豁免规则或政策的行为。香港宪报《全国人民代表大会常务委员会关于〈中华人民共和国香港特别行政区基本法〉第十三条第一款和第十九条的解释》,宪报编号为 A114。

玲案"中,全国人大常委会作出解释之后,香港终审法院发表了一个声明,从而引发了一个至关重要的问题,即"全国人大常委会对基本法的解释具有何种效力?"全国人大常委会只能对基本法条文进行解释性说明,而不能创造规则,因为制定和修改基本法是全国人大的职权,而非全国人大常委会的职权,那么全国人大常委会对基本法的解释的效力比基本法低还是同等,如果效力与基本法相同,那么该解释则成了基本法的一部分,就不需要终审法院发表声明,香港法院也当然应该服从。

第六章为"香港司法终审权的坚守与前瞻"。本章的一个重要任务,是对全国人大常委会基本法解释程序进行构建,尽管在实践中,人大常委会对基本法有过四次解释,但都没有依据确定的解释程序。尽管香港方面认为全国人大常委会对基本法的解释有干涉香港司法独立及影响终审权之虞,但如果严格按照基本法的精神和深刻理解"一国两制"中"一国"与"两制"的关系,我们应有理由相信这样一个趋势,那就是英美法系和大陆法系在逐步地交融。香港方面应该把握好《香港基本法》赋予香港特区的是高度自治,但却并非绝对的自治。《香港基本法》亦载有中央人民政府负责的事务和中央与特区关系的条文。特区法院并没有自治权力,不能就该等条文的含义作最终的裁决。只有全国人大常委会才能对该等条文作出权威解释。[①] 两地法律界都需要学会换位思考,学会如何去理解对方的想法,而不只是仅从自己一方的传统和习惯去考虑问题,这样,才能使各自的想法不断接近,才能逐步达成共识。如果大家都只从自己这一方面考虑问题,固守自己熟悉的法律观点和思维方式,不因应"一国两制"和基本法实施所带来的新变化,就难免渐行渐远。[②] 此外,本章还提出了香港特别行政区基本法委员会应在维护中央与香港关系,以及全国人大常委会的释法中应发挥更大的作用。

[①] 梁爱诗:《行政长官任期与法治》,载《星岛日报》(香港)2005年3月21日。这是梁爱诗2005年3月20日在香港电台发表的《给香港的信》(译文),梁爱诗时任香港特区律政司司长。转引自中央人民政府驻香港特别行政区联络办公室编:《关于香港问题的政策性论述》("一国两制"系列资料第三辑),2007年版,第267~268页。

[②] 乔晓阳:《就法论法以法会友》,载《文汇报》(香港)2005年4月13日。这是乔晓阳2005年4月12日在深圳与香港法律界人士座谈会上的发言,乔晓阳时任全国人大常委会副秘书长。转引自中央人民政府驻香港特别行政区联络办公室编:《关于香港问题的政策性论述》("一国两制"系列资料第三辑),2007年版,第161页。

第五节　学术创新

　　当今是个学术著作汗牛充栋的时代,尽管笔者搜肠刮肚广泛涉猎,充其量而言,也就是做了一些文献的梳理,很难说得上有什么创新之处。本书在研究视角上引入了国际法的一些原理,在研究方法上没有创新,只是在研究结论和观点上可能有以下几方面的创新。

　　创新一:香港特区拥有终审权,在很多学者看来并没有与国家主权相冲突,他们的解释大多坚持"香港特区的终审权是中央授予的",而不是香港本身所固有的所谓"剩余权力",更不是英国授予香港的,所以与国家主权并不冲突。笔者认为,还可以有以下解释:其一,作为国家主权标志之一的司法终审权是否可以分离? 正如一个国家两种制度一样,在大陆实行的社会主义是主体,在香港实行资本主义制度不会影响中国社会主义的国家性质。最高人民法院的终审权与香港特区终审权不是一个层面的概念,况且,香港拥有的司法终审权并非完整意义上的国家终审权,其效力范围仅及于香港特区,而且还有全国人大常委会的解释权对香港的终审权进行限制。其二,中央授予香港特区以终审权有利于区别"港英时期"香港的司法状况,"港英时期",英国通过对香港立法、行政和司法的全面控制,体现了宗主国与殖民地的关系,英国枢密院拥有对香港案件的最终决定权。香港主权回归祖国后,中央以什么方式管治香港完全是中国的内政,与英方无关。中央授予香港特区以终审权恰恰体现了国家主权原则。

　　创新二:香港终审法院在审理与刚果民主共和国有关的案件中,涉及在采取国家豁免规则或政策的态度上,香港特别行政区是否应适用中央的政策问题。为此,香港特别行政区终审法院依据《香港基本法》第158条第3款的规定,首次提请全国人大常委会对《香港基本法》第13条第1款和第19条进行解释。① 香港终审法院提出的四个问题中反复提到"国家豁免规则或政策"。虽然在《香港基本法》"附件三"②列明的全国性法律中有《中华人民共和国外交特权与豁免条例》,③但是在"刚果案"中,之所以香港法院能够管辖,说明该案本身不是涉及外交行为的案件,即法院的审理对象并非国家行为,否则,香港法院就没有管辖权。法院在审理该案的过程中,需要审查的事实对象涉及

---

① 香港特区终审法院提请全国人大常委会解释的问题有四个:(1)根据《香港基本法》第13条第1款的真正解释,中央人民政府是否有权力决定中华人民共和国的国家豁免规则或政策;(2)如有此权力的话,根据该法第13条第1款和第19条的真正解释,香港特别行政区("香港特区")(包括香港特区的法院)是否:①有责任援用或实施中央人民政府根据《香港基本法》第13条第1款所决定的国家豁免规则或政策;或②反之,可随意偏离中央人民政府根据《香港基本法》第10条第1款所决定的国家豁免规则或政策,并采取一项不同的规则;③中央人民政府决定国家豁免规则或政策是否属于《香港基本法》第19条第3款第1句中所说的"国防、外交等国家行为";以及④香港特区成立后,《香港基本法》第13条第1款、第19条和香港作为中华人民共和国的特别行政区的地位,对香港原有(即1997年7月1日之前)的有关国家豁免的普通法(如果这些法律与中央人民政府根据《香港基本法》第13条第1款所决定的国家豁免规则或政策有抵触)所带来的影响,是否涉及这些普通法法律,须按照《香港基本法》第8条和第160条及于1997年2月23日根据第160条作出的《全国人民代表大会常务委员会的决定》,在适用时作出必要的变更、适应、限制或例外,以确保关于这方面的普通法符合中央人民政府所决定的国家豁免规则或政策。香港宪报:《全国人民代表大会常务委员会关于〈中华人民共和国香港特别行政区基本法〉第十三条第一款和第十九条的解释》,宪报编号为A114。

② 《香港基本法》"附件三"中的全国性法律如下:一、《关于中华人民共和国国都、纪年、国歌、国旗的决议》;二、《关于中华人民共和国国庆日的决议》;三、《中央人民政府公布中华人民共和国国徽的命令》附:国徽图案、说明、使用办法(该法已于1997年7月1日经第八届全国人大常委会删除);四、《中华人民共和国政府关于领海的声明》;五、《中华人民共和国国籍法》;六、《中华人民共和国外交特权与豁免条例》;七、《中华人民共和国国旗法》;八、《中华人民共和国领事特权与豁免条例》;九、《中华人民共和国国徽法》;十、《中华人民共和国领海及毗连区法》;十一、《中华人民共和国香港特别行政区驻军法》(第七项至第十一项是1997年7月1日经第八届全国人大常委会增加到《香港基本法》"附件三"中的);十二、《中华人民共和国专属经济区和大陆架法》(该法于1998年11月4日经第九届全国人大常委会增加至《香港基本法》"附件三"中);十三、《中华人民共和国外国中央银行财产司法强制措施豁免法》(该法于2005年10月27日经第十届全国人大常委会增加到《香港基本法》"附件三"中)。

③ 全国人大常委会于1986年通过《中华人民共和国外交特权与豁免条例》,虽然冠以"条例"的名称,但它却是全国人大常委会制定的,属于法律范畴。美国和英国均有《国家豁免法》,澳大利亚有《外国国家豁免法》,而美国和澳大利亚都曾是英属殖民地。

一国法院的管辖权问题,是否拥有对外国国家及其财产的管辖权以及外国国家及其财产的豁免权。法院的这一管辖权和外国国家及其财产的豁免权直接关系到这一国家的对外关系以及国际权利与义务。因此,决定国家豁免规则或政策是一种涉及外交的国家行为。① 中央政府对该案审查的事实对象不能在"附件三"中的《中华人民共和国外交特权与豁免条例》中找到答案,该法律只有两条涉及使馆和外交代表的财产,②都与本案的审查对象无直接关系。于是,终审法院提请全国人大常委会作出解释。问题的最好解决办法是,我国制定一部《国家豁免法》,并将其列入"附件三"。

创新三:"刚果案"还引出了另外的问题,比如,"国家政策在香港地区的效力如何?""能否将国家政策适用于香港?""如果能够,是都能够还是部分能够?""国家政策与香港基本法的关系如何?"等等。关于这些问题,需要具体问题具体分析,区别对待。比如,关于计划生育的政策就不适用于香港,因为《香港基本法》第37条规定:香港居民的婚姻自由和自愿生育的权利受法律保护。关于税收的政策也不适用,因为《香港基本法》第106条第3款规定:中央人民政府不在香港特别行政区征税。国家政策是否在香港适用,需要从三个方面论证:第一,实质要件。该国家政策是否与《香港基本法》相违背? 第二,形式要件。该国家政策是否经过全国人大常委会以生效文件的形式确认? 第三,程序要件。该国家政策是否经过香港特区终审法院经过法定程序发表可以在香港地区适用的声明? 这是因为,政策与法律是有区别的,如果是法律,那就可以列入附件三而在香港地区适用。

创新四:人大释法程序的构建。完善基本法解释的程序规则需要从以下几个方面着手:第一,明确释法的客观标准。一方面要决定审查的条件是否成立以及审查的范围,另一方面又要决定审查时所要采用的标准,这些都与《香港基本法》的解释密不可分。第二,明确释法的限制条件。全国人大常委会对《香港基本法》作出解释和有关决定,均只应在下列情况下作出:极端情况;相当急切的情况,即如不及时采取行动,便会损害香港特区的利益;提请全国人

---

① 香港宪报:《全国人民代表大会常务委员会关于〈中华人民共和国香港特别行政区基本法〉第十三条第一款和第十九条的解释》,宪报编号为A114。

② 《中华人民共和国外交特权与豁免条例》涉及财产的只有两个条款。其中第4条规定:"使馆的馆舍、设备及馆舍内其他财产和使馆交通工具免受搜查、征用、扣押或者强制执行。"第15条规定:"外交代表的财产不受侵犯,但第十四条另有规定的除外。"

大常委会作出解释,须以当前事宜为限;不得违反法治;不应损害司法独立。①第三,制定释法的程序规则。可以考虑在下述方面建立相应的程序规范和规则:订立香港终审法院提请解释的法律文本内容和程序规则或指引,包括提请解释的法律文本的格式、必须阐明的主要内容等。第四,向社会公布释法草案。特别行政区政府提请全国人大释法前应咨询"立法会"并先取得"立法会"多数议员的支持,任何决定须经"立法会"辩论及大多数议员通过,并应让议员有足够时间进行讨论。第五,发挥香港人大代表和政协委员的作用。香港人大代表应向社会进行广泛咨询;香港驻北京代表办事处应有渠道获取全国人大释法的相关信息,接受关注此事的团体及人士提交的所有意见书,并把该意见书呈交国务院或全国人大常委会香港基本法委员会考虑。

---

① 香港律师会宪制事务委员会:《律师会对应就全国人民代表大会常务委员会行使解释〈基本法〉的权力设立机制的初步意见》,载佳日思:《居港权引发的宪法争论》,香港大学出版社 2000 年版,第 413 页。

第二章 香港司法终审权概述

虽然"终审权"长期以来一般为诉讼法学界所广为关注,而在宪法学领域,由于其所研究的范围非常广泛、热点难点层出不穷,"终审权"问题一直不被宪法学界所重视。自我国在香港特别行政区设立终审法院之后,作为一国主权象征之一的终审权被中央授予一个地方行政区域便成为事实,从而"特区终审权"问题便走入了宪法学界的学术视野。

第一节 香港司法终审权相关概念辨析

一、香港司法终审权与国家主权

法国思想家博丹第一个系统地讲述了国家主权学说,强调主权是永恒的、绝对的权力。[①] 霍布斯认为,由于人们都为私利而你争我夺,因此必须由具有绝对权威的国家政权来统辖一切。[②] 洛克、孟德斯鸠更进一步主张:建立国家或政权就是为了保护生活、自由、财产等自然权利,并创立"三权分立"学说。

卢梭在《社会契约论》中以"公意"为逻辑起点,阐释了主权的特性,认为:主权永远也不能转让,因为主权只不过是公意的一种运用;而且主权者只是代表着主权者自己,因为主权者只是一个集体的生命。[③] 他阐释了"不可转让"、"不可分割"是主权的重要特性。他认为,意志与公意的关系是,非此即彼的关系,即:意志是公意或者不是公意;意志若是公意,则将属于主权行为,并上升

---

① 《中国大百科全书(精粹本)》,中国大百科全书出版社 2002 年版,第 1914 页。
② 《中国大百科全书·法学》,中国大百科全书出版社 2005 年修订版,第 217 页。
③ [法]卢梭:《社会契约论》,何兆武译,商务印书馆 2003 年第 3 版,第 31 页。

第二章 香港司法终审权概述

为法律;意志若不是公意,则至多是一道命令而已。① 在卢梭看来,能够体现国家主权的事务除了国防、外交,还有税收、司法权等。他解释道:"我们的政论家们既不能从原则上区分主权,于是便从对象上区分主权:他们把主权分为强力与意志,分为立法权力与行政权力,分为税收权、司法权与战争权,分为内政权与外交权。"② 可见,司法权是一国主权的重要标志。

澳门理工学院杨允中教授认为,主权的基本属性可分对内、对外两个部分。所谓对内属性,系指国家的最高政治统治权力,它通过立法、行政、司法、军事、经济、文化等手段来实现,体现在颁布与废除法律、决定国家组织原则、决定政权组织原则、决定经济体制、统率武装力量等权力上。所谓对外属性,主要指一个国家有权独立地决定自己的外交方针政策,独立自主地处理国际事务和享有国际权利并承担国际义务,不允许其他国家或实体干涉,对外属性派生于对内属性。③ 主权被肢解的历史教训惨痛,世世代代不可忘记。在鸦片战争英国霸占香港之后的百多年间,由于满清王朝积贫积弱,国家大好河山惨遭肢解,同现代意义的主权国家概念差距越拉越大。中英鸦片战争、中法战争、英法联军侵华战争、中俄战争、中日甲午战争、八国联军侵华战争、抗日战争,100多年间战事几乎从未间断,战场清一色在中国领土之上,这些战争其实可以定性为中国人民抗英、抗俄、抗日、抗列强之战。④ 中英两国政府在80年代初期开始就香港的前途展开谈判时,对于香港的主权问题曾经有过一番争辩,但双方最终达成协议。《中英联合声明》第1条庄重宣布,收回香港地区(包括香港岛、九龙和"新界",以下称香港)是全中国人民的共同愿望,中华人民共和国政府决定于1997年7月1日对香港恢复行使主权。⑤ "恢复"二字至为关键,这表示了英国在历史上一直不曾拥有香港的主权,因此,英国应将

---

① [法]卢梭:《社会契约论》,何兆武译,商务印书馆2003年第3版,第33页。
② [法]卢梭:《社会契约论》,何兆武译,商务印书馆2003年第3版,第33页。
③ 杨允中:《浅议维护主权与授权治理》,载《"一国两制"研究》2010年第5期。湛中乐、陈聪等诸多学者也有过相关论述,如:"主权在国际法上是指独立权,是国家独立自主地处理自己对内、对外事务的权力。在国内法上是指统治权,对领土内的一切人和物享有的排他的统治权。"湛中乐、陈聪:《论香港的司法审查制度——香港"居留权"案件透视》,载《比较法研究》2001年第2期。
④ 杨允中:《浅议维护主权与授权治理》,载《"一国两制"研究》2010年第5期。
⑤ 《中英关于香港问题的联合声明》,中国民主法制出版社2011年版,第1页。

香港的管治权交还给中国政府而不是给香港人。① 在一个单一制国家里赋予特别行政区享有超过联邦制国家的州所享有的权力,比如特别行政区享有终审权,这是世界上的联邦制国家从来没有的。② 在实行联邦制的美国,联邦和各州都有独立的司法系统,但终审权都是由联邦最高法院统一行使。当事人如果不服联邦上诉法院和州法院作出的涉及联邦的判决,可以向联邦最高法院上诉。

正如前文所述,由于终审权本质上属于司法权,那么,作为最终裁判权的终审权也应该是国家主权的一个重要标志。③ 一般而言,终审权通常都是由国家的最高法院来行使的。纵观世界各国,无论是单一制国家还是联邦制国家,对于终审权的宪法规定,一般均采用宪法默认授予的方式赋予该国最高司法机关。但也有明示确认的。比如,1972年《朝鲜宪法》第141条规定:"中央法院是朝鲜民主主义人民共和国的最高审判机关。"④但无论怎样,从来没有将司法终审权授予地方司法机关。中央将司法终审权授予特别行政区终审法院,对传统宪法理论和国家主权理论提出了严峻的挑战。在中国对香港恢复行使主权之前,香港作为英国的殖民地,虽然设有"最高法院",但它并不享有司法终审权,司法终审权始终归于英国枢密院。依照国家主权理论,司法终审权作为国家主权的重要组成部分,在香港特别行政区成立以后,这种权力理应属于中国的最高人民法院。但在"一国两制"、"港人治港"、高度自治的原则下,依据宪法制定的《香港基本法》规定了香港特别行政区实行高度自治,享有独立的司法权和终审权。因此,香港特区各级法院审理的案件,其终审权也就在香港,而无须上诉到最高人民法院。有论者指出,香港终审法院是根据中央的授权而成立的,它虽然拥有终审权,但是在国家司法体系内,香港终审法院只是中国的一个地方法院,它仍然属于地方性法院,其权力运用仍须受到一定

---

① 戴耀廷:《香港的宪政之路》,中华书局(香港)2010年版,第130页。
② 乔晓阳:《从"一国两制"的高度看待释法的必要性与合法性》,载《文汇报》(香港),2004年4月9日。这是乔晓阳2004年4月8日在香港各界座谈会上的讲话全文,乔晓阳时任全国人大常委会副秘书长。转引自中央人民政府驻香港特别行政区联络办公室编:《关于香港问题的政策性论述》("一国两制"系列资料第三辑),2007年版,第107页。
③ 邹平学、潘亚鹏:《港澳特区终审权的宪法学思考》,载《江苏行政学院学报》2010年第1期。
④ 《朝鲜宪法》的全称是《朝鲜民主主义人民共和国社会主义宪法》,姜士林等主编:《世界宪法全书》,青岛出版社1997年版,第198~204页。

的制约,这是国家主权原则的内在要求。① 香港终审法院的地方属性,加之《香港基本法》对司法管辖权范围的限制以及全国人大常委会拥有对基本法的最终解释权,决定了香港司法终审权并没有从根本上损害国家主权。② 1984年,时任国务委员兼外交部部长吴学谦指出,外交和国防是国家主权的重要标志。外交事务由中央人民政府统一管理,香港特别行政区的防务将由中央人民政府负责。③ 可见,在当时的历史背景下,中央并没有把司法终审权看做是与外交和国防同等重要的国家主权的标志,外交和国防完全由中央负责,将司法终审权授予香港特区,并非中央不重视主权、不重视法治,而恰恰体现了国家主权,尊重了香港的法治。当然,这也是中英谈判过程中衡量各种利弊而妥协的结果。

陈端洪教授认为,《香港基本法》应用主权概念有力地还治于英国,成功地解决了香港的历史遗留问题,但是并没有一步到位地、完整地实现统一的民族国家的主权建构,而是把这个任务留给了未来(自1997年起50年内不变)。④ 按照陈端洪教授的这一观点,是否可以理解为,在未来的某个时间,应该将司法终审权收回中央?只有这样才能"完整地"实现统一的民族国家的主权建构。这里有一个核心问题需要回答,那就是国家意义上的司法终审权是否具有可分性?

司法终审权是否可以比照国家主权再进行细分?正如洛克所表达的,主权在原则上是无法区分的,政论家们便尝试从主权的对象上加以区分,把主权分为立法、行政、税收、司法、战争、内政、外交等具体权力。⑤ 那么,这需要从几个方面进行探讨:(1)从权力的拥有主体上来看,司法终审权的拥有主体一

---

① 思文:《"九七"前后的香港司法体制——香港政制系列研究之四》,载《深圳大学学报》(人文社会科学版)1997年第1期。
② 值得一提的是,我国实行人民代表大会制度,其他国家机关由人大产生对人大负责,全国人大及其常委会的地位相对国务院、最高人民法院、最高人民检察院而言,具有优势地位。由全国人大常委会拥有对基本法的最终解释权,充分体现了国家主权原则。
③ 吴学谦:《关于中英关于香港问题协议文件的报告》,这是吴学谦(时任国务委员兼外交部部长)1984年11月6日在第六届全国人大常委会第八次会议上所作的报告,载《人民日报》1984年11月7日。转引自中央人民政府驻香港特别行政区联络办公室编:《关于香港问题的政策性论述》("一国两制"系列资料第三辑),2007年版,第3~4页。
④ 陈端洪:《宪治与主权》,法律出版社2007年版,第165页。
⑤ [法]卢梭:《社会契约论》,何兆武译,商务印书馆2003年第3版,第33页。

般为一国的最高司法机关①;国家主权的拥有主体为国家或者为全体人民。(2)从权力的行使主体来看,司法终审权一般由一国的最高司法机关行使;国家主权一般由一国的中央机关(含最高立法机关、最高行政机关、最高司法机关和最高军事机关)行使②。(3)从权力的管辖对象来看,司法终审权对内涵盖一国全体公民、对外可能涉及侵害本国权利的他国公民或组织;国家主权对内涵盖全体公民、对外可能涉及侵害主权的他国公民或组织③。由此可见,在第1项和第3项上,司法终审权与国家主权几乎是一致的,只有第2项(行使主体)是国家意义上的司法终审权与国家主权的主要区别。

如果说,国家意义上的司法终审权无法从原则上进行分离,那么,从行使主体上可否进行分离呢？这需要运用"主权—授权"理论进行分析。我国是单一制国家,公民通过"公意"(制定宪法)将权力授予政府行使,如果不能确定某事务应由谁管辖,首先应由中央政府保留,然后再由中央政府根据实际需要将权力授予地方政府行使,即所谓地方行政区域不存在"剩余权力",这是单一制国家的授权原则。在"一国两制"、"港人治港"、高度自治的方针政策指引下,《香港基本法》对中央与特别行政区的权力是根据事项的性质来划分。原则上,除了终审权之外,还有发行货币的权力、税收权等主权性权力,这些权力本应该由中央政府行使,而香港特区在事实上获得了这些权力,这是试图在"一国"与"两制"之间、"国家主权"与"高度自治"之间寻求平衡。

有学者认为,任何单一制国家甚至是联邦制国家其行政权、立法权可以分散多元,但司法终审权必须是统一的,这是表征一个国家主权统一的基本元素。香港享有司法终审权的事实,既挑战了传统政治学、宪法学关于国家结构形式的理论,又使中国这样的单一制国家竟然出现重大法域冲突成为一个需

---

① 当然,最高司法机关在某种意义上也是代表国家和人民行使权力,只不过由宪法将司法终审权授予了最高司法机关。

② 在特殊情况下,由人民以"公投"的形式行使国家主权。上世纪60年代,新加坡就是否加入马来西亚联邦问题,因有争议,举办了一次公投。主权变更公投,主要体现在殖民地国家的独立运动中,这种公投称为民族自决公投。但民族自决公投有明确的适用限制,实行民族自决公投的国家或地区一般是与宗主国远隔重洋,与宗主国不属于同一民族的国家和地区。

③ 我国的法律实行属地管辖、属人管辖、保护管辖与普遍管辖原则。所以管辖的对象理应包括对内和对外两个方面。

要切实解决的现实问题。① 笔者认为,这种论证值得商榷,按照孟德斯鸠关于三权分立的理论,与行政权、立法权相提并论的是司法权,三权之间相互制衡可以并列,这是在同一种语境中阐释的。而如果说"行政权、立法权可以分散多元,但司法终审权必须是统一的",则把作为司法权的终审权与司法权本身相混淆了。事实上,司法权与行政权、立法权一样,都可以分散。比如,我国行使司法权的司法机关是人民法院与人民检察院,但并不影响司法终审权的统一行使。由于终审权是司法权的一种,或者说是司法权的一个下位概念。因此,在论证司法终审权必须统一时,不宜将其与行政权、立法权进行类比。

这么一来,问题就出现了,司法终审权是否可以再细分? 正如卢梭所言:"政论家们既不能从原则上区分主权,于是便从对象上区分主权。"② 那么,套用这种分析思路,是否可以说,既然不能从原则上区分司法终审权,是否可以从主体上区分司法终审权呢? 用下列图表加以说明:

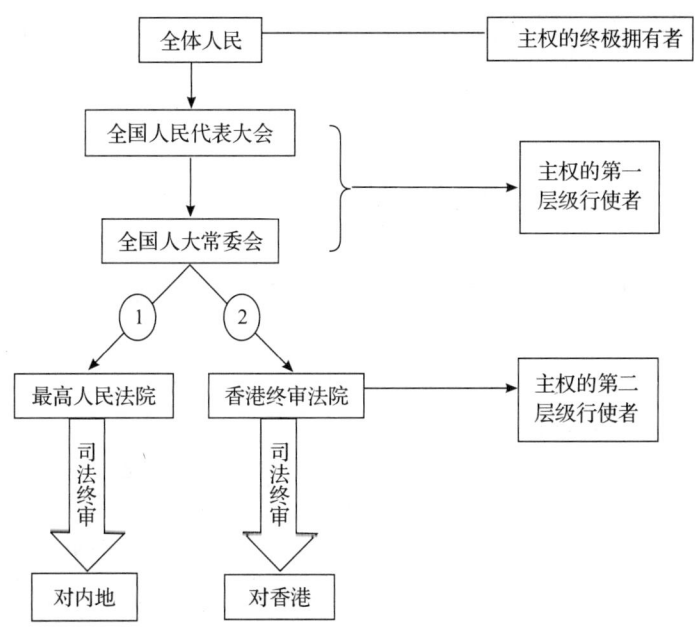

图1:国家司法终审权、香港司法终审权与国家主权

---

① 秦前红:《依法治国方略与国家管理体制的变革》,载法律教育网,http://www.chinalawedu.com/new/21606a14900aa2011/201159lifei151721.shtml,下载日期:2011年12月30日。

② [法]卢梭:《社会契约论》,何兆武译,商务印书馆2003年第3版,第33页。

对图1的说明：图中①和②表示，全国人大常委会可通过立法和释法来矫正国家司法终审权和香港司法终审权，从而体现国家主权，但不具有个案效力。我国实行人民代表大会制度，其他国家机关由人大产生，对人大负责。因此，人民代表大会（立法权）相对于国务院（行政权）和最高人民法院、最高人民检察院（司法权）具有优越地位。因此，主权的行使者可以分离，甚至有层级之分。此表中，将最高人民法院与香港终审法院并列摆放，是为了图表的直观，并非指香港的司法终审权可与国家意义上的终审权同日而语，①但说明了，在"一国两制"下，我国行使司法终审权的主体包含了最高人民法院和特别行政区终审法院。②

笔者认为，第一，在讨论国家主权不可转让、国家主权不可分割的原理时，有一个基本的逻辑起点，那就是卢梭所言的"公意"。何谓"公意"？在古希腊、雅典等小国寡民的城邦国家中，很容易体现"全体国民的意志"，此即所谓的"直接民主"；而在近现代法治国家中，则多实行代议制，由人民选出的民意代表机关来体现"公意"，此即所谓的"间接民主"。在中国的现实语境中，"公意"主要是通过全国人民代表大会来体现的，"公意"上升为宪法法律后，经过宪法授权，全国人民代表大会常务委员会在全国人民代表大会闭会期间，也可以代行"公意"。换句话说，某一国家机构或地方行政区域行使了一国的主权性权力，而行使这一权力得到了"公意"的授权，则仍然不违背国家主权原则；如果没有得到"公意"的授权，则违背了国家主权原则。《香港基本法》于1990年由第七届全国人大第三次会议通过，香港特区成立终审法院获得终审权所依据的正是《香港基本法》。因此，如果认为，香港特区享有终审权并非对国家主权的严峻挑战，这也是说得通的。

第二，在"港英时期"，宗主国控制殖民地的主要手段是司法审查，通过设在宗主国的终审机关对殖民地的立法、行政和司法进行审查，牢牢地控制着殖民地。这是殖民地丧失主权的主要表现。而香港主权在回归祖国之后，中央政府如何对香港实行管治，香港具体实行何种制度等等，都属于中国内政而与英国无关。如前所述，英国正是通过枢密院掌握司法终审权表明了香港是它

---

① 在我国，国家意义上的终审权是社会主义制度下的终审权，体现的是"一国"；香港法院终审权是资本主义制度下的终审权，体现的是"两制"，而在"一国"与"两制"之间，"一国"是主体、是前提。

② 有关我国澳门和台湾地区的司法终审问题不在此列表范围内。

的殖民地,我国却将司法终审权授予香港特区,这似乎从另一个侧面说明了国家主权并没有受到损害,而恰恰体现了国家主权。

第三,香港特区拥有的司法终审权与最高人民法院的司法终审权不在同一个层面,最高人民法院的终审权是国家层面的,香港特区的终审权是地方层面的,在此种意义上,终审权的行使主体是可以区分的。香港法院的终审权来自《香港基本法》的规定,而《香港基本法》又是依据中国《宪法》和香港的实际,以及《中英联合声明》而制定的,终审权的行使必须严格依照基本法,同时又会受基本法的法律效力所限制。基本法既是全国性法律,又是香港的宪制性法律。[①] 可见,香港特区的终审权有《香港基本法》对其进行限制,还有全国人大常委会可以通过对基本法行使解释权来加以限制,这都体现了国家主权原则。

二、香港司法终审权与违宪审查

所谓违宪审查,是指由特定国家机关对某项立法或某种行为(通常指国家机关的行为,有些国家还包括政党行为)是否合宪所进行的具有法律意义的审查和处理。[②] 我国1954年的《宪法》规定全国人民代表大会监督宪法的实施,由此确立了我国最高权力机关监督宪法实施的模式,即立法机关审查制。但是,由于全国人民代表大会每年只开一次会,会期不满一个月,并且也缺乏具体的监督措施,因此,实际上这一制度并没有真正运作起来。

1982年的《宪法》确认了本宪法具有最高法律效力,一切法律法规、一切组织和个人都不得违反宪法,同时在1954年《宪法》的基础上增加规定了全国人大常委会有权监督宪法实施,[③]弥补了因全国人大无法进行日常的宪法监

---

① 湛中乐、陈聪:《论香港的司法审查制度——香港"居留权"案件透视》,载《比较法研究》2001年第2期。
② 李步云主编:《宪法比较研究》,法律出版社1998年版,第385页。
③ 1982年《宪法》"序言"规定:本宪法以法律的形式确认了中国各族人民奋斗的成果,规定了国家的根本制度和根本任务,是国家的根本法,具有最高法律效力。1982年《宪法》第5条规定:一切法律、行政法规和地方性法规都不得同宪法相抵触;一切组织都必须遵守宪法和法律;一切违反宪法和法律的行为必须予以追究;任何组织和个人都不得有超越宪法和法律的特权。这就确立了违宪审查的总的原则。1982年《宪法》在1954年《宪法》由"全国人民代表大会监督宪法实施"的基础上,增加规定了"全国人大常委会有权监督宪法的实施"。

督活动的缺陷，从而使违宪审查制度的实施具有了可能性。尽管1982年《宪法》对违宪审查制度进行了完善，但遗憾的是，我国的违宪审查制度并未大踏步地向前迈进，相反，在很长一段时间里处于停滞的状态。1982年《宪法》实施以后，全国人大及其常委会没有正式宣布过一个规范性法律文件因违反宪法而无效。只是在1990年《香港特别行政区基本法》和1993年《澳门特别行政区基本法》通过的同时，宣布这两个基本法符合宪法。① 根据现行《宪法》的规定，中国违宪审查权的主体是全国人大及其常委会。

司法终审权针对的不仅仅是个案，其背后的制度支撑是司法审查制。在殖民时期，司法审查机关通过审理案件来达到宗主国对殖民地立法的控制，立法机关是民意代表机关，由于英国通过终审权来控制北美的立法，因此，在美国人的政治理念里，始终抱着对立法权不信任的态度。北美脱离英国统治后，其违宪审查受英国的影响极大，主要依据宪法来审查法律。而在殖民时期，主要依据宗主国的法律来审查殖民地的法律，进而控制殖民地，表现为：一是政治审查，殖民地法律要交殖民地备案，进行抽象审查；二是司法审查，通过个案来判断殖民地的法律与宗主国的法律是否一致。

违宪审查不同于宪法监督，宪法监督的含义比违宪审查更广，二者存在诸多不同：首先，对象范围大小不同。违宪审查对象范围更窄，一般针对法律和行为，宪法监督对象范围更宽，不限于法律和行为。其次，监督的主体不同。违宪审查的主体主要指享有违宪审查权的国家机关，在我国是全国人大常委会，而宪法监督的主体则包含了各政党、社会组织和全体公民。再次，监督的方式不同。违宪审查在监督方式上主要采取宣布违宪或宣布合

---

① 韩大元主编：《公法的制度变迁》，北京大学出版社2009年版，第118～120页。1990年4月4日第七届全国人民代表大会第三次会议通过的《全国人民代表大会关于〈中华人民共和国香港特别行政区基本法〉的决定》写明："《香港特别行政区基本法》是根据《中华人民共和国宪法》、按照香港的具体情况制定的，是符合宪法的。香港特别行政区设立后实行的制度、政策和法律，以《香港特别行政区基本法》为依据。"肖扬总主编：《中华人民共和国法库（宪法卷）》，人民法院出版社2002年版，第166页。1993年3月31日第八届全国人民代表大会第一次会议通过的《全国人民代表大会关于〈中华人民共和国澳门特别行政区基本法〉的决定》写明："《澳门特别行政区基本法》是根据《中华人民共和国宪法》按照澳门的具体情况制定的，是符合宪法的。澳门特别行政区设立后实行的制度、政策和法律，以《澳门特别行政区基本法》为依据。"肖扬总主编：《中华人民共和国法库（宪法卷）》，人民法院出版社2002年版，第192页。

宪等刚性方式,而宪法监督的方式则更为广泛,还包括舆论批评、游行示威等宪法允许的方式。最后,监督的效果不同。违宪审查的结论具有法律意义,而宪法监督既可能导致具有法律意义的效果也可能不具法律意义。在实行司法审查的国家中,司法审查既包括对违宪的审查也包括对违法的审查,美国就是实行这种模式的典型,这表明违宪审查与司法审查的范围有时也不尽一致。①（如图）

表2：违宪审查与宪法监督的区别

	违宪审查	宪法监督
对象	窄	宽
主体	享有违宪审查权的国家机关	政党、组织和全体公民
方式	宣布违宪或合宪	违宪审查、舆论批评、抗议活动等
效果	具有法律意义	具有法律意义或不具法律意义

就普通法法系国家来说,判例法制度本身就意味着对法律的解释。② 香港法院对案件的审判,遵循普通法系的判例原则,一律由法院在审判中对法律作出解释,"法院的审判权和解释权是分不开的,有审判权就必然要解释法律,有最终的审判权就必然有对法律的最终解释权"③。香港是普通法地区,在"港英时期",香港案件的司法终审权由英国枢密院司法委员会拥有,所以,当时的香港谈不上违宪审查权。中国政府恢复对香港行使主权后,将司法终审权授予香港,而并未将"对法律的最终解释权"授予香港。香港回归后,发生了一系列宪法性案件,其中,与违宪审查权有关的经典案件莫过于"吴嘉玲案"（学者对此案又称"居港权案"、"无证儿童案"）。④

---

① 周叶中主编：《宪法》,高等教育出版社、北京大学出版社2005年第2版,第414页。

② 沈宗灵：《比较法研究》,北京大学出版社1998年版,第303页。

③ 肖蔚云主编：《一国两制与香港基本法律制度》,北京大学出版社1990年版,第318页。

④ 香港终审法院案件号：FACV000014/1998。

本案的当事人是吴嘉玲、吴丹丹①、徐权能②和张丽华③ 4 人。吴嘉玲和吴丹丹姊妹俩及徐权能先生均在 1997 年 7 月 1 日抵港,而张丽华则于此日之前抵港。而当时大约有 1000 至 1500 名于 1997 年 7 月 10 日之前抵港的人士声称他们均属《香港基本法》第 24 条第 2 款第 3 类别④所述之永久性居民。如果此项诉讼请求得以成立的话,势必导致大量人口涌入香港,给香港造成诸多社会问题。1996 年,香港特区筹委会通过了《关于基本法第 24 条第 2 款的

---

① 吴嘉玲及吴丹丹两人是姊妹,是内地出生的中国籍人士。她俩分别于 1987 年及 1989 年出生,当时她们的父亲已是在香港通常居住连续七年以上的中国公民。他在 1976 年来港,而两名申请人则于 1997 年 7 月 1 日未通过香港入境管制站进入香港。1997 年 7 月 4 日她们向香港入境处报到,坚称根据《香港基本法》第 24 条第 2 款第 3 类别拥有居留权,但她们的权利未获入境处处长承认。入境处将她们拘捕,其后批准她们领取担保书外出。参见 FACV14/1998。香港终审法院网站,http://legalref.judiciary.gov.hk/lrs/common/ju/ju_frame.jsp? DIS＝34052&currpage＝T,下载日期:2012 年 2 月 29 日。

② 徐权能是内地出生的中国籍人士,在 1978 年出生时,他父亲已是在香港通常居住连续七年以上的中国公民,并早于 1962 年来港,而申请人则于 1997 年 7 月 1 日未通过香港入境管制站进入香港。1997 年 7 月 3 日,他向香港入境处报到,并坚称根据《香港基本法》第 24 条第 2 款第 3 类别拥有居留权,但他的权利未获入境处处长承认。香港入境处将他拘捕,其后批准他领取担保书外出。参见 FACV14/1998。香港终审法院网站,http://legalref.judiciary.gov.hk/lrs/common/ju/ju_frame.jsp? DIS＝34052&currpage＝T,下载日期:2012 年 2 月 29 日。

③ 张丽华是内地出生的中国籍人士,在 1989 年出生时,她父亲已是在香港通常居住连续七年以上的中国公民,并早于 1967 年来港。她不是父母所婚生的,其母亲在她出生后的第二天便不幸去世。1994 年 12 月,张丽华持双程证来港。1995 年 1 月,她的双程证有效期届满,之后一直逾期居留。1997 年 7 月 15 日,她向香港入境处报到,并坚称根据《香港基本法》第 24 条第 2 款第 3 类别拥有居留权。但她的权利未获入境处处长承认。香港入境处将她拘捕,她被拘留 4 日后,于 1997 年 7 月 19 日获批准领取担保书外出。参见 FACV14/1998。香港终审法院网站,http://legalref.judiciary.gov.hk/lrs/common/ju/ju_frame.jsp? DIS＝34052&currpage＝T,下载日期:2012 年 2 月 29 日。

④ 《香港基本法》第 24 条规定:"香港特别行政区居民,简称香港居民,包括永久居民和非永久居民。香港特别行政区永久居民为:(一)在香港特别行政区成立以前或以后在香港出生的中国公民;(二)在香港特别行政区成立以前或以后在香港通常居住连续七年以上的中国公民;(三)第(一)、(二)两项所列居民在香港以外所生的中国籍子女;(四)……(五)……(六)第(一)至(五)项所列居民以外在香港特别行政区成立以前只在香港有居留权的人。"国务院发展研究中心港澳研究所:《香港基本法读本》,商务印书馆 2009 年版,第 270~271 页。

意见》,规定了在香港以外所生的中国籍子女,在本人出生时,其父母双方或一方须根据基本法已经取得香港永久居民身份。香港临时立法会(简称临立会)采纳了筹委会的意见,并另规定,仅有父亲一方是香港永久性居民的非婚生子女不享有香港永久性居民身份。1997年7月9日,临立会紧急修订了《入境条例》①,确立了"双程证"制度,其效力追溯至1997年7月1日。

吴嘉玲、吴丹丹和徐权能是内地出生的中国籍人士,其均于1997年7月1日未通过香港入境管制站进入香港;张丽华小姐不是父母所婚生,此前她的双程证有效期届满。此四人坚持依据《香港基本法》第24条第2款第3项而拥有居住权,但香港入境处处长并未承认他们的权利。经香港高等法院原讼庭初审,上诉庭复审后,他们继续上诉,成为向香港终审法院上诉的1998年第14号至第16号案。② 香港终审法院于1999年1月29日作出终审判决。

此案经过香港高等法院上诉法庭的审理,最后由终审法院作出裁决。终审法院首席法官李国能认为,特区法院具有司法管辖权宣布全国人大或其常委会的立法行为因违反《香港基本法》而无效。③ 经香港终审法院审理,认为《香港基本法》的某一项条款是否需要提请全国人大常委会解释,由特区法院自己在审理案件时决定。如果符合以下两个条件,终审法院就将提请全国人大常委会解释:第一是类别条件,即该条款是否属于特别行政区自治范围以外的条款;第二是需要条件,即法院在审理案件时,需要解释自治范围以外的条

---

① 该条例只承认香港永久性居民中的中国公民在内地的婚生子女构成香港永久性居民,并具体规定了这批人进入香港居住的法律程序:首先,向中国内地公安部门提出申请,审核确认身份后,领取由香港特别行政区政府颁发的居留权证明书;其次,凭此证明书领取由内地公安部门签发的前往香港的通行证(亦称单程证,以区别于往返的双程证),该证的发放数量每天最多为150个,实行排队轮候制,按登记顺序发放。该条例还规定申请必须在香港以外进行,香港入境事务处不受理申请。该条例还规定对其生效前8日内偷渡来香港的人有"溯及力",即这些人应被作为偷渡者遣返回去。焦洪昌、姚国建:《宪法学案例教程》,知识产权出版社2007年版,第306页。

② 香港终院民事上诉1998年第14号(吴嘉玲及吴丹丹)、第15号(徐权能)、第16号(张丽华)。

③ FACV14/1998。李国能法官在判词中指出:"一直引起争议的问题是,特区法院是否具有司法管辖权去审核全国人民代表大会或其常务委员会的立法行为是否符合《基本法》,以及倘若发现其抵触《基本法》时,特区法院是否具有司法管辖权去宣布此等行为无效。依我等之见,特区法院确实有此司法管辖权,而且有责任在发现有抵触时,宣布此等行为无效。关于这点,我等应借此机会毫不含糊地予以阐明。"

款,而该解释会影响到案件的判决。法院在验证该条款是否符合类别条件时,应考虑实质上最主要需要解释的是哪些条款。终审法院裁定《香港基本法》第24条是属于特别行政区自治范围内的条款,而且对本案而言是最主要的条款,因此,无须提请全国人大常委会解释。① 基于以上认识,终审法院确认,在内地居住的港人子女来香港定居,须符合两个条件:一是先取得香港入境事务处发出的居留权证明书;二是定居香港的申请必须在内地提出。而且认为,临立会紧急修订的《入境条例》所确定的"双程证"制度不具备溯及力,关于"港人在内地的非婚生子女无香港居留权"的规定违反了《香港基本法》。

最终,在 1999 年 1 月 29 日,香港终审法院在没有提请全国人大常委会解释基本法的情况下,作了终局裁判,其重要的观点有:(1)宪法性管辖权为香港终审法院所享有,可审查人大的立法是否符合基本法;(2)只要持有居港权证,无须内地政府批准即可在港居住;(3)港人在内地所生子女均有权在港居住,对其为婚生或非婚生在所不问;②(4)根据《香港基本法》的规定,香港法院可以对立法机关的立法和行政机关的行为进行司法复核;(5)该司法复核的权力来自主权国家,基本法是全国法律,也是特区宪法。

这一判决,形成了轰动一时的"香港无证儿童案"。其之所以能够"轰动一时",与其在判决中的"司法扩权"倾向有莫大的关系。这种"司法扩权"使终审法院凌驾于主权之上。纵然,香港特区的"高度自治"中包含了特区法院的司法终审权,终审法院是香港的最高审级,所作判决是最终判决。③ 但需要指出的是,香港司法终审权只是在中央授权下的地方司法终审权,行使终审权的香港法院的名称不能称为"最高法院"。在主权国家之下,香港终审法院处于地方性法院的地位。④

乔晓阳认为,香港和内地存在巨大的法律差异,香港实行英式普通法,内地实行中国特色社会主义成文法,而《香港基本法》既是全国人大制定的全国性法律,又是香港地区的宪制性法律,内地和香港对其中的某些条款存在不同的理解,甚至存在分歧,这都不足为怪,如果没有任何分歧反而是不正常的。

---

① 焦洪昌、姚国建:《宪法学案例教程》,知识产权出版社 2007 年版,第 308 页。
② 焦洪昌、姚国建:《宪法学案例教程》,知识产权出版社 2007 年版,第 306 页。
③ "一国两制"与香港基本法课题组:《"一国两制"与香港基本法》,载《法学研究》1997 年第 4 期。
④ "一国两制"与香港基本法课题组:《"一国两制"与香港基本法》,载《法学研究》1997 年第 4 期。

其实,即使在同一法律制度、同一法律传统下,也经常会对一些法律条文的含义产生意见分歧。① 由于中国内地长期以来实行类似大陆法系的法律制度,香港则始终适用普通法系的法律制度。而《香港基本法》第158条并未规定解释基本法应按照大陆法系的法律原则还是按照普通法系的法律原则,对《香港基本法》中之概念应按照内地法律制度之概念加以理解,抑或应按照普通法之概念加以理解。这是一个前提性的问题。在这一背景下,两地之法律解释制度自有诸多差异。这也许是导致香港终审法院有"司法扩权"倾向的根本原因。(如图)

表3:中国内地与香港法律解释制度的区别

	中国内地	中国香港
法律解释的主体	全国人大常委会、最高人民法院和最高人民检察院、国务院	法院
法律解释的种类	立法解释、司法解释、行政解释	司法解释
法律解释的效力	普遍拘束力	个案拘束力
法律解释的时机	任何时间均可作出	在具体案件审判过程中
法律解释的形式	规范性法律文件	判决书

终审法院在吴嘉玲案中认为其拥有对国内一切立法和行为进行司法复核的权力,引起了内地学者和官方媒体的猛烈抨击和批评。终审法院的这一主张反映了香港和内地两种不同法律解释制度和理念的冲突。《香港基本法》第158条也没有明确当终审法院与全国人大常委会对某条款的理解不一致时的争议解决机制,②这是一个非常值得研究和亟须解决的问题。

强世功教授尖锐地指出,"吴嘉玲案"判决的政治目标是为香港法院争取完整的司法主权,尽管香港实行"高度自治",但中央在"一国"的问题上,在维

---

① 乔晓阳:《就法论法以法会友》,载《文汇报》(香港)2005年4月13日。这是乔晓阳2005年4月12日在深圳与香港法律界人士座谈会上的发言,乔晓阳时任全国人大常委会副秘书长。转引自中央人民政府驻香港特别行政区联络办公室编:《关于香港问题的政策性论述》("一国两制"系列资料第三辑),2007年版,第160页。

② 湛中乐、陈聪:《论香港的司法审查制度——香港"居留权"案件透视》,载《比较法研究》2001年第2期。

护香港繁荣稳定的问题上,应当承担起主权者应有的政治责任。①

如前所述,香港终审法院的司法终审权是地方性质的终审权,最高人民法院的司法终审权是主权性质的终审权。根据《香港基本法》第158条的规定,基本法的最终解释权归全国人大常委会行使。正如香港律政司司长梁爱诗所言,尽管终审法院在行使审判权的过程中,的确已就有关条文作出解释,高等法院亦然,然而,我们必须清楚区分审判和最终解释。《香港基本法》的最终解释权归属全国人大常委会,而非法院。② 在这种宪制安排下,香港法院自然不能审查全国人大及其常委会的立法行为是否违反基本法,也就是说香港法院不具备违宪审查权。同样,根据《香港基本法》第158条的规定,香港法院可以对自治范围内的条款自行解释,对自治范围之外的其他条款也可以解释。对香港法院而言,如果说其享有"违宪审查权",那么,只能将其中的"宪"理解为"香港基本法"③,而不是"中华人民共和国宪法"。

香港特别行政区并不是一个独立的政治实体,而是在中华人民共和国主权之下的一个自治地区。在"一国两制"的政策下,香港特别行政区一方面能实行其本身的一套宪制和法制,而《香港基本法》就是香港特区最高的宪法性文件;但另一方面,香港特区又与中国的宪制与法制存在着某种必然关系。香港学者戴耀廷教授认为,香港特区实行的是一种"双轨制"的违宪审查制度。所谓"双轨制"的违宪审查制度,是指有两个宪制架构同时负责违宪审查的工作,而两者的工作范围既存在一定的独立性,又在某种程度上存在着重合或交叉的关系。一轨是由香港特区内部的机制来负责违宪审查的工作,另一轨则是由属中央政府的机制来负责。④ 根据笔者之前的论述,笔者并不赞同用"双规制"来表述香港的违宪审查制度。香港特区成立以来,尽管香港法院已具备所谓违"宪"审查的制度传统且已付诸实践,对香港法院而言,宜用"基本法审查"来表述其所谓的"违宪审查"功能,从而避免理解和表述上的混乱。

由居留权案件所引发的一系列法律争议,包括香港终审法院的判决与全

---

① 强世功:《司法主权之争——从吴嘉玲案看"人大释法"的宪政意涵》,载《清华法学》2009年第5期。

② 梁爱诗:《梁爱诗对法律界联署信件的回应》,载《大公报》(香港)1999年6月16日,转引自佳日思、陈文敏、傅华伶主编:《居港权引发的宪法争论》,香港大学出版社2000年版,第423页。

③ 香港学界一般将《香港基本法》称为"小宪法"。

④ 戴耀廷:《香港的宪政之路》,中华书局(香港)2010年版,第174～175页。

国人大常委会的释法行为,表明不同法律体系下人们的思维方式带来了对香港现行的司法审查制度的不同理解。正确理解香港这一制度,需要重新考量"一国两制"的精髓所在和真正意蕴。"一国"是个大前提,香港法院在审判过程中,须臾不应置"一国"于脑后;同时,"两制"是"一国"中的"两制",中央政府不会也不应随意干涉香港的高度自治。这也就是居留权案件留给人们的深刻启示。①

三、香港司法终审权与国家终审权

由于全国人大常委会拥有对香港基本法的最终解释权,进而对特区终审权有一定程度的限制,但这种限制不是全国人大常委会通过解释推翻判决,虽然在理论上可以否定判决,但会存在风险。如果对之前的案子有溯及力,也容易造成不利的社会影响。香港司法终审权与国家意义上的终审权有着本质的区别,可以结合前文所述香港司法终审权的来源间接性、地方终局性、特别程序性、范围有限性等特征,从以下几个方面来分析:

第一,从权力的本源来看,香港司法终审权是中央授予的,具有明显的授权性和从属性,并非特区所固有;而国家的司法终审权毋庸置疑地具有主权性质,是主权者所固有的。② 香港特区是中国的一个地方行政区域,从来不是一个独立的政治实体。《香港基本法》是香港司法终审权的法理本源,香港的司法机关是国家司法机关的一部分,其司法终审权因而构成国家司法权与终审权的组成部分,而国家司法机关和司法终审权源自主权者本身。

第二,从效力的范围来看,香港司法终审权的效力范围仅及于香港特区,具有明显的地方性,而国家司法终审权的效力范围及于全国领土,具有普遍性特点。我国在司法管辖上实行属地管辖、属人管辖、保护性管辖、普遍性管辖。属地管辖是指发生在中国领土之内的案件,法院均有管辖权;属人管辖是指中国人不论在中国还是在国外违反中华人民共和国法律,法院均有管辖权;保护性管辖是针对外国人对中国人或组织实施的违法行为,法院有权管辖;普遍性管辖主要针对违反国际法上公认的犯罪行为(如贩毒、海盗等)而享有管辖权。

---

① 湛中乐、陈聪:《论香港的司法审查制度——香港"居留权"案件透视》,载《比较法研究》2001年第2期。

② 邹平学、潘亚鹏:《港澳特区终审权的宪法学思考》,载《江苏行政学院学报》2010年第1期。

可见，在领土之外，在国家主权的制约下，国际法原则上并不否认国家司法权的扩展和延伸。香港司法终审权的授权性、从属性等特点，决定了其效力范围的地域性，不能及于全国。因此，香港司法终审权带有明显的地方司法权特征，但在香港地区具有终局的效力。

第三，从效力的强弱来看，香港司法终审权在效力上明显更弱，而国家司法终审权在效力上明显更强。在"一国两制"、高度自治的原则下，为了维护"一国"、保障"两制"，中央授予香港特区以行政管理权、立法权、独立的司法权和终审权，其授权性决定了自治是存在界限和程度的，这个界限就是"基本法"。"高度自治"不是"完全自治"，如是"完全自治"就成了独立的政治实体，违背了"一国"这个根本前提。国家司法终审权，是主权者所固有的。而香港司法终审权，源自主权者的授予，具有地方终局性的特点，因此，有义务接受来自以下几个方面的限制：一是关于香港的原有法律制度和原则对法院审判权的限制，即香港原有法律规定中没有管辖权的事项，回归后的香港法院仍然没有管辖权；二是来自全国人大常委会根据法定程序对列入《香港基本法》"附件三"的全国性法律作出增减的限制；三是来自全国人大常委会对香港基本法拥有最终解释权的限制。

第四，从行使情形与期限来看，香港司法终审权有其特殊的一面。邓小平颇有远见地指出："不能笼统地担心干预，有些干预是必要的。要看这些干预是有利于香港人的利益，有利于香港的繁荣和稳定，还是损害香港人的利益，损害香港的繁荣和稳定。"①邓小平的这一思想体现在《香港基本法》第18条，②就是中央人民政府可发布命令将有关全国性的法律在特别行政区实施。在这种情形下，不排除香港司法终审权发生中止、中断、甚至收归中央的情况发生。况且，如果在基本法实施50年之内，发生了香港难以控制的局面或其他特殊情形，不排除在50年后甚至在50年内通过法定程序收回香港司法终

---

① 邓小平：《保持香港的繁荣和稳定》，载《邓小平文选（第三卷）》，人民出版社1993年版，第73页。
② 《香港基本法》第18条第4款规定："在全国人民代表大会常务委员会决定宣布战争状态或因特别行政区内发生特别行政区政府不能控制的危及国家统一或安全的动乱而决定特别行政区进入紧急状态时，中央人民政府可发布命令将有关全国性法律在特别行政区实施。"

审权的可能性。①

按照香港普通法的传统,解释法律的权力属于司法机关,香港的任何法院都有权在审理案件过程中对如何具体应用法律的问题进行解释,而且它解释的范围不仅限于对如何具体运用法律,也包括对法律条文本身需要进一步明确含义,这种解释具有法律效力。普通法传统与大陆法传统存在巨大的法律文化差异,因此,全国人大常委会在行使基本法律解释权时,需慎之又慎。

第二节 香港司法终审权的性质与特征

一、香港司法终审权的性质

香港司法终审权是香港享有"高度自治权"的重要体现。在香港设立特别行政区,固然不影响我国的国家结构形式,即中华人民共和国仍然是统一的民主集中制的单一制国家。但是,特别行政区依法享有的高度自治权乃是我国其他的地方政权单位所不具有的。即使是实行民族区域自治的地方,也不能同它相比拟。从一定意义上讲,特别行政区所享有的高度自治权在某些方面甚至超过了一般的联邦制国家的各邦的权力。但就总体上看,它始终没有突破我国实行的单一制的国家结构形式。② 1997年香港回归后,中国政府根据"一国两制"方针,在香港基本法中构建了中央与香港特区的司法关系,明确了香港特区司法终审权的性质。

一般而言,在一国的司法制度中,"终审"和"终审权"存在一定联系,但不能等同。前者是指法院体系的最后一级审判,判决生效后不能再上诉。在各国的司法制度中,"终审"的含义不尽相同。在我国,实行"四级两审终审制",中级以上法院都可能成为终审法院。在实行联邦制的国家,多实行"三级终审制",州最高法院和联邦最高法院均可成为终审法院。相对而言,终审法院可

---

① 邹平学、潘亚鹏:《港澳特区终审权的宪法学思考》,载《江苏行政学院学报》2010年第1期。

② 许崇德主编:《港澳基本法教程》,中国人民大学出版社1994年版,第11页。

以有多级、多个,但无论如何,一个国家的司法终审权却只能有一个。① 终审权隶属于司法权。相对于立法权和行政权而言,司法权是现代法治国家的一项重要国家权力。"司法权是指国家司法部门对于发生在公民与公民、公民与政府或者法人、法人与法人、政府与法人或者政府机构之间的法律纠纷所行使的裁判权,终审权即最终裁判权。"②终审权是指最高审判机关对其受理的所有案件在法律上的最终审判权。在一国的司法体系中,终审权就是最终审判权,终审机关作出的裁判,不得再上诉。③

具有终审权的法院称为终审法院。《牛津法律大辞典》对终审法院(Court of last resort)下的定义是,指对其判决不得再提起上诉的任何法院的表述语。④ 该定义较为简洁。中国社会科学院法学研究所编的《法律辞典》有更为详细的解释,终审法院指依法享有终审权的法院。不同国家确立的审级制度不同,终审法院具体种类也不同。实行三审终审制的国家,第三审法院和最高一级法院为终审法院;实行两审终审制的国家,第二审法院和最高一级法院为终审法院。⑤ 本章所述的终审权,专指香港特区终审法院享有的司法终审权。

1997年香港主权回归中国后,香港在"一国两制"之下出现了新的政治局面。《中英联合声明》"附件一"第一节规定:"除外交和国防事务属中央人民政府管理外,香港特别行政区享有行政管理权、立法权、独立的司法权和终审权。"⑥司法权是政治权力的组成部分。国家政治权力主要包括立法权、行政权和司法权。⑦ 司法权是指国家司法部门对于发生在公民与公民、公民与政府或者法人、法人与法人、政府与法人或者政府机构之间的法律纠纷所行使的裁判权,终审权即最终审判权。⑧ 可见,香港特区终审权本质上隶属于司法

---

① "一国两制"与香港基本法课题组:《"一国两制"与香港基本法》,载《法学研究》1997年第4期。
② 王振民:《中央与特别行政区关系》,清华大学出版社2002年版,第189页。
③ 湛中乐、陈聪:《论香港的司法审查制度——香港"居留权"案件透视》,载《比较法研究》2001年第2期。
④ 戴维·M.沃克:《牛津法律大辞典》,李双元等译,法律出版社2003年版,第277页。
⑤ 中国社会科学院法学研究所编:《法律辞典》,法律出版社2003年版,第1935页。
⑥ 《中英关于香港问题的联合声明》,中国民主法制出版社2011年版,第5页。
⑦ 江必新:《正确认识司法与政治的关系》,载《求是》2009年第24期。
⑧ 王振民:《中央与特别行政区关系》,清华大学出版社2002年版,第189页。

权,同时,由于香港的高度自治权不是其本身固有的,而是中央授予的,因此,香港特区终审权是授权性的司法权。

二、香港司法终审权的特征

终审权具有司法权的一般特点,比如消极性、被动性、中立性等,但终审权最为根本和突出的是其具有主权性质的终极性。其内在的含义是主权者行使包含终审权的司法权,司法主权是国家主权的重要组成部分。从传统的宪法学意义上来说,作为最终裁判权的终审权是国家主权的一个重要标志。[1] 而主权总的来说是指在一个国家内的权力顶端或超越地位,因此,在该政治社会中的某个人、机构或社会组织享有最高权力,同时将自己的意志借助它作为最终手段而强加给这个社会中的任何其他机关和个人。[2] 但是,国家主权是否就代表了没有任何限制或者说有适当的限制呢?从表面上看,如果对主权进行一定的限制,这在逻辑上似乎有些矛盾。但从实质上来看,这种限制是应当的,也是有其现实需要性和必要性的。虽然在法律上一个人或者一个机关有可能处于至高无上的地位,但在实践中它的主权总是会受到一定限制的。[3] 现如今许多国家所缔结的国际法、国际条约或者国际道德越来越制约着国家的主权。一个国家如果不按照国际法或国家协议来处理一些国际事务,必将受到制裁或国际舆论的谴责,从而不利于国家的国际声誉、国家影响。因此,在很多情况下,这些国际法或国际条约会限制一个国家去做合法以及有权去做的事。国家主权是会受到限制的,不会是永远有着绝对的地位的。[4] 当然,这种限制更多的源自国际条约和协定,或源自某种人类共同的道德伦理。在一个主权国家之内,将作为国家主权标志之一的终审权赋予某个或某些地方行政区域,这是对国家主权理论的突破与创新。

纵观世界各国,无论是单一制国家还是联邦制国家,大多将司法终审权

---

[1] 邹平学、潘亚鹏:《港澳特区终审权的宪法学思考》,载《江苏行政学院学报》2010年第1期。

[2] 戴维·M.沃克:《牛津法律大辞典》,李双元等译,法律出版社2003年版,第1054页。

[3] 戴维·M.沃克:《牛津法律大辞典》,李双元等译,法律出版社2003年版,第1055页。

[4] 戴维·M.沃克:《牛津法律大辞典》,李双元等译,法律出版社2003年版,第1055页。

收归最高审判机构。尽管,主权之行使分很多方面,由不同的个人或机关行使。一个专制者可以集立法者、行政首脑和首席法官的职能于一身,但在很多国家里,这些职能是分开行使的。如,在联合王国,法律是由女王在议会中制定,政策则由女王的大臣们去执行,按惯例,大臣们既都是上议院或下议院的议员还是下议院中多数党的成员,而司法职能是由基本上独立于议会之外的法官来行使,当然许多有争议的案件的终审上诉法院是上议院,它是议会的一个议院,在议会中行使女王陛下的司法权。① 但无论如何,也没有哪个国家将终审权赋予某个或某些地方行政区域。《香港基本法》第2条将"独立的司法权和终审权"赋予香港特别行政区行使,的确是我国的一大创举,是对传统国家主权理论的一大突破,具有鲜明的特征。所谓特征,是一事物区别于他事物的特别显著的征象、标志。② 特区终审权与最高人民法院的终审权相比,具有如下特征:

第一,来源间接性。特区终审权源自宪法的间接授予,③最高人民法院终审权源自宪法的直接授予。④ 换句话说,特区终审权并非源自宪法(人民)的直接授予,而最高人民法院终审权源自宪法(人民)的直接授予。邓小平同志1982年会见英国首相撒切尔夫人时说:"关于主权问题,中国在这个问题上没有回旋余地。坦率地讲,主权问题不是一个可以讨论的问题。现在时机已经成熟了,应该明确肯定:一九九七年中国将收回香港。就是说,中国要收回的不仅是新界,而且包括香港岛、九龙。"⑤《中英联合声明》第2条规定:"联合王国政府于一九九七年七月一日将香港交还给中华人民共和国。"⑥通过中英谈判收回香港,英国并非将主权交给香港,而是交还给中华人民共和国,至于

---

① 戴维·M.沃克:《牛津法律大辞典》,李双元等译,法律出版社2003年版,第1054页。

② 《辞海》,上海辞书出版社1999年版,第4113页。

③ 1982年《宪法》第31条规定:"国家在必要时得设立特别行政区。在特别行政区内实行的制度按照具体情况由全国人民代表大会以法律规定。"《香港基本法》以该条为宪法依据,但并未直接规定授予特区终审权,而是需要通过制定基本法加以明确,所以属于间接授予。

④ 1982年《宪法》第127条规定:"最高人民法院是最高审判机关。"所谓最高审判机关即行使终审权的机关。可见,宪法明确授予最高人民法院以终审权。

⑤ 邓小平:《我们对香港问题的基本立场》,载《邓小平文选》(第三卷),人民出版社1993年版,第12页。

⑥ 《中英关于香港问题的联合声明》,中国民主法制出版社2011年版,第1页。

1997年后中国采取什么方式来管理香港,则是中国内部的事情。香港特区终审权不是香港特区固有的,而是中央根据《中华人民共和国宪法》,通过《香港基本法》授予香港的。

第二,地方终局性。特区终审权在特区范围内具有终局性,最高人民法院终审权在全国内地范围内具有终局性。香港特别行政区的终审权属于香港特别行政区终审法院。《香港基本法》第12条明确了香港特区是中华人民共和国的地方行政区域,实行高度自治,与中央人民政府的关系是地方与中央的关系。① 中央与香港的关系是中央与地方的关系。香港特区法院终审权是区域性的终审权,具有区域终局性。换句话说,特区终审法院作出的判决,最高人民法院无权再审。而各省、自治区、直辖市高级人民法院作出的判决,最高人民法院仍有管辖权。当然,根据最高人民法院2000年颁布的《最高人民法院关于内地与香港特别行政区相互执行仲裁裁决的安排》和2006年颁布的《关于内地与香港特别行政区法院相互认可和执行当事人协议管辖的民商事案件判决的安排》的规定,对特区终审法院裁判中涉及内地当事人或标的物的案件,属于区际司法协助的范畴,已超出了本书对特区终审权的讨论范围。

第三,特别程序性。说香港司法终审权具有特别程序性的特点,主要源自《香港基本法》第158条的相关规定,香港特区法院在具备以下条件时需要提请全国人大常委会释法:一是在审理案件时;二是存在解释的需要;三是涉及中央管理的事务或涉及央港关系条款;四是该条款会影响案件的判决;五是在作出终局裁判之前由香港终审法院提出;六是如全国人大常委会释法,则应以释法为准;七是对之前判决无影响。这一规定可视为《香港基本法》在宪法程序上对特区终审权的重要限制,即具有特别的程序性。而关于最高人民法院的司法终审权则无此特别程序的规定。

第四,范围有限性。② 香港特区法院拥有终审权,奉行司法独立,但在管辖范围上并非没有界限。《香港基本法》第19条第3款首先排除了特区法院

---

① 国务院发展研究中心港澳研究所编:《香港基本法读本》,商务印书馆2009年版,第267页。

② 此项特征并不能用"国防、外交等国家行为"进行阐释,因为最高人民法院对"国防、外交等国家行为"也无管辖权。香港特区终审权的"范围有限性"主要是指《香港基本法》第158条的"关于中央人民政府管理的事务或中央和香港特别行政区关系"对终审权的限制。

对国防、外交等国家行为的管辖权。① 而且，国家的下级机关是无权审查上级机关的行为及其制定的法律文件之合法性的，特区法院的终审权对中央政府和权力机关的行为便无管辖权，更谈不上终审权，此即终审范围的有限性。② 需要说明的是，既然特区终审权的管辖范围将国防、外交等国家行为排除在外，那么，最高人民法院能否对国防、外交等国家行为进行管辖呢？答案是否定的，我国行政诉讼的受案范围把"国防、外交等国家行为"也排除在外。③ 可见，最高人民法院也不能对国防、外交等国家行为进行管辖。④ 笔者并不赞成在阐述香港特区终审权管辖范围有限性特征时，用"'国防、外交等国家行为'排除在管辖范围之外"作为理由，而应该用"涉及'中央人民政府管理的事物或中央和香港特别行政区关系'排除在特区法院管辖之外"作为主要理由。本书的后半部分将会专门阐述香港终审法院管辖权范围及其限制。

第三节 香港司法终审权的宪法地位

香港司法终审权的宪法地位必须置于"一国两制"下加以考虑。香港是中

---

① 《香港基本法》第19条第3款规定："香港特别行政区法院对国防、外交等国家行为无管辖权。香港特别行政区法院在审理案件中遇有涉及国防、外交等国家行为的事实问题，应取得行政长官就该等问题发出的证明文件，上述文件对法院有约束力。行政长官在发出证明文件前，须取得中央人民政府的证明书。"

② 张剑平：《香港特别行政区终审权的宪法学思辨》，《湖南工业大学学报》（社会科学版）2008年第1期。

③ 我国《行政诉讼法》第12条规定："人民法院不受理公民、法人或者其他组织对下列事项提起的诉讼：（一）国防、外交等国家行为；（二）行政法规、规章或者行政机关制定、发布的具有普遍约束力的决定、命令；（三）行政机关对行政机关工作人员的奖惩、任免等决定；（四）法律规定由行政机关最终裁决的具体行政行为。"值得注意的是，国防、外交等国家行为不可诉，并不等于涉及国防事务管理活动的具体国防行政行为不可诉，也不等于针对军队内部单位和个人的具体军事行政行为不可诉。

④ 我国行政诉讼法的受案范围把"国防、外交等国家行为"排除在外。最高人民法院《关于执行〈中华人民共和国行政诉讼法〉若干问题的解释》对《行政诉讼法》第12条第1项中的"国家行为"作了规定："国家行为"是指国务院、中央军事委员会、国防部、外交部等根据宪法和法律的授权，以国家的名义实施的有关国防和外交事务的行为，以及经宪法和法律授权的国家机关宣布紧急状态、实施戒严和总动员等行为。

国的一个地方行政区域,基于香港基本法所享有的司法终审权必然区别于国家司法终审权。国家司法终审权是主权者的本源性权力,是主权权力的固有组成部分。香港不是独立的政治实体,不属于国家范畴。香港司法终审权的行使必须严格依照《香港基本法》的规定而为之,决不能逾越至国家层面,否则香港将不再属于"特区",而毋宁说是一个"国家",这将明显是与"一国两制"相悖的。

一、香港司法终审权的宪法属性

香港司法终审权的宪法属性包含两个方面:其一,是基于国家主权的授权性审判权;其二,是国家司法终审权的重要组成部分。需要指出的是,香港司法终审权虽然不能与最高人民法院的司法终审权相提并论,但对于香港特区而言,却具有终局性。香港司法终审权与最高人民法院的司法终审权,二者都是国家司法终审权的重要组成部分。香港司法终审权是地方性的终审权,最高人民法院的司法终审权是全国性的终审权,这是"一国两制"方针在终审权问题上的体现。

下面,通过分析"刚果(金)[①]案",可以更好地理解香港司法终审权的宪法属性。

"刚果(金)案"是一起向香港法院申请承认和执行以外国国家为被告的仲裁裁决的案件。2008年5月15日,原告美国秃鹰基金(FG HEMISHPERE ASSOCIATES LLC)向香港法院申请签发对刚果(金)的原诉传票,意欲启动香港法院司法程序以强制执行外国仲裁机构就刚果(金)政府的欠款作出的仲裁裁决。由于刚果(金)在香港没有可执行财产,基于中国中铁公司及其香港附属公司根据其早前与刚果(金)矿业公司的协议,须向刚果(金)政府支付1.04亿美元的入门费,原告也将中国中铁公司及其香港附属公司列为被告,请求香港法院禁止中铁公司向刚果(金)支付入门费以将该入门费用于抵消刚果(金)对原告的债务。2008年5月15日,香港高等法院原讼法庭邵德炜法官裁定许可原告向刚果(金)和中铁等公司送达原诉传票。

2008年7月7日,刚果(金)以享有国家豁免权为由,主张香港法院对刚果(金)案没有管辖权,要求撤销邵法官的裁判,原被告就回归后香港普通法是

---

① 刚果(金)是"刚果民主共和国"的简称,其英文国名是"The Democratic Republic of Congo";刚果(布)是"刚果共和国"的简称,其英文国名是"The Republic of Congo"。

否实行绝对豁免制度展开争辩。2008年12月12日,原讼法庭芮安牟法官判决认为虽然其本人倾向于认为香港实行限制豁免制度,但是本案产生的入门费支付义务不属于商业交易,即使根据限制豁免原则也是不能执行的为由,因此,撤销针对刚果(金)和中铁公司的原讼传票。

原告不认可芮法官对入门费支付行为不属于商业行为的判决,向高等法院上诉庭提起上诉。2010年,上诉庭以2:1的多数票判决撤销原讼庭的判决。上诉庭司徒敬法官和袁家宁法官认为,香港在回归前奉行英国的限制豁免制度,回归后因没有关于国家豁免的全国性法律在香港适用,且限制豁免制度已经成为国际习惯并构成普通法的一部分,故限制豁免制度继续在香港适用,本案所涉及财产并非全部是商业财产,即使被执行人是主权国家,也是可以执行的。上诉庭的另一位法官杨振权持反对意见,认为中国一向奉行绝对豁免制度,限制豁免制度没有形成国际习惯,香港法院对本案没有管辖权。

随后,刚果(金)和中铁公司向香港终审法院提出上诉。2011年6月8日,香港终审法院以3:2的多数票作出临时判决,判令就本案涉及的问题,提请全国人大常委会对《香港基本法》第13条和第19条进行解释,并判决"在不抵触全国人大常委会就上述条文所作出的解释的情况下,香港特区法院对本诉讼的第一被告人刚果(金)没有司法管辖权"。2011年8月26日,全国人大常委会表决通过了关于《香港基本法》第13条第1款和第19条的解释,根据释法结果,香港给予刚果(金)绝对外交豁免权。香港特区终审法院于2011年9月8日作出终局判决。判决遵循全国人大常委会上月的释法结果,刚果(金)具有绝对外交豁免权,因此在香港免于偿还欠款。

刚果(金)案是香港回归后受理的首例以主权国家为被告的案件,本案审理过程中争议纷迭,法庭和当事人花费了大量的篇幅讨论回归后香港实行的是绝对豁免制度还是限制豁免制度。然而,纵观本案,可以发现,本案实际上是一个有关针对外国国家的仲裁裁决能否在香港法院承认和执行的程序纠纷,案件发生于法院的管辖权审查阶段,关注的是香港法院是否享有管辖权的问题。因此本案的核心问题不在于香港普通法实行何种国家豁免制度,也不在于我国实行的是绝对豁免制度还是限制豁免制度,而在于国家豁免制度是否属于一种国家行为,从而根据《香港基本法》第19条第3款的规定构成对香港特区法院管辖权的限制。就此而言,刚果(金)案的意义不仅仅是厘清香港法院对该起具体案件是否有管辖权以判决谁胜谁负,更重要的是,由此形成如何认定、由谁认定何谓国家行为的先例,并借由香港终审法院提请全国人大常委会释法的机会,阐明国家行为的法律含义,明确香港特区法院作为一个地方行政区域法院的地位和职能,以使香港特区法院根据香港基本法的规定正确地行使管辖权。①

香港特别行政区司法权和终审权是由全国人民代表大会根据"高度自治权"授予的,并非基于主权而产生的权力,是中国具有地方性、区域性的司法权,只能在香港基本法授权范围内行使其权力。在任何时候,香港特别行政区法院都不得依其司法权和终审权自行创设新的权力,更不得行使管辖和审理涉及与国家主权相关事项的权力。香港特别行政区法院对于有权代表国家的国家机构作出任何与国家主权相关的,或涉及中央管辖事项或涉及央港关系的决定与行为,必须遵从中国政府相关部门所作的决定。据此,香港特别行政区法院有责任援用或实施中央人民政府根据《香港基本法》第13条第1款所决定的国家豁免规则或政策,不能有任何的偏离,更不能采取一项与中央人民政府所采用的国家豁免不同的规则和政策。②

在"刚果(金)案"中,香港法院严格依据《香港基本法》第158条之规定,主动向全国人大常委会提请释法。香港法院"依法、主动"提请全国人大常委会释法,至少表明了:第一,香港独立的司法权得到了充分体现,完全符合法治原则。第二,全国人大及其常委会的主权者地位得到了充分尊重,完全符合主权原则。第三,香港终审法院司法终审权的尊严也得到了切实维护,完全符合高度自治原则。香港司法终审权的宪法属性在"刚果(金)案"中表现得较为充分。

二、香港司法终审权的宪法价值

价值是指某一事物或行为的积极作用。③ 宪法价值理论是社会价值理论和法的价值理论的重要组成部分,尤其与法治社会中法的价值理论有着本质

---

① 董立坤、张淑钿、陈虹:《香港特区法院对涉及国家行为的案件无管辖权——兼论香港特区法院对刚果(金)案的管辖权》,载《港澳基本法研究通讯》2011年第4期。
② 董立坤、张淑钿、陈虹:《香港特区法院对涉及国家行为的案件无管辖权——兼论香港特区法院对刚果(金)案的管辖权》,载《港澳基本法研究通讯》2011年第4期。
③ 《现代汉语辞海》中对价值的解释有两层含义:一是体现在商品里的社会必要劳动,二是积极作用。本节所谈的宪法价值是指第二层含义。范庆华主编:《现代汉语辞海》(第二卷),黑龙江人民出版社2002年版,第498页。

的同一性。① 宪法的基本价值包含维护人民主权、维护宪政秩序、促进社会发展、维护社会正义、保障基本人权等。宪法的根本任务在于确认国家的基本政治制度、明确各国家机关的权力界限,从而实现保障人权、巩固人民民主、促进社会发展的宪法最核心的价值追求。司法终审权作为宪法确定的国家权力之一,在行使过程中必然会体现宪法的基本价值;而香港司法终审权作为中国的地方性司法权,在实现宪法确定的基本价值之外,还有着其自身特有的宪法价值。如果说,宪法的基本价值所体现的是一种宏观层面的价值;那么香港司法终审权特有的宪法价值还体现出了更为微观的价值。在一定程度上,这种相对微观的价值是基于"一国两制"、"港人治港"、高度自治的原则而产生的。

第一,维护社会主义法制的统一和尊严。香港特别行政区是根据现行《宪法》第 31 条"国家在必要时得设立特别行政区"的规定而设立的,同时,在特别行政区所实行的制度,按照具体情况由全国人民代表大会以法律规定。根据"一国两制"、"港人治港"、高度自治的原则,国家决定在香港实行资本主义制度,在内地实行社会主义制度。而《中华人民共和国宪法》是一部社会主义宪法,这是毋庸置疑的。根据这部社会主义宪法而制定的《香港基本法》却属于资本主义性质,那么,如何实现《宪法》第 5 条第 2 款规定的"国家维护社会主义法制的统一和尊严"呢?我们说,香港实行行政主导、司法独立、行政与立法既相互制约又相互配合的政治体制,香港特区同时又拥有独立的司法权和终审权。就行政权而言,侧重于如何贯彻落实香港基本法,严格依法施政,促进香港的繁荣稳定,保障香港居民的人权和福祉;就立法权而言,侧重于如何将香港基本法所规定的条款通过立法加以细化,以及如何配合与制约行政权;而香港独立的司法权和终审权,作为维护香港社会公平正义的最后一道防线,通过在一系列案件中确立起来的"司法复核权",或依据《香港基本法》第 158 条提请全国人大常委会解释基本法有关条款,维护了香港基本法的尊严和权威,从而实现维护社会主义法制的统一和尊严的宪法价值。

第二,落实依法治国基本方略。现行《宪法》第 5 条规定了"中华人民共和国实行依法治国,建设社会主义法治国家"。该条款将"依法治国"确定为中国治国理政的基本方略。"法治"要求全国各族人民、一切国家机关和武装力量、各政党和各社会团体、各企事业组织,都必须以宪法为根本的活动准则,遵照

---

① 周叶中主编:《宪法》,高等教育出版社、北京大学出版社 2005 年第 2 版,第 156 页。

宪法和法律行事,并且负有维护宪法尊严、保证宪法实施的职责。香港是一个法治社会,香港居民法治意识强。虽然,香港的行政权、立法权都必须严格依照基本法行使,但是,当这些权力在运行中出现违反基本法的情形时,香港特区法院可以不受任何干涉,独立地进行审判。① 香港学者戴耀廷指出,香港终审法院把自己定位为香港高度自治的捍卫者、香港法治的捍卫者和香港人权的捍卫者,但由于行政长官及北京政府所取的定位及所作的行动,终审法院不得不重新定位,把作为香港法治的捍卫者这角色看得比其他两个角色更优先,以避免香港特区法院的司法权威受到挑战和威胁。② 香港终审法院在"刚果(金)案"中的表现,进一步说明了香港的司法独立和终审权得到了捍卫和尊重。

第三,推动社会主义法治国家建设。依法治国基本方略的目标是"建设社会主义法治国家"。马克思主义关于经济基础决定上层建筑的原理,认为有什么样的经济基础就有什么样的上层建筑与其相适应,而且上层建筑反过来影响经济基础。根据邓小平同志关于让一部分人、一部分地区先富裕起来,逐步实现共同富裕的思想。经过 30 多年的改革开放,国家经济建设取得了举世瞩目的成就,实现了小平同志"让一部分人、一部分地区先富起来"的构想。在实践中,经济发达地区的法治发展水平往往比经济落后地区的法治发展水平更高。香港作为国际金融中心,目前的法治发达程度远高于内地。那么,在维护社会主义法制的统一和尊严的前提下,让经济发达地区先"法治"起来,从而带动其他地区实现法治,最终实现社会主义法治国家的目标,这在理论上是可行的。香港的法治先行,是落实"港人治港"、高度自治原则的具体体现。

三、香港司法终审权的宪法功能

功能是事物或方法所发挥的有利的作用、效能。③ 香港大学法学院陈弘毅教授认为,法院在社会上的角色可以分不同的层次予以探讨:最基础的层次是法院作为法律的解释者和适用者的角色,第二层次是缓解社会矛盾、解决纠

---

① 《香港基本法》第 85 条规定:"香港特别行政区法院独立进行审判,不受任何干涉,司法人员履行审判职责的行为不受法律追究。"
② 戴耀廷:《香港的宪政之路》,中华书局(香港)2010 年版,第 12~13 页。
③ 范庆华主编:《现代汉语辞海》(第一卷),黑龙江人民出版社 2002 年版,第 350 页。

纷,第三层次是法院所谓的"造法"功能,最后,法院也可以推动一些社会改革。① 其将"角色"与"功能"放在一起阐述,存在一定的混淆,还需要在逻辑上进行梳理。笔者认为,香港司法终审权的功能总体上可分为规范功能和社会功能。其规范功能主要表现为:一是"造法"功能。通过审理具体案件形成判例,从而实现"造法"功能。二是解释功能。通过对香港基本法条款的自行解释或提请全国人大常委会解释香港基本法有关条款,进一步明确香港基本法的含义,从而促进中央与特区关系的法制化。其社会功能主要表现为:一是监督功能。依据香港基本法对立法权和行政权进行监督。二是人权保障功能。通过审理案件,保障香港居民依据香港基本法所享有的各项权利。三是社会减压功能。比如,在系列居港权案件中,成功阻止了几十万人取得居港权,从而减轻了香港的人口压力。此外,还有维护终审法院尊严,维护社会主义法制统一等功能。(如图)

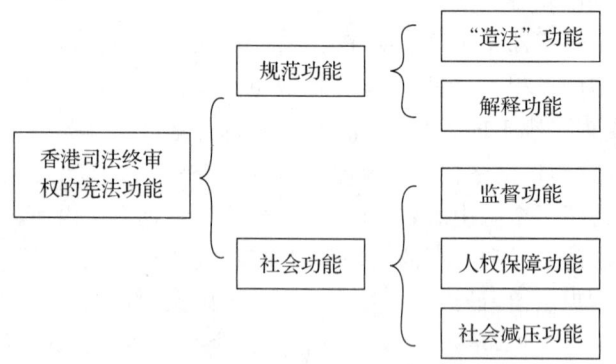

图4:香港司法终审权的宪法功能示意图

具体而言,香港司法终审权的规范功能包含"造法"功能和解释功能。

一是"造法"功能。"造法"功能源自香港的普通法制度,英国是不成文宪法国家,实行"遵循先例"的原则,其普通法制度的主要特点是判例法和衡平法,"法官造法"是判例法的主要特点。正如陈弘毅教授所言,香港法院的角色已经不限于最基本的第一层次了,即在个别案件里、涉及个人的权利的案件里面进行公正的裁决。香港法院已把它的功能扩展到参与社会政策的制定或者处理一些政治问题,把一些政策或政治问题通过法律的途径来解决。法院在

---

① 陈弘毅:《香港法院在社会中的角色》,载陈弘毅:《香港特别行政区的法治轨迹》,中国民主法制出版社2010年版,第79~82页。

参与决定这些政策的时候发挥了"造法"的功能。①

二是解释功能。中央赋予了香港特别行政区司法终审权,如果不赋予其一定的基本法解释权,司法终审权将很难落实。换言之,香港终审法院行使终审权必然要涉及法律适用,而适用的过程难免涉及对法律的理解,从而需要解释法律。香港法院对基本法的解释要严格依照《香港基本法》的规定,不能染指关于国防、外交等国家行为,否则将逾越至国家层面而超越了所授权的范围。对于特区自治范围外的事务,香港终审法院没有管辖权,而不能行使终审权。对国防、外交等国家行为的认定与解释有可能会出现法院在司法过程中透过不同的理解而认定属于特区自治范围内的事务。香港终审法院就应当依据香港基本法行使终审权,对于应当提请全国人大常委会作出解释的应依法提请。这样,香港法院既尊重了"一国",又维护了"两制"。

香港司法终审权的社会功能包含监督功能、人权保障功能和社会减压功能等。

一是监督功能。《香港基本法》虽然没有明确写明实行"行政主导"的政治体制,但在其条款中间充满了"行政主导、司法独立、行政与立法既相互制约又相互配合"的精神。《香港基本法》规定了香港特区享有独立的司法权和终审权。香港特区法院独立进行审判,不受任何干涉,司法人员履行审判职责的行为不受法律追究。香港律师庄永灿撰文指出,回归后,"司法覆核"是常见的法律名词,申请人可循着这一法律程序要求法院审理两类型官司:(1)审查"行政机关"的行为有否违反《基本法》。(2)审查"立法机关"的行为有否违反《基本法》。② 香港的司法对行政的监督在《香港基本法》中体现在:(1)行政长官就任时应向香港特区终审法院首席法官申报财产,记录在案。③ (2)香港居民有权对行政部门和行政人员的行为向法院提起诉讼。④ 而香港司法对立法的监督在《香港基本法》中却不甚明确。《香港基本法》第73条明确了立法会的职权,明确了"根据本法规定并依照法定程序制定、修改和废除法律"。因而,排除了行政长官和法院对法律进行"制定、修改和废除"。《香港基本法》第160

---

① 陈弘毅:《香港法院在社会中的角色》,载陈弘毅:《香港特别行政区的法治轨迹》,中国民主法制出版社2010年版,第100～101页。
② 庄永灿:《法院有权"修改"或"废除"法律?》,载《星岛日报》(香港)2011年12月4日。
③ 《香港基本法》第47条第2款。
④ 《香港基本法》第35条第2款。

条同时规定了:"如以后发现有的法律与本法抵触,可依照本法规定的程序修改或停止生效。"但香港基本法没有列出任何程序以供法院去"修改"法律或使法律"停止生效",香港法院只能在审理具体案件的过程中,依据该法第158条之规定,提请全国人大常委会作出解释。值得一提的是,在"港英时期",香港法院完全无权审查总督会同立法局制定的法例。但在1991年6月8日,香港政府颁布了《人权法案条例》,并将其凌驾于其他普通法律之上。此后,高等法院便开始以抵触《香港人权法案》为由,对部分普通法律条文作出废除的判决,开创香港法院审查立法机关的先河。《香港基本法》于回归时生效,特区法院便顺理成章地自行认定本身拥有废除抵触《香港基本法》的普通法律之权,至今人大常委会及立法会对此未提出反对。① 针对"吴嘉玲案",全国人大常委会在解释中阐明了特区法院无权审查全国人大及其常委会的立法行为是否符合香港基本法,却没有一并明确特区法院是否有权审查立法会的立法行为是否符合香港基本法。尽管如此,香港司法终审权对行政权的监督功能却是仍然存在的。

二是人权保障功能。"无救济便无权利"。司法作为社会正义的最后一道防线,对于维护和保障人权具有至关重要的作用。香港特区法院在自治范围内可以自行解释《香港基本法》条款,对于其他条款也可以解释。在罗尔斯看来,不正义的行为之一就是法官及其他有权者没有运用恰当的规则或者不能正确地解释规则。② 他进一步说道,人们日益猜疑其他人没有履行义务和责任,这是因为,在缺少权威的解释和规则的强制的情况下寻找一些违反规则的借口是特别容易的。③ 香港回归后,特区法院审理的一系列案件向世人昭示,香港特区独立的司法权和终审权得到了落实,全国人大常委会对香港基本法的解释并没有损害香港司法独立和终审权,而是基于宪法层面的合宪性控制。而这种控制又以《香港基本法》第158条为旨归。从"马维騉案"到"中铁刚果案",香港法院虽然遵循了普通法下的司法独立原则,但已在一定程度上脱离了应有的宪法轨道,对此,全国人大常委会当然可以以香港基本法为依据进行

---

① 庄永灿:《法院有权"修改"或"废除"法律?》,载《星岛日报》(香港)2011年12月4日。

② [美]约翰·罗尔斯:《正义论》,何怀宏、何包钢、廖申白译,中国社会科学出版社2009年版,第184页。

③ [美]约翰·罗尔斯:《正义论》,何怀宏、何包钢、廖申白译,中国社会科学出版社2009年版,第188页。

适当的合宪性控制。① 陈弘毅教授认为，香港特别行政区基本法已经司法化了，香港已经有以基本法为基础的违宪审查制度，对于违反人权或者基本法保障的权利的立法或者行政行为，香港法院可以进行违宪审查，而且法院也可以通过对涉及社会重大问题或公共利益的案件的审理，去推动社会的改革。② 可以预见的是，随着香港对"一国两制"、"港人治港"、高度自治原则的深入理解和香港法院对基本法精神的准确把握，香港司法终审权的人权保障功能将进一步得到彰显。

三是社会减压功能。社会活动的复杂性难免会引发各种社会矛盾，这些矛盾若不能及时化解，累积到一定程度时，便会给社会增加压力，从而影响社会稳定。通过诉讼解决社会纠纷，有些时候把一些政治问题变成法律问题，此谓"政治问题的法律化"。政治问题的法律化在某种意义上是有正面作用的，也可以起到舒缓社会矛盾的作用，让一些如果没有及时处理便会变得越来越严重的社会矛盾，通过和平的、理性的、公正的途径来解决。③ 香港司法终审权一方面可以舒缓香港社会自身引发的各种矛盾纠纷，另一方面可以调和特区与中央的紧张关系。在某种意义上，起着"安全阀"的作用。正如美国学者科塞所言："安全阀制度引起行动者的目标转移：他的目标不再是对不满情形的解决，而只是发泄出由它引起的紧张。安全阀为敌意的转移提供了一个替代物，从而那里的冲突本身也被引离了最初的不能令人满意的关系，因此行动者的目标不再是得到什么具体结果，而只是发泄紧张。"④

---

① 王书成：《司法谦抑主义与香港违宪审查权——以"一国两制"为中心》，载《政治与法律》2011年第5期。
② 陈弘毅：《香港法院在社会中的角色》，载陈弘毅：《香港特别行政区的法治轨迹》，中国民主法制出版社2010年版，第101～102页。
③ 陈弘毅：《香港法院在社会中的角色》，载陈弘毅：《香港特别行政区的法治轨迹》，中国民主法制出版社2010年版，第80页。
④ ［美］L.科塞：《社会冲突的功能》，孙立平等译，华夏出版社1989年版，第124页。

第三章 香港司法终审权历史回顾

英国强占香港岛后不久,香港总督府就于 1843 年 6 月公布由维多利亚女皇颁布的《英皇制诰》。这是英国据以在香港建立殖民地政治制度的根本法。① 1982 年 9 月至 1983 年 6 月,撒切尔夫人访华,双方就有关香港主权的原则问题和一些程序问题进行了磋商。1983 年 7 月至 1984 年 9 月,中英双方就诸多具体问题进行了 22 轮谈判。1985 年 4 月,第六届全国人民代表大会第三次会议决定成立中华人民共和国香港特别行政区基本法起草委员会,负责香港特别行政区基本法的起草工作。1985 年 6 月,中英《联合声明》生效,香港进入回归前的过渡时期。1997 年 7 月,中国顺利恢复对香港行使主权,并将司法终审权授予香港。

总的来说,在 1997 年香港回归祖国之前,其司法终审权属于英国枢密院。为了行文方便,本章以时间为主线,以规范性文件为依据,以中英《联合声明》的生效为时间节点,将 1843 年 6 月至 1985 年 6 月称为"港英时期",将 1985 年 7 月至 1997 年 7 月称为"过渡时期"。在"过渡时期"(含基本法起草、基本法生效至香港回归),围绕香港司法终审权发生了许多争议,充满了激烈的交锋与较量。

第一节 "港英时期"的司法终审(1843—1985 年)

一、英国枢密院拥有司法终审权

通过英国枢密院司法委员会可以更好地了解终审法院的起源,而枢密

---

① 朱世海:《香港立法机关研究》,中央编译出版社 2007 年修订版,第 2 页。

院的权限可追溯到法国诺曼底人征服英国的时代(简称"诺曼征服")。① 枢密院司法委员会制度反映了英国为保护作为司法正义源泉的主权不受侵犯,而反对法国在司法、行政上不公正的管理所长期形成的主权诉愿的实践。这种诉愿是作为特权行使的。这种设在国会中的对国王的诉愿形成了贵族院受理上诉的权限的基础。② 枢密院司法委员会是英联邦某些成员国、殖民地、保护地和托管地法院的最高上诉审级,受理来自这些法院及英格兰、威尔士各个专门法院判决的上诉案。枢密院司法委员会由所有担任或曾担任高级司法职务的枢密院成员组成。它不像一般法院那样作出判决,而是通过建议和报告的形式向英王提出解决办法,英王必须听从建议,然后以枢密院令颁布。③

"港英时期",英国是宗主国,操纵着组织香港政府之大权,港人长期没有公民权利,不能决定政府人选。港督一定是英国人,由英女皇(实质由英首相)委任,代表女皇治理香港,港督只对英国政府负责,不必对港人负责,港人无权罢免港督或主要官员。④ 香港总督的行政、立法权力,来源于英国政府的宪制性文件。第一个文件是 1843 年 6 月 26 日英国殖民地部发给首任港督的宪章和训令。在互换《南京条约》的批准书之后,立即生效。此外,还有 1843 年 4 月 5 日的宪章,规定港岛为英国殖民地;1860 年 10 月 24 日的敕令,把九龙半岛并入原有的殖民地;1899 年 12 月 27 日的敕令,又增加了新界;1899 年 12 月 27 日的敕令,取消了 1898 年敕令的第 4 条,把九龙城寨完全并入殖民地。⑤

---

① "诺曼征服"是指以诺曼底公爵威廉(约 1028—1087 年)为首的法国封建主对英国的征服。1066 年初,英王忏悔者爱德华(1042—1066 年在位)死后无嗣,韦塞克斯伯爵哈罗德二世被推选为国王。威廉以爱德华曾面许继位为理由,要求获得王位。1066 年 9 月末,威廉召集诺曼底、布列塔尼、皮卡迪等地封建主进行策划,率兵入侵英国。英王哈罗德迎战。10 月 14 日,双方会战于黑斯廷斯。英军战败,哈罗德阵亡,伦敦城不战而降。12 月 25 日,威廉在伦敦威斯敏斯特教堂加冕为英国国王,即威廉一世(征服者)。诺曼王朝(1066—1154 年)开始对英国的统治。残存的英国贵族顽强抵抗,均遭残酷镇压。1071 年,威廉一世巩固了他的统治,获得征服者的称号。

② Johannes Chan SC(Hon) and C. L. Lim, *Law of The Hong Kong Constitution*, Thomson Reuters Hong Kong Limited, 2011, pp. 291~292.

③ 韩大元主编:《外国宪法》,中国人民大学出版社 2005 年第 2 版,第 46 页。

④ 史深良:《香港政制纵横谈》,广东人民出版社 1991 年版,第 200 页。

⑤ 史深良:《香港政制纵横谈》,广东人民出版社 1991 年版,第 15 页。

香港从来不是一个国家，从1843年起，英国将它作为一个海外殖民地的地方政权治理。因此，香港政府从来不享有国防、外交和自行组织政府的权力。① 迄1984年为止，香港的政制是依照英国统治殖民地的形式发展而成的。英皇是香港的最高统治者，香港总督是英皇的全权代表。港督总揽香港的行政、立法大权，并兼名义上的驻港英军总司令。② 英国的司法体制是在不同的环境中长期演变和积累的产物。长期以来，英国的司法组织错综复杂且无一完整的体系，虽然一个世纪以来进行了多次司法改革，司法组织日趋简化，但是直到今天，英国的司法体制依然使"欧洲大陆的法学家们摸不着头脑"。③

香港法院作为一个地方法院，有权干预港督违反法律的行动。例如，《殖民地规例》也是具有宪法性质的文件，它是英皇透过外交及联邦事务大臣给予港督作为一般施政方针的指示。《殖民地规例》可以随形势、时代之发展而修正，修正权力在于外交及联邦事务大臣。假若《殖民地规例》与《英皇制诰》及《皇室训令》④有不一致之处，则以《英皇制诰》及《皇室训令》为准。因为《殖民地规例》只是指示，而不是训令，因此，港督有不被约束之余地，但法院可以对港督进行责问，或者干预其行动。⑤ 香港法院不可能拥有美国的联邦法院复查法律的权力，如果立法局所制定的法律违反了宪法，或者违反了人权，或者

---

① 史深良：《香港政制纵横谈》，广东人民出版社1991年版，第2页。
② 史深良：《香港政制纵横谈》，广东人民出版社1991年版，第31页。
③ [法]勒内·达维德：《当代主要法律体系》，上海译文出版社1984年版，第345页。
④ 《英皇制诰》和《皇室训令》是英国于1917年2月14日发布，1917年4月20日在《香港政府宪报》公布生效的。《英皇制诰》自当时至1985年止，共修改过11次；《皇室训令》自当时至1985年止，共修改过15次。史深良：《香港政制纵横谈》，广东人民出版社1991年版，第214、224页。
⑤ 史深良：《香港政制纵横谈》，广东人民出版社1991年版，第147～148页。

通过了《皇室训令》第 26 条所载明的 10 项立法禁区的法案①,香港的最高法院不能宣告该法例为无效,因为,否决的权力在于英皇,而不在于法院。为什么如此?原来 1865 年英国国会通过了《殖民法律有效法》,殖民地法院不能因为当地法律与英皇的指示或训令不符,而宣布该法律无效。② 对于国际条约,只能由两国政府谈判解决,而不可能由法院判决的方式解决。对于条约受到破坏,也只能透过外交谈判或以战争相威胁解决,国家行为从来不可能是由地方法院采取行动所解决得了的。③

在 1997 年之前,在特定的情况下,某些经由香港法院判决的案件,可以最终向伦敦枢密院上诉。就理论上而言,枢密院并非真正的法庭,其成员也不熟悉香港的风俗和习惯,它的宣告不称为判决,只是向女皇提出建议。由女皇根据枢密院的报告,颁发女皇枢密院令,使该院的意见生效。香港法庭执行女皇枢密院令,终审权在枢密院司法委员会。④ 司法委员会由枢密院议长(即英国大法官)任首脑,成员是历任前枢密院议长、担任司法高级职务的法官。枢密院还有顾问职务,由女皇任命德高望重的名人、英联邦高级法院的法官或已退休的法官担任。在召集开庭时,司法委员会由 3 名成员组成,但处理特别重要的申诉案件,可以由 5 名成员组成。⑤ 在实践中,不是所有案件均可向枢密院

---

① 《皇室训令》第 26 规定:"除后面提及之情况外,总督不得以皇室名义批准:1. 领圣洗结婚人士离婚之法案;2. 赠予他自己土地、金钱、捐献或奖金之法案;3. 影响本殖民地货币或关系到发行纸币之法案;4. 设立银行公会,修订银行公会章程、权力或特权之法案;5. 征收差额税之法案;6. 包含有与皇室承担之条约义务相违之条款之法案;7. 干扰英国陆、海、空三军纪律及控制之法案;8. 损害皇室特权、损害居住在香港以外的英国臣民之权利及财产,以及损害联合王国及其属土贸易及航运之性质特殊而且特别重要之法案;9. 对非欧洲出生或非欧洲血统人士实施禁令或限制而对欧洲出生或欧洲血统人士则不受禁令或限制之法案;10. 包含有皇室曾经拒绝或不批准之条款之法案。上列法案,若总督预先从皇室的一名重要国务大臣中得到皇室训示,若法案附一条文说明经皇室批准才生效,若总督认为事情急迫必须立即生效,总督得以皇室名义批准之,惟该法案不得与英国法律相忤逆,不得与皇室承担之条约义务相违背。总督须以最快时间向皇室呈报该法案并阐明其批准之理由。"史深良:《香港政制纵横谈》,广东人民出版社 1991 年版,第 232 页。
② 史深良:《香港政制纵横谈》,广东人民出版社 1991 年版,第 147~148 页。
③ 史深良:《香港政制纵横谈》,广东人民出版社 1991 年版,第 149 页。
④ 史深良:《香港政制纵横谈》,广东人民出版社 1991 年版,第 163 页。
⑤ 史深良:《香港政制纵横谈》,广东人民出版社 1991 年版,第 163~164 页。

上诉的,上诉要经过批准。民事案件,经香港上诉法院或枢密院自行批准。对于刑事案件上诉,须由枢密院司法委员会批准。一般情况下,司法委员会不会轻易批准上诉,除非认为该案有实质性误判,而且,通常只会限于处理死刑案件。① 司法委员会还有罢免香港法官的权力,只要港督委出一个审议庭,既可以审议"不能执行职务"的香港法官。审议庭由资深法官组成,如建议港督把是否罢免该法官的事宜,提交枢密院司法委员会,司法委员会便可以建议女皇是否罢免该法官。②

香港是依照惯例来治理的。"惯例"即不成文法。宪制文件即使写得十分详尽,也可能有遗漏的地方。政府或者行政机构长期不行使宪制文件上规定的某些权力,或者是行使法律上含糊条文上的权力,或者很难以法律明确表达,实际上官民都有默契而遵守,都称之为惯例。如果宪制条文越古老,惯例会越多。例如,宪法上规定女皇可以反对议会的法案,但英国君主250年来已不行使这种权力,政府违反这种惯例几乎是不可能的。任何一个当政者漠视公认的惯例,就会失信于民。③ 回归前,香港的宪制性法律主要是1843年以英皇名义制定并发给香港总督的《英皇制诰》和以英国皇室名义制定并发给香港总督及香港政府的《皇室训令》。香港回归后,《英皇制诰》和《皇室训令》废止了,尽管香港的法律制度基本保持不变,但"法统"上是有变化的,基础变了。香港特别行政区的政治体制和基本的法律制度需要在一个新的基础上重新构建,这个基础就是香港基本法。香港基本法在香港具有凌驾于其他一切法律之上的地位,特区的任何立法和行政、司法活动都应当遵从香港基本法。④

二、中英谈判与中英联合声明

中华人民共和国于1949年成立后,中央人民政府就阐述了对香港问题的立场:香港是中国的固有领土,对于三个不平等条约,中国不予承认,在适当的时机通过谈判解决香港问题,解决香港问题之前维持现状不变。

---

① 史深良:《香港政制纵横谈》,广东人民出版社1991年版,第164页。
② 史深良:《香港政制纵横谈》,广东人民出版社1991年版,第164页。
③ 史深良:《香港政制纵横谈》,广东人民出版社1991年版,第20页。
④ 张晓明:《释法符合法治的原则和精神》,载《文汇报》(香港)2005年4月13日。这是张晓明2005年4月12日在深圳与香港法律界人士座谈会上的发言,张晓明时任国务院港澳办副主任。转引自中央人民政府驻香港特别行政区联络办公室编:《关于香港问题的政策性论述》("一国两制"系列资料第三辑),2007年版,第168页。

第三章　香港司法终审权历史回顾

　　繁荣的香港是投资者的天堂,但自19世纪70年代以来,香港"新界"租期日趋届满,众多中外投资者由于香港问题尚未解决,对是否继续在香港投资持观望态度。依据英国的法律规定,其殖民地所有的土地都属于英皇室,殖民地居民必须向政府提出申请,并支付偿金,才能使用土地。政府按一定的使用年限批给居民土地。19世纪末以后,租期基本上有两种:一种是75年可续期的租期;一种是75年不可续期的租期。"新界"作为英属的租借地,租借期于1997年6月30日届满。因此,港英政府批租的"新界"土地必须在1997年6月27日(租约期满的前3天)满期之前收回。由于"新界"批租期限越来越临近,而土地投资者要获得回报需要较长周期,不少投资者因而驻足观望、裹足不前,港英政府在"新界"地租中所获的财政收入越来越少。① 随着形势发展给英方带来的压力不断加大,英方开始试探我国政府的态度。终于,在1979年3月,香港总督麦理浩访华,提出了1997年到期的批地契约问题。中国政府明确表示,批地契约问题将与整个香港的主权问题一并解决。

　　在圆满解决香港问题上,邓小平同志作出了不朽功勋。1982年,邓小平同志对英国首相撒切尔夫人发出了掷地有声的言辞:主权问题不是一个可以讨论的问题。中国政府在香港主权问题上没有任何回旋余地。1997年,中国政府不仅要收回"新界",还要收回包括香港岛在内的整个香港。鉴于邓小平同志的坚定立场和据理力争的言辞,英方只能在接受放弃主权的前提下进行和平谈判。邓小平同志明确指出,香港继续保持资本主义,香港现行的许多适合的制度要保留,政治、经济、法律制度都可以保留,但有些要加以改革。到了1997年,如果中国政府还不能收回香港,任何一个中国领导人和政府都不能向中国人民交代,甚至也不能向世界人民交代;如果不收回,就意味着中国政府是晚清政府,中国领导人是李鸿章!针对邓小平同志的强硬言辞,撒切尔夫人威胁道:"一旦中国宣布收回香港将会'带来灾难性的影响'。"撒切尔夫人没想到邓小平同志会斩钉截铁加以反击:"那我们就要勇敢地面对这个'灾难'。"邓小平同志郑重警告英方,如果在15年的过渡时期,香港发生严重波动,中国政府将被迫不得不对收回的时间和方式另作考虑。他说,不迟于一两年的时间,中国就要正式宣布收回香港这个决策,我们可以再等一两年宣布,但肯定

---

① 王叔文主编:《香港特别行政区基本法导论》,中共中央党校出版社1990年版,第5页。

不能拖延更长的时间了。①

迫于中方的严厉表态,1982年,英国首相撒切尔夫人访华,我方再次表明严正立场:第一,一定要在1997年前恢复对香港行使主权;第二,保持香港的稳定与繁荣(即收回主权,保持繁荣)。英方也表明了态度:未来的安排要为香港人民所接受,为英国议会所同意。中英双方在此基础上,开始了维持两年之久的中英谈判。谈判分为两步走:(1)双方就会谈的议程和其他程序问题达成协议(1982年9月至1983年6月);(2)草签中英联合声明(1983年7月至1984年9月)。在谈判的第一阶段,争执的焦点是三个条约的合法性问题。我国政府坚持对香港的一贯立场,坚决不承认三个不平等条约的合法性,指出中英之间有关香港地位的三个条约是不平等条约,应全部推倒,香港主权必须归还中国。但是,英方却顽固地认为,"这些条约是有效的","不应推翻,而应由双方共同修改"。②

根据国际法的规定,条约是指国与国之间,以国际法为准则缔结的,以确认、变更或终止缔约国之间权利义务关系的国际书面协议。"条约必须信守"是一条古老的国际法原则,为包括中国在内的世界各国普遍遵循。英国政府以"条约必须信守"为由,强调中英之间关于香港问题的三个条约只能"共同修改,而不应推翻"。中国政府认为,强调条约必须信守,是指根据国际法制定的平等条约,即合法条约,一切非法的、强加于人的所谓条约,非但不应当信守,而且应当予以废除。根据国际法的普通原理和1969年联合国《维也纳条约法公约》的规定,不平等条约具有两项特征:第一是违法性,即条约违反国际法的基本原则;第二是违背意志性,即违反缔约方自由同意的原则。据此,关于香港问题的三个条约,是由当时的中国政府被迫签订的,侵犯了中国主权,破坏了中国的领土完整,违反了国际法,是无效条约,应当予以推翻。③

经过双方激烈的争论与顽强的坚守,英方在谈判桌上仍坚持三个不平等条约继续有效和"以主权换治权"的无理要求。1983年9月,邓小平同志在会见访华的英国前首相希思时,奉劝英方改变态度,以免出现到1984年9月中国不得不单方面公布解决香港问题的方针政策的局面。在邓小平同志的强硬

---

① 邓小平:《我们对香港问题的基本立场》,载中共中央文献研究室编:《一国两制重要文献选编》,中央文献出版社1997年版,第8页以下。

② 《人民日报》1982年9月30日。

③ 董立坤:《香港法的理论与实践》,法律出版社1990年版,第10页以下。

态度与据理力争下,英方被迫同意以中国政府关于解决香港问题的基本方针政策为谈判基础,重新开启新一轮谈判。经过22轮的艰苦谈判,1984年12月19日,中英两国政府首脑终于在北京正式签署了关于香港问题的中英联合声明。1985年5月27日,中英两国政府互换关于香港问题的《联合声明》的批准书,该声明从即日起生效。

《中英联合声明》生效在国际法和国内法上具有重要的法律意义:其一,《中英联合声明》及其附件是一份规定和设定中英两国对香港权利和义务的国际条约,它以国际协议的形式庄严声明,1997年英国将香港交还中国,中国恢复对香港行使主权,这就在国际上确认了香港是中华人民共和国的一部分,任何国家无权将香港从中国领土中分离出去的基本法律地位。其二,根据当时香港的状况,中国保证在对香港恢复行使主权后,设立香港特别行政区,对它实行特殊政策,保持香港实行资本主义制度、享有高度自治权。①

在中英谈判过程中,关于在香港设立终审法院是有争议的,争议的焦点主要是设立的时间和法院的组成。英国政府希望在香港回归前建立终审法院,如果这样的话,英国就可以控制法院的组成和法院的权限。② 政务专题小组就组建终审法院问题提出的八点原则性建议,在中英联合联络小组关于香港终审法院问题的谈判中已得到采纳,中英双方在此基础上已达成协议。依照《香港基本法》的有关规定,终审法院的具体筹组工作是由香港特别行政区行政长官等负责。所以,后来司法人员推荐委员会的筹组、终审法院法官和高等法院法官的任命等,也都是由香港特别行政区行政长官等负责进行,筹委会无须再作出任何决定。③ 香港回归后,中央将司法终审权授予香港,有其深刻的政治因素、经济因素、文化因素、社会因素等。在当时的历史背景下,必须牢牢把握住的是香港主权必须收回,这是首要前提。《中英联合声明》正文第3款第3项写明:香港特别行政区享有行政管理权、立法权、独立的司法权和终审

---

① 董立坤:《香港法的理论与实践》,法律出版社1990年版,第10页以下。
② Johannes Chan SC(Hon) and C. L. Lim, *Law of The Hong Kong Constitution*, Thomson Reuters Hong Kong Limited, 2011, p. 293.
③ 鲁平:《关于筹委会工作完成情况的报告》,载《人民日报》1997年7月12日。鲁平时任国务院港澳办主任、香港特别行政区筹委会副主任兼秘书长。转引自中央人民政府驻香港特别行政区联络办公室编:《关于香港问题的政策性论述》("一国两制"系列资料第三辑),2007年版,第73页。

权。现行的法律基本不变。① 《中英联合声明》"附件一"第一节写明:"香港特别行政区直辖于中华人民共和国中央人民政府,并享有高度的自治权。除外交和国防事务属中央人民政府管理外,香港特别行政区享有行政管理权、立法权、独立的司法权和终审权。""附件一"第三节写明:"香港特别行政区成立后,除因香港特别行政区法院享有终审权而产生的变化外,原在香港实行的司法体制予以保留。""香港特别行政区的审判权属于香港特别行政区法院。法院独立进行审判,不受任何干涉。"②

在原有的普通法制度之下,终审法院的权力必须包括对所有香港法律的最终解释权。③ 虽然《中英联合声明》第 3 款第 3 项列明香港有独立的司法权和终审权,但是《〈香港基本法〉征求意见稿》第 169 条却规定基本法的解释权属全国人大常委会,第 170 条规定基本法的修改权属全国人民代表大会。另外第 18 条也列明"香港特别行政区法院对……中央人民政府的行政行为的案件无管辖权。……"有意见认为,这些规定妨碍了特别行政区的司法独立,干预了特别行政区的高度自治。此外,有意见认为:《中英联合声明》是列明了特别行政区享有高度的自治权、独立的行政管理权、立法、司法权和终审权,但《中英联合声明》的规定并不表示香港特别行政区享有主权立法(Sovereign Legislature)。香港是一个地方行政单位,并不享有主权。《香港基本法》的制定和颁布都是由人大负责的,它的解释和修改也是由人大负责的。也就是说,特别行政区无论自治权力多高,亦只是一个拥有特殊地位的地方行政单位,它是特殊的,但不表示独立和有主权。……特别行政区内部的行政管理、立法、司法和终审权,会按照基本法的规定,实行"高度自治"。这个"高度自治"的准则,就要按香港基本法的规定来制定。④ 对《中英联合声明》内有关这一问题的内容,有意见认为应整体地理解,不能将某一条抽离,单独解释。《中英联合声明》所公布的政策,是以"一国两制"的大原则来制定的,香港基本法除体现"两制"外,也要体现"一国"的精神,很多这些条文,就应从这个角度去理解。此外,《中英联合声明》提出将来香港特别行政区享有独立的司法权和终审权,

---

① 《中英关于香港问题的联合声明》,中国民主法制出版社 2011 年版,第 2 页。
② 《中英关于香港问题的联合声明》,中国民主法制出版社 2011 年版,第 5~6 页。
③ 汤家骅:《香港的普通法制度是否应该维持?》,载佳日思、陈文敏、傅华伶主编:《居港权引发的宪法争论》,香港大学出版社 2000 年版,第 409 页。
④ 中华人民共和国香港特别行政区基本法咨询委员会:《中华人民共和国香港特别行政区基本法(草案)征求意见稿咨询报告(2)》,1988 年版,第 17~18 页。

但没有清楚说明司法权和终审权的范围。① 这也是有道理的,需要随着司法实践的丰富来不断加以完善。

至于司法终审权为何授予香港,在某种程度上可以说,这是一个"伟大的妥协"。后文将进行阐述。

第二节 "过渡时期"的司法终审(1985—1997年)

1985年4月,第六届全国人大第三次会议议决成立香港特别行政区基本法起草委员会。1985年6月,第六届全国人大常委会第十一次会议通过香港特别行政区基本法起草委员会成员名单,委任了59名委员(包括36名内地委员及23名香港委员),香港基本法起草委员会于当年7月正式成立,开始起草工作。总的来说,从《中英联合声明》签订之后到香港特别行政区成立之前,由香港有关机关制定的法律、法令、条例,通常被称为香港过渡时期制定的法律。对于过渡时期制定的法律,特别是对原有制度和政策作重大调整和改变的法律,在制定前须通过中英联合联络小组磋商同意,否则,中方不承担"基本保留"的法律义务。至于港英政府在过渡时期制定的其他并不涉及对香港现行制度和政策作重大改变的法律,只要这些法律符合香港基本法的规定,符合香港的实际,在香港特别行政区成立后,原则上是可以保留的。② 但不论如何,这些过渡时期制定的法律在香港特别行政区成立之前,毕竟还没有生效。因此,在"过渡时期",香港的司法终审权仍然延续"港英时期"的司法终审制度。

本节讨论的是,在"过渡时期"(含香港基本法起草、生效至香港回归),特别是香港基本法起草过程中关于香港主权回归中国后的司法终审权的讨论。主要涉及以下问题:如何理解涉及国家重大利益的案件;如何理解保持香港原有法律;全国性法律在香港如何适用;香港基本法的解释权问题。

---

① 中华人民共和国香港特别行政区基本法咨询委员会、中央与特别行政区的关系专责小组关于《司法管辖权与全国性法律在香港的应用(最后报告)》,1987年6月12日,第1页。

② 杨静辉、李祥琴:《港澳基本法比较研究》,北京大学出版社1997年版,第101~102页。

一、如何理解"涉及国家重大利益"

在香港基本法的起草过程中,关于"特区法院和终审法院的司法管辖范围",除了"国防和外交事务"已由《中英联合声明》明确不能管辖之外,讨论较多的是香港法院能否管辖涉及"国家重大利益"的案件。

对于"国家重大利益",1987年4月7日,委员们提出如下意见:(1)《中英联合声明》里并没有任何涉及"国家重大利益"的规定,除了外交与国防事务属国家重大利益外,很难具体说明清楚。所以香港基本法不应该规定香港法院不能审判涉及国家重大利益的案件,否则有违《中英联合声明》的精神,而且会削弱特区法院的司法权力。(2)《中英联合声明》里并没有任何涉及"国家重大利益"的规定,除了外交与国防事务属国家重大利益外,很难具体说明清楚。所以基本法应有较为明确的阐述和界定。顾名思义"国家的重大利益"指的是关乎国家整体的利益,香港特别行政区实行资本主义制度,它的法院,从全国范围来看,只属特区地方性的法院,无权审理"国家重大利益"的案件。(3)《中英联合声明》里并没有任何涉及"国家重大利益"的规定,而"国家重大利益"这个字眼的意思含糊不清,如果在基本法里提及,亦容易引起混乱,所以基本法不应该规定香港法院不能审判涉及国家重大利益的案件。(4)除国防外交事务外,其他所有事物如在特区的基本法及立法机关的管辖范围内,特区法院应有终审权。① 关于香港法院能否审理涉及国家重大利益的案件,存在一个至关重要的问题:如果特区法院不能审判涉及国家重大利益的案件,即使基本法对国家重大利益作出了清楚的界定,将来由谁解释一个案件是否属国家重大利益的案件? 由中央解释的结果,可能与由香港解释的结果有矛盾。② 就"国家重大利益"的问题,在这次讨论中,委员们达成了如下共识:《中英联合声明》里并没有任何涉及"国家重大利益"的规定,除了外交与国防事务属国家重大利益外,很难具体说明清楚。所以基本法不应该规定香港法院不能审判涉及

---

① 1987年4月7日的讨论稿《司法管辖权与全国性法律在香港的应用》,载《香港特别行政区基本法咨询委员会中央与特别行政区的关系专责小组会议记录》(1987年2月至1989年)。

② 1987年4月7日的讨论稿《司法管辖权与全国性法律在香港的应用》,载《香港特别行政区基本法咨询委员会中央与特别行政区的关系专责小组会议记录》(1987年2月至1989年)。

国家重大利益的案件,否则有违《中英联合声明》的精神。①

尽管这次讨论达成了一些共识,但还有诸多问题尚需探讨。为了进一步讨论,1987年5月8日,香港基本法起草委员会中央与特别行政区的关系专责小组向基本法咨询委员会专门提交了《香港法庭的司法管辖权与有关重大国家利益的问题》讨论文件,此讨论文件要探讨的问题是特区法庭有没有权力审判一类案件,这些案件在审判的过程中,既需要解释基本法,而又与国家的重大利益有关。这个问题有两种含义:第一种含义是,特区法庭有没有权审判与重大国家利益有关的案件(国防和外交的事情除外),至于审判期间是否需要解释基本法的条文,则是另外一个问题。第二种含义是,香港法庭有没有权审判一类的案件,这一类案件与重大国家利益未知是否有关,但在审判过程中,法庭可能需要解释与重大国家利益有关的基本法条文。②

在这次讨论中,有委员指出,如果特区法庭没有权审判与重大国家利益有关的案件(国防和外交的事情除外),或香港法庭在审判的过程中,没有权解释与重大国家利益有关的基本法条文,那么对香港特区法庭的独立司法权、终审权、司法体制(因享有终审权而产生的变化除外)、原有法律(与基本法相抵触或香港特别行政区的立法机关作出修改者除外)有没有影响?特区法院根据需要邀请其他普通法适用地区的法官参加审判时,是否亦成为特区法院不可审判有关重大国家利益的案件(国防和外交的事情除外)或香港法庭在审判的过程中,没有权解释与重大国家利益有关的基本法条文的合理理由。除上述理由外有否其他理由可支持特区法院不可审判与重大国家利益有关的案件(国防和外交的事情除外)或香港法庭在审判的过程中,没有权解释与重大国家利益有关的基本法条文。③

在接下来的讨论中,有关香港法院是否可以审判涉及国家重大利益的案

---

① 1987年4月7日的讨论稿《司法管辖权与全国性法律在香港的应用》,载《香港特别行政区基本法咨询委员会中央与特别行政区的关系专责小组会议记录》(1987年2月至1989年)。

② 1987年5月8日《香港法庭的司法管辖权与有关重大国家利益的问题》(讨论文件),载《香港特别行政区基本法咨询委员会中央与特别行政区的关系专责小组会议纪录》(1987年2月至1989年)。可在香港大学吕志和法律图书馆查询。

③ 1987年5月8日《香港法庭的司法管辖权与有关重大国家利益的问题》(讨论文件),载《香港特别行政区基本法咨询委员会中央与特别行政区的关系专责小组会议纪录》(1987年2月至1989年)。

件的问题,有委员提出,应首先清晰界定何谓"国家重大利益"。因为国家重大利益可以有两重意思:(1)相对于香港特别行政区利益的国家利益;(2)相对于涉及中国(包括香港特别行政区在内)对外利益的国家利益,如外交、国防。前者的范围很广,在财政、商业方面,中国有许多机构在香港进行贸易商业活动,如果特区法院没有权审判与重大国家利益有关的案件(国防和外交的事情除外),或香港法院在审判的过程中,没有权解释与重大国家利益有关的基本法条文,那么对香港特区法庭的独立司法权、终审权、司法体制(因享有终审权而产生的变化除外)、对原有法律(与基本法相抵触或香港特别行政区的立法机关作出修改者除外)会造成严重影响,中国的机构可利用此规定在香港进行非法活动,对香港的繁荣不利。①

二、如何理解"保持香港原有法律"

香港沿用的法律制度属于普通法法系,其基础是法治精神和司法独立原则。具体说来,香港原有的法律制度是由英国引进的法律,结合当地适用的法律和习惯,是经历长时期的演变而建立起来的,其中包括英国法(普通法、衡平法与制定法),香港的立法(条例和附属立法)以及英国占领香港前在当地适用的《大清律例》和习惯。这是一种多元性质的,由香港特有的历史和文化背景所构成的混合法制。②"港英时期",香港的法律,如从产生的方式区分,可分三种:一是原来应用于英国或由英国制定的法律;二是香港立法局通过并经港督批准的法律;三是按社会风俗习惯(包括本港与英联邦国家法庭判决的案例)而形成的习惯法。③ 衡平法原是由英国衡平法院在审理案件时发展起来的判例法的总称。衡平法的表现形式也是判例法,但由衡平法院确立的衡平法的原则,与普通法院所确立的普通法的原则有较大的不同,为了便于与普通法相区别,在英国法的传统上,就把由衡平法院发展起来的这部分判例法,称为"衡平法"。1873 年英国司法改革之后,普通法院与衡平法院合二为一,组成了最高法院。由英国最高法院统一行使普通法和衡平法的司法权,但法律

---

① 1987 年 5 月 11 日的讨论稿《司法管辖权与全国性法律在香港的应用》,载《香港特别行政区基本法咨询委员会中央与特别行政区的关系专责小组会议记录》(1987 年 2 月至 1989 年)。

② 孙承谷:《〈基本法〉与香港特别行政区政治体制》,世界华文出版机构(香港)2005 年版,第 124 页。

③ 史深良:《香港政制纵横谈》,广东人民出版社 1991 年版,第 127 页。

明确规定,衡平法的原则优于普通法。由于香港各级法院是在英国普通法和衡平法的基础上发展自己的判例法,因此,衡平法的原则,也在香港具有法律的效力。①

香港基本法是香港原有法律能够保留在香港特区适用的法律根据。据此,根据《香港基本法》第8条予以保留为香港特区法律的香港原有法律必须符合基本法的规定,凡是与基本法相抵触的香港原有法律,必须被废除。② 香港原有法律要保留在香港特区适用,必须根据《香港基本法》第160条的规定予以适应化。

原适用于香港的英国法,显然不属于香港原有法律的范围,不在保留之列。但是在这部分英国法中,有些法律,如版权法、航运法等重要的法律可通过本地化的程序,使之成为原香港法律。③ 作为英国统治香港的宪法性法律的《英皇制诰》和《皇室训令》都属于皇室特权立法的范畴。正因为英国国会立法和皇室特权立法都是英国行使主权的产物,所以适用于香港的英国制定法当然都不能保留为特别行政区的法律。《香港基本法》规定可以依法保留的香港原有法律是普通法、衡平法、条例、附属立法和习惯法,而不包括英国国会立法和皇室特权立法在内。④ 根据《香港基本法》和《中英联合声明》的规定,原有法律不包括英国法律,但简单地将其一概删除,势必影响香港法律及其制度的整体性,不利于特别行政区的稳定。为此,中英联合联络小组从1986年开始就适用于香港的英国法律转化为香港本地法律问题进行磋商,即通常所说的"法律本地化"工作。在完成了本地化后,还要对这些法律进行适应化,即使之符合基本法。这就是说,在香港法律中引用的英国法律,在完成了上述的本地化—适应化后,将成为特别行政区法律的组成部分。⑤

除了从法律的内容上考察什么是香港的"原有"法律之外,还有一个关键

---

① 杨静辉、李祥琴:《港澳基本法比较研究》,北京大学出版社1997年版,第106页。
② 董立坤、张淑钿、陈虹:《香港特区法院对涉及国家行为的案件无管辖权——兼论香港特区法院对刚果(金)案的管辖权》,载《港澳基本法研究通讯》2011年第4期。
③ 许崇德主编:《港澳基本法教程》,中国人民大学出版社1994年版,第256页。
④ 孙承谷:《〈基本法〉与香港特别行政区政治体制》,世界华文出版机构(香港)2005年版,第125页。
⑤ 《关于法律小组工作情况的报告——香港特别行政区筹备委员会第八次全体会议》(1997年1月31日),载香港特别行政区筹备委员会秘书处编印:《全国人大香港特别行政区筹备委员会第八次全体会议文件汇编》,第17页。

问题是"时间节点"。有学者认为,在香港特别行政区基本法中,"原有法律"原则上是指 1984 年《中英联合声明》签订前已生效适用的香港本地法律。① 这种观点值得商榷。关于《中英联合声明》和《香港基本法》中的"香港原有法律"的截止时间,中英两国、香港和内地学者们的看法从来就没有一致过。对此,权威的话语者应该是全国人大常委会。② 全国人大常委会 1997 年 2 月 23 日的决定,③不但对 1997 年 7 月 1 日特区成立后适用"原有法律"的解释原则作了原则性限制,更重要的是,直接废除了部分香港"原有法律"。虽然,决定中并没有明确生效时间,但是,显然的理解应该是 1997 年 7 月 1 日。从决定的立法意图看,特别是从"附件二"部分废除的有关条例看,这些条例中有的是《中英联合声明》签署后港英政府单方面进行的修订,大部分则是《香港基本法》颁布后港英政府所作的修订,而人大常委会则是在相当大程度上"恢复"了基本法颁布之前的法律状况。这起码从法律上说明了,"原有法律"的"截止时间"不可能是 1997 年 6 月 30 日。④

对原有法律中引用英国法律的处理,采取的是双管齐下的办法,即一方面,通过本地化—适应化的过程使被引用的英国法律最终成为特别行政区法律,另一方面,是在符合适用原则的前提下可继续参照适用,直至特别行政区作出处理,使之最终成为特别行政区法律。这种处理方式,既能体现主权原则,又能保证原有法律的平稳过渡,使特别行政区在一套完整、稳定的法律制度的保障下正常运作。⑤

---

① 杨静辉、李祥琴:《港澳基本法比较研究》,北京大学出版社 1997 年版,第 101 页。
② 陈友清:《1997—2007:一国两制法治实践的法理学观察——以法制冲突为视角》,法律出版社 2008 年版,第 67 页。
③ 香港宪报 A206 号。1997 年 2 月 23 日第八届全国人大常委会第二十四次会议通过了《全国人大常委会关于根据〈中华人民共和国香港特别行政区基本法〉第一百六十条处理香港原有法律的决定》,该决定的第四条规定:采用为香港特别行政区法律的香港原有法律,自 1997 年 7 月 1 日起,在适用时,应作出必要的变更、适应、限制或例外,以符合中华人民共和国对香港恢复行使主权后香港的地位和《香港基本法》的有关规定,如《新界土地(豁免)条例》在适用时应符合上述原则。
④ 陈友清:《1997—2007:一国两制法治实践的法理学观察——以法制冲突为视角》,法律出版社 2008 年版,第 62 页。
⑤ 《关于法律小组工作情况的报告——香港特别行政区筹备委员会第八次全体会议》(1997 年 1 月 31 日),载香港特别行政区筹备委员会秘书处编印:《全国人大香港特别行政区筹备委员会第八次全体会议文件汇编》,第 18 页。

与"香港原有法律"有关的另一个众所周知的问题,就是《香港人权法案条例》。为了加强香港法制对于人权的保护,港英政府在1991年6月制定了《香港人权法案条例》,把自从1976年已在国际法的层面适用于香港的《公民权利和政治权利国际公约》,引入香港成为香港本地的立法,由香港法院执行其中的人权标准,并用以审查在《香港人权法案条例》生效之前已制定的立法。该条例第3条第2款规定:"所有先前法例,凡不可作出与本条例没有抵触的解释的,其与本条例抵触的部分现予废除。"①《香港人权法案条例》是英方不顾中方反对而制定的,随后英方依据该条例的凌驾地位,对原有法律作了一系列重大修改。这个问题是在联合声明签署后,在香港进入"过渡时期"的后半段发生的,是英方改变对港政策,背离联合声明的产物。

委员们提出,对这一问题作出处理,首先,是一个维护联合声明的问题,其次,所采取的措施要实事求是,切实可行。② 特别是港英政府根据《香港人权法案条例》的这种凌驾地位,单方面对一些现行法律作出重大修改,违反了《中英联合声明》所确定的"现行的法律基本不变"的原则和《香港基本法》的有关规定。③ 英方极力否认《香港人权法案条例》具有凌驾地位,但事实是,这种凌驾地位不是中方强加的,而恰恰是英方自己承认的。1991年3月,在英方提出的《香港人权宣言条例草案》中,第3条的标题就是"本条例凌驾于现行法律之上"。后来,由于中方指出,这种凌驾地位抵触基本法,于是英方将这一条的标题改为"对先前法例的影响",但这个条文的内容却没改变。筹委会法律小组在处理这个问题时,是十分慎重的。本来完全废除《香港人权法案条例》也不会给香港的人权保障带来不利的影响,但考虑到《香港人权法案条例》的内容基本抄自国际人权公约,而中国政府也已承诺该公约的规定继续在香港适

---

① 陈弘毅:《一国两制与香港特别行政区基本法总论》,载陈弘毅:《香港特别行政区的法治轨迹》,中国民主法制出版社2010年版,第44~45页。

② 《关于法律小组工作情况的报告——香港特别行政区筹备委员会第八次全体会议》(1997年1月31日),载香港特别行政区筹备委员会秘书处印:《全国人大香港特别行政区筹备委员会第八次全体会议文件汇编》,第22~23页。

③ 《关于法律小组工作情况的报告——香港特别行政区筹备委员会第八次全体会议》(1997年1月31日),载香港特别行政区筹备委员会秘书处印:《全国人大香港特别行政区筹备委员会第八次全体会议文件汇编》,第8页。

用,因此,决定将《香港人权法案条例》保留下来,只废除该条例的凌驾地位。①由于香港特别行政区保留原有的普通法式的法制,普通法继续是香港法律的主要渊源之一,而普通法是由各普通法适用地区的法院判例累积而成的,因此,《香港基本法》第 84 条明文规定,香港法院审判案件时,"其他普通法适用地区的司法判例可作参考"。②

三、全国性法律如何在香港适用

从来英国议会的法案,英王一向保有拒绝同意之权;徒以不用已久,此权几成废物,惟对于殖民地议会所通过之法案,皇帝尚随时否决。于是,实际上,虽则不是名义上,帝国议会实有权以干涉殖民地的立法上之独立。此权的运用的一种方式是,某殖民地的总督(用新西兰为例),可以当一法案通过于殖民地议会后,拒绝同意。在如此情形下,该法案即归无用,其结果与殖民地参议会不通过一议案相同,或与英国议会的法案竟遭英文运用久废不用的特权以否决该案相同。万一总督不愿即时运用否决权,他尚可以将此法案保留,俟英王自行裁决。于是,该法案非至得到皇帝的同意后,不能施行。在此际,皇帝的同意只是内阁的同意,而所谓内阁不过是巴力门③的委员会,故最后的同意仍属于帝国议会。④

关于全国性法律在香港的适用性问题,在对《香港基本法草案(征求意见稿)》的讨论中,有意见认为,香港特别行政区立法机关制定的法律可以立即生效,这有效地保证了香港所享有的立法权。香港基本法是由全国人大制定的,所以只有全国人大和全国人大常委会才有权判断香港特别行政区立法机关制定的法律是否符合香港基本法和法定程序,而规定由全国人大常委会行使这

---

① 《关于法律小组工作情况的报告——香港特别行政区筹备委员会第八次全体会议》(1997 年 1 月 31 日),载香港特别行政区筹备委员会秘书处编印:《全国人大香港特别行政区筹备委员会第八次全体会议文件汇编》,第 45~46 页。

② 陈弘毅:《一国两制与香港特别行政区基本法总论》,载陈弘毅:《香港特别行政区的法治轨迹》,中国民主法制出版社 2010 年版,第 41 页。

③ 巴力门(Parliament),汉译"说出心事",在寻常会话中概指贵族院及众民院。在英国,实解作君主(The King),贵族院(House of Lords),与众民院(House of Commons)的合体。当三者合成一体时,他们常被称为"议会中之君主"(The King in the Parliament)。[英]戴雪:《英宪精义》,雷宾南译,中国法制出版社 2001 年版,第 116 页。

④ [英]戴雪:《英宪精义》,雷宾南译,中国法制出版社 2001 年版,第 176~177 页。

种审查权,则是主权原则的体现。被发回重议或撤销的法律的失效无溯及力,反过来又确保了香港特别行政区立法机关制定的法律的有效性。也有意见认为此条文不可以接受,剥削了特别行政区的终审权,同时也侵犯了特别行政区的立法权。[①] Donna Lee 认为,司法是否独立是衡量一个宪法制度好坏的标准。不幸的是,《香港终审法院条例》关于司法独立的规定并没有赋予香港终审法院决定某项法令是否可以在香港适用的权力;而且,当香港终审法院面对某项法令能否在香港适用的争议时,中国内地通过设置让香港终审法院启动提请全国人大决定的复杂程序来保留自己的决定权,这是不合适的。这个限制是对普通法中由法院在案件审理中对法律进行解释的冒犯。[②]

通过讨论,香港基本法起草委员会委员们达成以下共识:(1)根据《中英联合声明》的规定,将来在香港实行的法律为基本法、香港原有的法律和将来香港特别行政区立法机关制定的法律,全国性的法律不应在港适用,否则有违《中英联合声明》精神。(2)有关国防、外交方面的法律,以及国籍法、人大代表选举法等,如果人大认为适用于香港,就应在香港基本法内写明。(3)1997 年后由全国人大通过的法律,由于内地与香港属不同的法律体系,如要适用于香港,应由香港基本法规定须在香港立法机关通过一定的立法程序,才能付诸实行。[③]

四、司法终审权与基本法解释权

在原有的普通法制度下,司法终审权必然包含对法律的最终解释权。因此,在探讨香港的司法终审权时,法律解释权是个无法回避的问题。关于基本法的解释权有以下焦点问题:(1)香港法院必须依从人大常委会已作的解释。最高人民法院的判例解释是否也需依从?(2)"自治范围内"怎样理解?什么机关去决定是否在自治范围内?(3)如香港法院认为在自治范围内但国务院

---

① 中华人民共和国香港特别行政区基本法咨询委员会:《中华人民共和国香港特别行政区基本法(草案)征求意见稿咨询报告》(第 5 册),1988 年版,第 58 页。

② Donna Lee, Discrepancy Between Theory and Reality: Hong Kong's Court of Final Appeal and the Acts of State Doctrine, *Columbia Journal of Transnational Law*, 1997, 35Colum. J. Transnat'l. p. 175.

③ 1987 年 4 月 7 日的讨论稿《司法管辖权与全国性法律在香港的应用》,载《香港特别行政区基本法咨询委员会中央与特别行政区的关系专责小组会议记录》(1987 年 2 月至 1989 年)。

或人大常委会不同意,如何处理?是否可以否决法院的判决?在自治范围内的审讯应依从什么程序?(4)是否由法院自行决定什么是司法管辖范围内?如国务院和全国人大常委会不同意将如何处理?

《香港基本法(草案)征求意见稿》第18条规定:香港特别行政区享有独立的司法权和终审权。香港特别行政区法院除继续保持香港原有法律原则对法院审判权所作的限制外,对所有的案件均有审判权。香港特别行政区法院对属于中央人民政府管理的国防、外交事务和中央人民政府的行政行为的案件无管辖权。香港特别行政区法院在审理案件中,如遇有涉及国防、外交和中央人民政府的行政行为的问题,应征询行政长官的意见。行政长官就该等问题发出的证明文件对法院有约束力。行政长官在发出上述证明文件前,须取得全国人民代表大会常务委员会或国务院的证明书。[①] 有委员认为,《中英联合声明》提出将来香港特别行政区享有独立的司法权和终审权,但没有清楚说明司法权和终审权的范围。有关香港法院有没有权解释基本法的问题,在《基本法解释权》最后报告中已有讨论结果。但起草委员会又提出香港特别行政区法院在审判过程中,有没有权力处理涉及既要解释基本法,又与国家重大利益有关的案件。[②]

对于草案的上述规定,持赞成意见的委员的主要理由是:(1)此条文写明香港特别行政区拥有终审权,法院独立进行审判,不受任何干涉,故行政干预司法终审的情况是不存在的。[③] (2)由人大常委会解释基本法会影响特别行政区的司法独立及其终审权。根据现有条文的规定,中方可通过"解释"左右香港法院的终审判决。解释权属于人大常委会的实际效果,不过是人大常委会保留关于"国防、外交和其他属于中央人民政府管理的事务的条款"的解释权而已。此种权力在相当大程度上属备而不用性质,所以不会影响特别行政

---

① 中华人民共和国香港特别行政区基本法咨询委员会:《中华人民共和国香港特别行政区基本法(草案)征求意见稿咨询报告》(第5册),1988年版,第81页。

② 1987年5月11日的讨论稿《司法管辖权与全国性法律在香港的应用》,载《香港特别行政区基本法咨询委员会中央与特别行政区的关系专责小组会议记录》(1987年2月至1989年)。

③ 中华人民共和国香港特别行政区基本法咨询委员会:《中华人民共和国香港特别行政区基本法(草案)征求意见稿咨询报告》(第5册),1988年版,第82页。

区的司法独立和终审权。① (3)倘若特别行政区法院对涉及国防、外交和中央人民政府的行政行为条款的案件都有终审权的话,便等于让地方法院对涉及中央管辖内的事务有终审权,这在法理上是说不通的。有意见认为,全国人大常委会所行使的立法解释,其实只是对有关条款作出明确界限或补充规定,并不对案件本身作出判决,也没有回溯力,故不会影响香港的终审权。②

而对此条文持保留意见的委员的主要理由是:(1)特别行政区法院对属于中央人民政府行政行为的案件无管辖权,故亦不能审判中央干预香港内政但涉及政府行政行为的案件;法院对涉及国防、外交和中央人民政府行政行为的案件,须透过行政长官寻求人大的证明,将会降低法院的审讯效率;现行的法治原则是法院可根据法律原则决定它对一件案或问题是否有审判或管辖权,而非由行政机关决定。③ (2)既然《中英联合声明》已规定特别行政区将拥有终审权,那么便应该是对所有案件的终审权。如上文所述,特别行政区法院在终局判决某些案件时须呈交有关条款给人大常委会解释,这是剥夺了特别行政区部分的终审权。④

讨论中,香港民主民生协进会提出,香港特别行政区基本法的最终解释权,应区分为两部分——纯属香港内部问题的部分,其最终解释权应归香港;而涉及香港与中国全局性关系问题的部分,其最终解释权则归中央与香港地方会同解决。⑤

1987年3月14日,执行委员会通过了《基本法解释及修改权最后报告》,报告第2.2条列明,任何香港法院都有权力和责任对审判中的具体案件所涉及的法律进行解释。在进行审判时,法院必须应用与受审案件有关的法例,即

---

① 中华人民共和国香港特别行政区基本法咨询委员会:《中华人民共和国香港特别行政区基本法(草案)征求意见稿咨询报告》(第5册),1988年版,第467页。

② 中华人民共和国香港特别行政区基本法咨询委员会:《中华人民共和国香港特别行政区基本法(草案)征求意见稿咨询报告》(2),1988年版,第40页。

③ 中华人民共和国香港特别行政区基本法咨询委员会:《中华人民共和国香港特别行政区基本法(草案)征求意见稿咨询报告》(第5册),1988年版,第82页。

④ 中华人民共和国香港特别行政区基本法咨询委员会:《中华人民共和国香港特别行政区基本法(草案)征求意见稿咨询报告》(2),1988年版,第40页。

⑤ 详见香港民主民生协进会在"中国主体与香港关系"章节中的论述,载《香港特别行政区基本法咨询委员会中央与特别行政区的关系专责小组会议记录》(1987年2月至1989年)。

使该法例意义含糊或法院认为有必要修改。上诉法院所作的司法解释对任何香港法院,包括其他上诉法院在内,均具有约束力。其他法院所作的司法解释也具有一定程度的法律效力和权威,可以约束较低级的法院。第 2.4 条列明,对于假设的问题(即抽象的法律问题或学术性问题),法院无权作出裁定。因此,法院只能在审判个别具体案件过程中进行司法解释。第 2.7 条列明,在香港的法制中,并没有行政解释权。行政机关在其工作范围内对法律进行的任何解释都是非正式的、没有法律效力的,并且需要经过法院的审查。①

1987 年 4 月 14 日,香港基本法起草委员会又进行了一次讨论,委员们提出如下意见:(1)《中英联合声明》规定将来香港特别行政区的国防和外交事务由中央人民政府管理,因此,凡涉及国防、外交的案件,特区法院和终审法院无权审判。(2)香港特别行政区法院和终审法院应有权审判国防与外交以外的所有案件,并解释与案件有关的基本法条文。(3)既然《中英联合声明》规定香港特别行政区有独立的司法权和终审权,香港的法院和终审法院,有权审理所有案件,包括涉及外交、国防的案件。(4)应在香港设一个香港基本法法庭,负责解释与外交、国防及基本法的有关问题,由此基本法法庭判断案件是否可以由香港特别行政区法院和终审法院作审判。法庭的成员,应该有一半是香港的法官,一半可以是来自中国内地的法官。②

1987 年 6 月 12 日,执行委员会通过了《有关特区终审权、司法制度的几个问题及独立检察机关的职责最后报告》(以下简称《最后报告》),该报告的"前言"部分指出:(1)1997 年香港主权回归中国后,香港在"一国两制"之下会出现新的政治局面。《中英联合声明》规定:"除外交和国防事务属中央人民政府管理外,香港特别行政区享有行政管理权、立法权、独立的司法权和终审权。"我们可以设想原在香港实行的司法制度虽予以保留,但因为香港特别行政区法院享有终审权,一定会产生某些变化。(2)在现有的司法制度下,经低层法院审理的案件可上诉至高层法院。当香港最高法院上诉庭已作出判决后,案件仍可向伦敦枢密院的司法委员会继续上诉。(3)目前,枢密院就香港

---

① 中华人民共和国香港特别行政区基本法咨询委员会、法律及中央与特别行政区关系专责小组、基本法解释及修改权工作组:《基本法解释及修改权最后报告》,1987 年 3 月 14 日经执行委员会通过。

② 1987 年 4 月 14 日的讨论稿:《司法管辖权与全国性法律在香港的应用》,载《香港特别行政区基本法咨询委员会中央与特别行政区的关系专责小组会议记录》(1987 年 2 月至 1989 年)。

发生的案件享有终审权,但香港特别行政区成立后,情况则会由于主权回归中国而有所改变。向枢密院上诉的权利将被废除。香港特别行政区需在本地成立终审法院,香港的案件将由该法院作出终审。(4)根据一般构想,终审法院将在并应在1997年前在香港特区设立,以确保司法制度的顺利过渡,而这个问题将交由适当的部门考虑。① 在香港特别行政区成立之前,从香港上诉到枢密院的案件主要有两类:一类案件是争议标的额超过50万英镑,另一类是广受公众关注或非常重大而应该提交枢密院司法委员会决断的案件。② 因此,上文《最后报告》第13项指明:"所有案件都可向终审法院上诉,但事前必须获得许可:应由上诉法院发出许可,或经向终审法院申请获得许可。有关许可的申请应由不少于两名法官审议。可获终审法院上诉权的案件,必须涉及对一般人或公众极为重要的事件,或涉及一般公众十分重要的法律要点。至于是否涉及某金额以上的纠纷即自动获得终审法院上诉权,则意见不一。以金额为标准的做法应保留一段时间,但必须经常检讨。"③

乔晓阳认为,在基本法解释问题上,应当明确:第一,解释权属于全国人大常委会,这是我国的宪法制度。假如全国人大常委会对该问题作出过解释,那么,香港特别行政区法院在引用该条款的时候,应当依据全国人大常委会的解释审理案件,这是"一国"的体现和要求。第二,授权香港法院解释,不是分权,全国人大常委会的解释权并不因授权而丧失。将有关解释权授之于香港法院,是为了更好地实行"两制"。第三,除了依法应提请全国人大常委会解释的情况外,香港特别行政区法院在审理案件时对案件涉及的基本法条文都可以进行解释。以上基本上体现了基本法解释问题上如何正确理解和处理"一国"

---

① 中华人民共和国香港特别行政区基本法咨询委员会政制专责小组:《有关特区终审权、司法制度的几个问题及独立检察机关的职责最后报告》(1987年6月12日经执行委员会通过),第2页。可在香港大学吕志和法律图书馆查询。

② Johannes Chan SC(Hon) and C. L. Lim, *Law of The Hong Kong Constitution*, Thomson Reuters Hong Kong Limited, 2011, p. 292.

③ 中华人民共和国香港特别行政区基本法咨询委员会政制专责小组:《有关特区终审权、司法制度的几个问题及独立检察机关的职责最后报告》(1987年6月12日经执行委员会通过),第2页。可在香港大学吕志和法律图书馆查询。

与"两制"的关系。① 应该指出的是,中国的司法解释权是由特定的立法机关授予指定的司法或检察机关,只对受审中的案件有约束力,而在一般情况下,是没有约束力的。

  人大对基本法的解释对于香港特区法院的角色和独立性有着深远的影响。其宪法管辖的确切范围尚不清楚,狭窄的解释将有损于香港特区法院在香港的主要职能。人大常委会通过解释推翻香港特区法院的判决也会损害特区法院的威信,从而影响法院的独立性。② 如果解释的主要模式是行政或政治的,而不是司法或准司法的,这将减损香港特区法院的权威。与此相关的因素是中央政府的法治水平,它将决定着香港特区政府机构的施政能力,以及他们与中央的关系。③ 在整合内地与香港特区的法律方面,人大的解释模式可以发挥关键作用。④ 从根本上讲,为了完善香港基本法,阐明其自治范围和各项参数,人大解释是必需的。香港原有法律包含哪些,哪些可以成为香港特区的法律,这是由全国人大常委会来决定的。⑤

  在全国人大常委会拥有对香港基本法解释权的前提下,香港特别行政区法院经授权可以对基本法的有关条文进行解释。但不能据此认为香港特别行政区法院拥有基本法的解释权。而且,香港特别行政区法院只能在审理案件时,对与案件有关的基本法自治权范围内的条文进行解释,而全国人大常委会拥有和行使的对基本法的解释权,就不受这一限制。⑥

---

  ① 乔晓阳:《一国两制的"守护神"——纪念香港基本法实施五周年》,载《文汇报》(香港)2002年9月27日。乔晓阳时任全国人大常委会法制工作委员会副主任。转引自中央人民政府驻香港特别行政区联络办公室编:《关于香港问题的政策性论述》("一国两制"系列资料第三辑),2007年版,第86页。

  ② Yash Ghai, *Hong Kong's New Constitutional Order—The Resumption of Chinese Sovereignty and the Basic Law*, Hong Kong University Press, 2000, p. 190.

  ③ Yash Ghai, *Hong Kong's New Constitutional Order—The Resumption of Chinese Sovereignty and the Basic Law*, Hong Kong University Press, 2000, p. 190.

  ④ Yash Ghai, *Hong Kong's New Constitutional Order—The Resumption of Chinese Sovereignty and the Basic Law*, Hong Kong University Press, 2000, p. 190.

  ⑤ Yash Ghai, *Hong Kong's New Constitutional Order—The Resumption of Chinese Sovereignty and the Basic Law*, Hong Kong University Press, 2000, pp. 191~192.

  ⑥ 杨静辉、李祥琴:《港澳基本法比较研究》,北京大学出版社1997年版,第155~156页。

第三节　香港缘何享有司法终审权

《香港基本法》取代了香港殖民地时代的《英皇制诰》(Letters Patent)和《皇室训令》(Royal Instructions),成为1997年后香港的宪制性文件。《英皇制诰》和《皇室训令》是英皇运用其皇室特权(royal prerogative)而制定的殖民地宪法,而《香港基本法》则是全国人大根据《中华人民共和国宪法》第31条制定的法律。①

学界认为,中央将终审权授予香港的主要原因有二:其一,内地与香港不同的社会制度与不同的法律制度;其二,为了维护香港社会的繁荣与稳定。这种观点以肖蔚云教授和许崇德教授为代表。他们认为,司法终审权是国家主权的重要组成部分,不宜授予地方行使。这种看法脱离了香港的实际,不利于香港问题的妥善解决。中央之所以授予香港特区以司法终审,主要是考虑到香港实行与内地不同的社会制度特别是不同的法律制度。② 英国是个法治国家,非常重视司法权,认为司法是社会正义的最后一道防线。在中英谈判时,英方要求赋予香港终审权,而在当时的社会背景和政治心态上,中方更重视行政权。因此,在香港建立了行政主导制。而且,倘若司法终审权收归最高人民法院,会出现两个困境:一是最高人民法院若依照香港原有的普通法裁判,又缺少这方面的专家型法官;二是最高人民法院若依照内地法律裁判,则会产生两个不同法系的冲突。因此,授予香港特区司法终审权。③ 在"港英时期",香港实行英国普通法制度,完全不同于中国内地所实行的法律制度。《中英联合声明》中规定了,香港法律制度基本不变,原有法律制度仍在香港适用。"两种迥然不同的法律制度,从法院系统、法律理念、法律解释、诉讼制度等诸多方面存在巨大差异,这就为回归后,如何适用大陆的法律和香港的法律提出了难题。在当时,授予香港特区法院以司法终审权是经过深思熟虑的,这也是

---

① 陈弘毅:《一国两制与香港特别行政区基本法总论》,载陈弘毅:《香港特别行政区的法治轨迹》,中国民主法制出版社2010年版,第11页。

② 肖蔚云主编:《一国两制与香港基本法律制度》,北京大学出版社1990年版,第301页。

③ 根据2011年11月19日上午在许崇德教授家里的谈话记录整理。

从维护香港社会稳定的角度考虑的结果,对保障特区的高度自治是有利的。"①香港基本法起草委员会主任委员姬鹏飞也认为:"特别行政区法院享有独立的司法权和终审权,作为一个地方行政区域的法院而享有终审权,这无疑是一种很特殊的例外,考虑到香港实行与内地不同的社会制度和法律体系,这样规定是必需的。"②除了以上原因外,笔者拟从政治因素、经济因素、文化因素、社会因素几个方面进一步分析中央缘何授予香港特区以司法终审权。

一、政治因素:确保恢复主权

法国思想家雅克·朗西埃在《政治的边缘》一书中这样描述政治,他说:"政治的这个首要任务,我们可以准确地描述为社会(也即财富的分配)的政治性缩减和政治(也即权力及其与之相联系的精神资本的分配)的社会性缩减这样的现代的概念。"③他还说,政治艺术是积极地利用民主的矛盾的艺术:"对于它来说,'人民'就是一种向心力和一种离心力之间的结合,这个仍然存在被分散的悖论:非政治性的个体形成一个政治群体。'人民'不断地与自身相分离,并被分散于大量的娱乐场所和不连续的快感之中。"④中央将司法终审权授予香港法院,寻求了社会的政治性缩减与政治的社会性缩减之间的平衡,也寻求了内地"人民"与香港"人民"向心力与离心力之间的平衡。在政治上主要体现在以下几个方面:恢复行使主权、自信的政治心态和领导人的魄力和胆识等。

政治因素之一:恢复行使主权。1982年9月24日,邓小平同志会见英国首相撒切尔夫人时说:"我们对香港问题的基本立场是明确的,这里主要有三个问题。一个是主权问题;再一个问题,是一九九七年后中国采取什么方式管理香港,继续保持香港繁荣;第三个问题,是中国和英国两国政府要妥善商谈如何使香港从现在到一九九七年的十五年中不出现大的波动。"⑤邓小平还掷

---

① 肖蔚云:《香港基本法与一国两制的伟大实践》,海天出版社1993年版,第116页。
② 国务院发展研究中心港澳研究所:《香港基本法读本》,商务印书馆2009年版,第308页。
③ [法]雅克·朗西埃:《政治的边缘》,姜宇辉译,上海译文出版社2007年版,第11页。
④ [法]雅克·朗西埃:《政治的边缘》,姜宇辉译,上海译文出版社2007年版,第13页。
⑤ 邓小平:《我们对香港问题的基本立场》,载《邓小平文选》(第三卷),人民出版社1993年版,第12页。

地有声地强调:"如果中国在一九九七年,也就是中华人民共和国成立四十八年后还不把香港收回,任何一个中国领导人和政府都不能向中国人民交代,甚至也不能向世界人民交代。如果不收回,就意味着中国政府是晚清政府,中国领导人是李鸿章!"①可见,在当时的国家领导人看来,只要确保顺利恢复行使主权,一切都好谈。

政治因素之二:自信的政治心态。中英谈判时的中国,远非1840年任人宰割的中国,而是一个拥有"自信政治心态"的中国。这种"自信的政治心态"源自三个方面:其一,"港英时期",香港政制的合法性基础不是香港民意,而是宗主国的殖民条例,英国对香港的殖民统治是非法的、不得人心的。其二,港英政府于1980年匆匆推出"地方行政计划",表面上是改革地方施政制度,实质上是想通过引进民选的区议会,增加自己在中英谈判中的筹码。然而,就"地方行政计划"推行的结果来看,也没有解决香港殖民政制所带来的政治危机。② 其三,不相信中国人有能力管好香港,这是老殖民主义遗留下来的思想状态。邓小平指出:"香港人是能治理好香港的,要有这个自信心。香港过去的繁荣,主要是以中国人为主体的香港人干出来的。中国人的智力不比外国人差,中国人不是低能的,不要总以为只有外国人才干得好。要相信我们中国人自己是能干得好的。"③其四,香港是中国的一个地方行政区域,香港法院是中国的地方司法机关,授予香港法院以司法终审权不会影响中央对香港的既定政策。

政治因素之三:领导人的魄力和胆识。针对撒切尔夫人提出的,如果中国收回香港,将给香港"带来灾难性的影响"。邓小平毫不客气的回击道:"如果说宣布要收回香港就会像夫人说的'带来灾难性的影响',那我们要勇敢地面对这个灾难,作出决策。"④在中英谈判过程中,主权问题不是一个可以讨论的问题。但关于驻军和终审权却是中英双方谈判的焦点问题。邓小平说:"我们派军队是为了维护国家的安全,而不是去干预香港的内部事务。我们对香港

---

① 邓小平:《我们对香港问题的基本立场》,载《邓小平文选》(第三卷),人民出版社1993年版,第12页。

② 徐克恩:《香港:独特的政制架构》,中国人民大学出版社1994年版,第13~14页。

③ 邓小平:《一个国家,两种制度》,载《邓小平文选》(第三卷),人民出版社1993年版,第60页。

④ 邓小平:《我们对香港问题的基本立场》,载《邓小平文选》(第三卷),人民出版社1993年版,第14页。

的政策五十年不变,我们说这个话是算数的。"①在香港驻军是必需的,而将司法终审权授予香港特别行政区却体现了领导人的魄力与胆识。

二、经济因素:核算制度成本

美国著名经济学家保罗·萨缪尔森、威廉·诺德豪斯在其经典教材《经济学》一书中进行过成本分析,提出两个非常重要的概念:边际成本和机会成本。在经济学各领域中,边际成本是最重要的概念之一。边际成本(marginal cost,MC)表示由于多生产1单位产出而增加的成本。譬如说,一个企业生产1000张光盘的总成本为10000美元。如果生产1001张光盘的总成本为10006美元,那么,生产第1001张光盘的边际成本就为6美元。② 生产前1000张光盘,每张成本为10美元;第1001张光盘的成本为6美元。从上述例子可以看出,有时,多生产1单位产出的边际成本可能非常低。③ 在实现了总的生产目标的前提下,额外生产某些附带产品,仍然可以保证生产任务的完成。打个不恰当的比方,如果把政府管理国家看作是董事会管理公司,收回香港主权是所要实现的"总的生产目标",而将司法终审权授予香港特别行政区,不会影响"总的生产目标"的实现,甚至还有可能降低成本。按照经济学的观点,任何管理过企业的人都知道,为了达到最低水平的成本,企业管理者必须确保:原材料最便宜,所采用的技术成本最低,所用的职工个个忠诚敬业,以最经济的方式作出其他决策。④ 由于内地与香港法律制度存在差异,授予香港行使司法终审权可以降低司法审判的成本。

同时,萨缪尔森还告诫我们,经济学家要切记的一个重要原则是:资源是稀缺的。这就意味着每次我们采用一种方法使用资源时,我们就放弃了用其他方法利用该资源的机会。作出决定实际上都是使我们失去了做其他事的机

---

① 邓小平:《一个国家,两种制度》,载《邓小平文选》(第三卷),人民出版社1993年版,第58页。

② [美]保罗·萨缪尔森、威廉·诺德豪斯:《经济学》(第17版),萧琛主译,人民邮电出版社2007年版,第100页。

③ 比如,对于一辆有空位子的客车,增加一个旅客的边际成本微不足道,不需要增加任何资本或劳动。

④ [美]保罗·萨缪尔森、威廉·诺德豪斯:《经济学》(第17版),萧琛主译,人民邮电出版社2007年版,第100页。

会。失去的选择被称为机会成本。① 中央将司法终审权授予香港的同时,使最高人民法院丧失了对香港特别行政区行使司法终审权的"机会成本"。正如有学者认为,司法终审权作为国家主权的一个重要组成部分,不宜授予地方行使。然而,在当时的国内国际背景下,这种看法只是从维护国家主权这一个角度出发的,脱离了香港的实际,不利于香港问题的妥善解决。况且,香港法院的司法终审权也只是授权性、地方性的司法权,不会从根本上损害国家的主权。在计算将"司法终审权"授予香港所带来的成本时,除了"边际成本"外还要考虑"机会成本",而这个"机会成本"只有在满足不了"主权回归"这个"总的生产目标"的实现时,才有重要意义。而在能够实现收回香港主权的条件下,这个"机会成本"的意义便显得没那么重要了。

在中央政府看来,授予香港司法终审权,就是给中国的一个地方行政区域以司法终审权。不像港英殖民地时期,英国牢牢握着司法终审权不放,这是宗主国对殖民地的一贯做法。现在,收回了香港主权,但香港可以行使司法终审权。在当时,为了实现收回香港主权这个目标,在《中英联合声明》中答应的事情太多。如果今天谈判,则不会有《中英联合声明》。香港回归以后,我们在香港实行的制度,是一个主权国家内部治理的问题,与英国人没关系。《中英联合声明》虽然名称上是"声明",但实际上是条约。如果中国现在不按《中英联合声明》处理香港问题,则违背了条约上承担的义务。中国对香港政策50年不变也写入了《中英联合声明》,随着时代的变迁与进步,至于50年之后如何处理,如何与时俱进地理解邓小平所言"50年以后没有变的必要"②的深层含义,需要政府高度的政治智慧与学者灵活的思辨技巧。

三、文化因素:争取情感认同

本小节所分析的文化因素必然包含有政治成分,但这种政治成分又何尝不是一种文化现象呢?只不过与前文所述的政治因素在分析视角上不同,侧重探寻"港英时期"香港与内地的文化现象。这种文化现象或许可以称为"政治文化"。"政治文化"概念是美国政治学家阿尔蒙德(Almond Gabriel Abra-

---

① [美]保罗·萨缪尔森、威廉·诺德豪斯:《经济学》(第17版),萧琛主译,人民邮电出版社2007年版,第109页。

② 邓小平:《会见香港特别行政区基本法起草委员会时的讲话》,载《邓小平文选》(第三卷),人民出版社1993年版,第215页。

ham)1956年在其《比较政治系统》一文中率先提出的。阿尔蒙德认为,政治文化是一个民族在特定时期流行的政治态度、政治信仰和政治感情。政治文化形成于本民族的历史以及现代社会、经济、政治活动进程之中。政治文化影响每一个政治角色的行为、政治要求和对法律的反应。①而这种"政治文化"的形成恐怕与"港英时期"香港的政治体制有莫大的关系。

关于"港英时期"香港的政治体制,最有影响的恐怕要数金耀基教授的"行政吸纳政治"之说,"行政吸纳政治"所说的"行政"就是政府管理体制,"政治"就是大众的民主参与。"行政吸纳政治"实际上是一种特殊的政治体制或政治安排,由此解决了西方政治理论关于民主政治从大都市中产生的"香港困境"。如果说"政治"被"行政"所吸纳的话,这个"行政"又由谁来统领呢?也就是说,"行政吸纳政治"这个动宾结构句式缺少了一个主语?只有把这个主语找出来,才能把真正的政治问题揭示出来。众所周知,港英政府最大的政治就在于港督的殖民统治,这个政治是"行政"无法吸纳的。由此,"行政吸纳政治"的准确表述应当是"港督(英国人)通过行政吸纳(中国人的)政治参与"。②尽管"行政吸纳政治"是宗主国对殖民地进行有效管治的主要手段,但在这种政治体制下,香港始终没有出现具有威胁性的反对政治力量,这是"港英时期"香港政治模式的特性,也是香港政治安定的一个根本原因。这种政治模式已融入了香港居民的现实生活,并成为一种特有的政治文化和生活方式。

在中央对香港恢复行使主权的历史关头,如何在"一国两制"、"港人治港"、高度自治的方针下,继续保持香港的繁荣稳定,是一个需要高度政治智慧的难题。一方面,英国不再管治香港;另一方面,中央也不参与香港的经济社会事务。完全由香港的中国人管理香港,实行"港人治港"、高度自治。"一国两制"能否在香港成功实施,关键是如何处理好香港问题。但处理香港问题并不是处理发生在香港的问题,而是处理中华文明复兴中最为核心的问题。邓小平的"一国两制"看到的不仅是两地制度的不同,而且是身份认同的差异,是人心的隔离。因此"一国两制"这种独特的文明秩序构造恰恰包含了对香港的历史、香港人的身份认同、香港人的内心感受最深层次的尊重。中央保留尽可能少的权力,赋予香港最大的自治空间,目的是要给香港人一个"心理疗伤"的

---

① 张宏任:《香港发展前景与政争困境》,和平图书有限公司(香港)2011年版,第218页。

② 强世功:《中国香港:文化与政治的视野》,牛津大学出版社2008年版,第1~4页。

空间,而"一国两制"50年不变,也是为了给香港人自我调适的时间。邓小平之所以是伟大的政治家,就是他看到了政治中更为深层、更为根本的东西。最深层的政治不是制度,而是人心。中央治理香港的最高境界就是争取早日实现香港的"人心回归"。可"人心"是什么,不是利益的计算,而是基于自然情感的认同。① 正如林来梵教授所说,我们在政治上完成了"香港回归"的伟大课题,是否只是完成在心理上"回归香港"这另一个课题的前奏。② 原来在英国统治时期,英国的枢密院司法委员会是对香港的上诉案件行使终审权的机关,香港虽设有最高法院但没有终审权。特别行政区成立后,按《香港基本法》的规定终审权属于新设立的香港特别行政区终审法院。这一变化扩大了香港特别行政区司法管辖的范围,也充分体现了司法权的独立性。③ 中央授予香港特别行政区以司法终审权,赋予香港远高于"港英时期"的自治空间,正是建基于这种港人对内地同胞、对"一国两制"、对中华文明的情感认同。

四、社会因素:维护香港法治

虽然香港在殖民地统治下,引进了英国普通法,其所包含的法律内容及价值,某种程度上是符合宪政的要求的,但在贪污猖獗的年代,即使有好的法律,也是形同虚设。直至上世纪70年代殖民地政府才决心认真处理贪污问题,成立了廉政公署,法治的体制才可以算是在香港真正建立起来。其中一个原因可能是殖民地政府从上世纪60年代末香港出现的暴动,从而看到香港社会管治因贪污等社会问题而产生了极不稳定的状况。④

经历了1843年至1997年共计150多年的殖民统治,香港社会是在上上个世纪就"睁眼看世界"的一颗耀眼的"东方之珠"。在这里,中西文化交融、港口码头繁忙、各色人种汇集。香港这座东方最繁华的世界大都市,焕发着青春活力。而在内地,从1978年实行改革开放至今才30多年,在中英谈判时还处在改革开放初期,中国人对外部世界的了解非常有限,对香港的政治、经济、文

---

① 强世功:《中国香港:文化与政治的视野》,牛津大学出版社2008年版,第155～156页。
② 林来梵:《"香港回归"与"回归香港"——一个"世纪末"的反思》,载《剩余的断想》,中国法制出版社2007年版,第31页。
③ 孙承谷:《〈基本法〉与香港特别行政区政治体制》,世界华文出版机构(香港)2005年版,第123页。
④ 戴耀廷:《香港的宪政之路》,中华书局(香港)2010年版,第16～17页。

化、社会等方方面面也是略知一二，对英国普通法更是知之甚少。1978年12月13日，邓小平在中共中央工作会议闭幕会上发表了《解放思想，实事求是，团结一致向前看》的讲话，为随即召开的中共十一届三中全会作了充分的准备。这篇讲话主要解决了党的思想路线问题，那就是要解放思想，实事求是。邓小平提出"民主是解放思想的重要条件"，"为了保证人民民主，必须加强法制"。香港是一个法治高度成熟和发达的社会，这是一个举世公认的不争事实。在当时的社会背景下，中央授予香港特别行政区以司法终审权，一方面，是因为内地和香港同胞对香港社会的"法治程度"的高度认同；另一方面，是由于内地的法制才刚刚起步，对香港法治社会不宜干涉，也没有足够的能力由最高人民法院承担对香港案件的终审权。

香港主权回归、"一国两制"的首要法律含义是，两种本质不同的法律制度作用于同一社会客体，并以同一客体为场域展开冲突。香港实行普通法制度，香港的学者更多的是以普通法理论对"一国两制"法律制度进行自己的理论诠释和追问，或者以普通法的法学方法证明自己立场的合法性和理论的正当性。①

---

① 陈友清：《1997—2007：一国两制法治实践的法理学观察——以法制冲突为视角》，法律出版社2008年版，第11页。

第四章　香港终审法院管辖权范围及其限制

在司法管辖权方面,《中英联合声明》与《香港基本法》并未具体列举法院的管辖范围,只是明确规定"香港特别行政区法院对国防、外交等国家行为无管辖权"[①]。但对于"何谓国防、外交等国家行为"却无明确界定,以至于在实践中,由于这种"不明确",加之在普通法与中国法存在差异的背景下,造成了香港基本法中权力制约机制的缺陷及基本法实施中的冲突,这种冲突在一系列居港权案件,以及最近的"刚果(金)案"中逐步表现出来。虽然基本法的这一规定是针对"香港特别行政区法院"而言的,但由于香港实行的是普通法制度,从理论上讲,若终审法院不能管辖某类案件,则香港其他法院也无权管辖。原来在英国统治时期,英国的枢密院司法委员会是对香港的上诉案件行使终审权的机关,香港虽设有最高法院但没有终审权。特别行政区成立后,按《香港基本法》的规定,终审权属于新设立的香港特别行政区终审法院。这一变化扩大了香港特别行政区司法管辖的范围,也充分体现了香港司法权的独立性。[②] 本章只探讨香港终审法院管辖权的范围及其限制。

[①]　《香港基本法》第 19 条规定:"香港特别行政区享有独立的司法权和终审权。香港特别行政区法院除继续保持香港原有法律制度和原则对法院审判权所作的限制外,对香港特别行政区所有的案件均有审判权。香港特别行政区法院对国防、外交等国家行为无管辖权。香港特别行政区法院在审理案件中遇有涉及国防、外交等国家行为的事实问题,应取得行政长官就该等问题发出的证明文件,上述文件对法院有约束力。行政长官在发出证明文件前,须取得中央人民政府的证明书。"

[②]　孙承谷:《〈基本法〉与香港特别行政区政治体制》,世界华文出版机构(香港)2005年版,第 123 页。

表 5："港英时期"香港法院体系与香港特区法院体系比较

港英时期香港法院体系		香港特别行政区法院体系	
英国枢密院司法委员会		香港终审法院	
最高法院	最高法院上诉法庭	高等法院	高等法院上诉法庭
	最高法院原诉法庭		高等法院原诉法庭
地方法院		区域法院	
裁判司署法庭（含儿童法庭）		裁判司署法庭（含儿童法庭）	
专门法庭	小额钱债审裁处	专门法庭	小额钱债审裁处
	土地审裁处		土地审裁处
	劳资审裁处		劳资审裁处
	死因裁判庭		死因裁判庭
	色情物品审裁处		色情物品审裁处

第一节 香港终审法院管辖权范围

由于香港地区实行的是普通法制度，与内地所实行的法律制度存在诸多差异，因而，对于终审法院管辖权的范围也存在不同的理解。

一、普通法的理解

香港特别行政区的法院由审级不同的各级法院组成。全国人大常委会授权特别行政区法院解释香港基本法的有关条文，应当视为香港特别行政区的各级法院在审理案件时，均有权对案件有关的自治权范围内的条款进行解释。不过，由于法院之间的审级不同、管辖权大小不同，对香港基本法作出解释的权威性和约束力也不相同。终审法院在受理上诉案件时对基本法自治范围内条款的解释，对香港特别行政区的其他法院均应当有约束力。① 此即遵循先

---

① 杨静辉、李祥琴：《港澳基本法比较研究》，北京大学出版社1997年版，第156页。

例原则。然而,潘恩①认为,按先例办事要么是一种使人处于愚昧状态的政策,要么就是实际上承认政府由于年老而智能退化,只能拄着先例的拐杖蹒跚而行。那些本应被认为比前人聪明而感到自豪的人,怎么看上去只不过是像一群丧失了头脑的幽灵呢?对待古代的态度是多么奇怪呀!为了某种目的,可以把古代说成是黑暗和愚昧的时代,可是为了达到其他目的,它又一跃而成为光明睿智的了。② 对于判例法制度,潘恩进一步说道,现在几乎每件事都必须由某一先例来决定,不论这个先例是好是坏,也不论是否应用适当;这种做法如此普遍,叫人疑心它是否起因于一种比乍看起来更加深谋远虑的政策。③ 可以看出,潘恩极力反对英国的判例法制度。

潘恩除了反对英国的判例法制度,还对英国的议会制度颇有微词。潘恩评价英国政体时说道:"英国人支持他们自己的由国王、上议院和下议院统治的政府,这种偏见一半来自理智,一半来自民族自傲,甚或以后者的成分居多。在英国,个人无疑地要比在其他国家安全一些;但是国王的意志无论在英国或法国都同样是国家的法律,所不同的是,英国国王的意志不是直接从他的口里表达出来,而是通过议会法令的可怕的形式交给人民的。因为查理一世的命运只是使得国王们更为狡猾,不是更为正直。"④其实,判例并不是法官个人的作品,而是一个社会法律制度的经典体现,更是一个法律制度对社会发展的回应,还在相当程度上反映了一个社会法律发展的路径和方向。⑤ 世界上任何一个制度都不是十全十美的,在每个法律制度和传统中都拥有它们自有的长处和短处。成文法和普通法两个法律制度和传统之间应该互相补充、取长补短。在过去,中国内地和香港之间的法律制度和传统也确实是朝着这方向发展的。

---

① 托马斯·潘恩(Thomas Paine)(1737—1809年)生于英国诺福克郡塞特福德一个基督教教友会信徒的家庭。1774年到北美后投入独立革命运动,历时13年。他猛烈抨击英国政府的暴政,严厉地批判了英国的封建专制政体,坚决主张北美殖民地独立,建立共和政体。他这种资产阶级民主主义思想,在杰斐逊起草的《独立宣言》中有明显的反映。但是,他的著述在受到北美人民的热烈赞扬的同时,也遭到了维护殖民统治的反动分子的仇视。

② [英]托马斯·潘恩:《潘恩选集》,马清槐等译,商务印书馆1981年版,第262页。

③ [英]托马斯·潘恩:《潘恩选集》,马清槐等译,商务印书馆1981年版,第261~262页。

④ [英]托马斯·潘恩:《潘恩选集》,马清槐等译,商务印书馆1981年版,第8页。

⑤ 陈友清:《1997—2007:一国两制法治实践的法理学观察——以法制冲突为视角》,法律出版社2008年版,第13页。

戴雪在《英宪精义》中说道,日常所谓"英宪未尝被造出,只自然生长"这句话未免误人。倘若拘牵文义以求之,此项随感实不合于名理。是故穆勒(Mill)认为:"政治制度(无论发言人在命意遣词时怎样不理会)是人工所造;它们须靠人类意志而生,而存在。人们并不于夏天睡醒之后就看见这些制度涌起。况且它们并不是如树木一般,可以于一次栽植之后,虽当人们酣睡时,即在夜间生长。是故它们的存在,无论在哪一时期,纯赖人类的愿力:人类要它们怎样,它们便成怎样。"① 在戴雪的学术思想中,强调了这样一个观点,那就是"宪法是长成的,而不是被制定的","人类的意愿"便是宪法成长的沃土。此外,他还强调了"法律主治"的观念。英宪中更有一条特性,即为法律主治。在英格兰,无一人可以因为做了不经法律明禁的行为被罚,或被勒令赔偿。每个人的法律权利及责任皆由寻常法院决定。以此之故,个人的权利与其说是为宪法运行的结果,毋宁称为宪法成立的根据。② 个人的权利是宪法成立的根据,而非宪法运行的结果。反映了英美普通法中包含的西方式的自然法学思维,用应然的道德法则批评实然的实定法,以此来论证权利的正当性,其推理逻辑是"天赋人权"或者"权利推定",即权利先于法律,法律保障权利。

一直以来,香港所实行的是普通法司法制度。而普通法的其中一个重要特征,就是在实行普通法传统的国家和地区中,法官所适用的法律一小部分是由议会所制定的成文法或制定法,而法官适用法律的重要渊源则是以判例法形式所表现出来的普通法、衡平法。法官在判决某一案件的时候,应当遵循先前的法官在判决同类案件时所确立的司法原则,这个遵循先例原则是普通法系国家和地区的法官在适用法律时应遵循的一个基本原则。之所以在普通法法系中形成了这样一个原则,是因为这是普通法、衡平法在司法判决中积累起来的司法原则。③ "港英时期",总督虽是英王的全权代表,但总督对殖民地的立法权却受制于英王。正如多特(Todd)所言:"虽则总督代表英皇,可有权予所有议案以同意,但此案并不因此遂得最后决定,因为皇帝自身尚可予以第二次否决。本来一切议案,经总督同意后,即成法律;除非条文中附有保留条文而留待英皇的批准,方有例外。但无论如何总督必须照例送呈议案一份于殖

---

① [英]戴雪:《英宪精义》,雷宾南译,中国法制出版社2001年版,第239~240页。
② [英]戴雪:《英宪精义》,雷宾南译,中国法制出版社2001年版,"导言"第20页。
③ 杨静辉、李祥琴:《港澳基本法比较研究》,北京大学出版社1997年版,第348页。

民部大臣,而在通过后两年之中皇帝尚可不许该案通行。"①可见,在"港英时期",实行不成文法的英国将其普通法传统较为彻底地移植到了香港地区。

1997年7月1日,《香港终审法院条例》(《香港法例》第484章)正式实施。该条例第4条规定了终审法院的司法管辖权:(1)终审法院具有根据本条例及其他法律赋予它的司法管辖权。(2)终审法院对国防、外交等国家行为无司法管辖权。(3)终审法院在审理案件中遇有涉及国家行为的事实问题,须取得行政长官就该等问题发出的证明文件,而上述证明文件对终审法院具约束力。(4)在发出该证明文件前,行政长官须自中央人民政府取得证明书。②《香港终审法院条例》对于终审法院的司法管辖权虽然有上述规定,但仍然没有对国防、外交等国家行为进行进一步的明确。国防与外交等国家行为属于主权行为是毋庸置疑的。

香港普通法中有主权不审查原则。1997年以前香港是英国殖民地,香港法院无权审查英国议会的行为及大臣的决定,《香港基本法》第19条第2款保留了香港原有法律制度和原则对法院管辖权的限制。这些限制包括主权不审理原则,其概念和广义国家行为的概念是一样的。也就是说,香港基本法中的国家行为还包括"国防、外交"等国家行为之外的主权行为,这和英国普通法下"主权不审理原则"存在一定程度的契合。香港学者佳日思认为:"在普通法下,国家行为限于国防和外交事务,但是事实上,虽然这些是国家行为的通常情况,但是国家行为绝不仅限于此。"③毕竟,香港特别行政区是中国的一个地方行政区域,其"高度自治权"源自中央授予。

香港终审法院在"马维昆案"的判决中也极力地表达了其"授权性地方司法机关"的属性。1997年香港终审法院在"马维昆案"的判决中宣称:"香港法院作为中国的地方性区域法院,无权审理中华人民共和国在香港行使主权的行为。"④但另有学者认为,从《香港基本法》第19条的规定来看,国家行为问题应当适用普通法规则,只限于国防与外交行为,"针对个人的国家行为,或以国

---

① [英]戴雪:《英宪精义》,雷宾南译,中国法制出版社2001年版,第178页。
② 《香港终审法院条例》。香港律政司双语法例资料系统,http://translate.legislation.gov.hk/gb/www.legislation.gov.hk/09/chi/pdf.htm,下载日期:2011年12月14日。
③ 佳日思:《香港新宪制秩序——中国恢复行使主权与基本法》,国务院发展研究中心港澳研究所译,第283页。
④ 董立坤、张淑钿、陈虹:《香港特区法院对涉及国家行为的案件无管辖权——兼论香港特区法院对刚果(金)案的管辖权》,载《港澳基本法研究通讯》2011年第4期。

家行为作为抗辩的情况,只有当行为发生在香港特区领域之外且相关人为外国人时,国家行为不受法院管辖才可适用;中央人民政府在国防和外交领域直接损害了香港特区内的个人权利时,必须遵照香港特区法律,香港法院可以审理该个人与中央人民政府之间的争议",而法院也只是在决定是否构成国家行为的意义上运用"证明文件"。① 这里提出了一个重要命题,这也是香港基本法中未曾明确的一个重要问题:到底由谁来判断某项行为是否属于国家行为?从英国普通法的角度来理解,香港法院应该扮演"判断是否属于国家行为"的重要角色。而无论由谁来判断,都离不开解释基本法。

在某种意义上说,形形色色的人都需要解释基本法:公务员、其他管理人员和律师在他们的日常工作中,需要解释基本法;立法者以确保其立法和议案是一致的,需要解释基本法;甚至私人当事方因为某些条文而影响其行为,也可能需要解释基本法。②"在原有的普通法制度之下,终审法院的权力必须包括对所有香港法律的最终解释权。"③香港的法律界普遍反对人大常委会释法,主张法院才是唯一且最好的释法者,这源自他们坚持的普通法的立场。他们认为,法院拥有法律的最终解释权才是司法独立的标准。香港大律师汤家骅说:"人大常委的解释或重新解释是一个对香港人而言很陌生的法律程序或机制。香港人对体现于其诸原则中的公正概念没有认识,对其决策程序也不甚了了,更没有参与的机会。"④终审法院认为解释权的授权范围的确定对于维持法治传统、司法独立和特区自治极其关键,因此倾向于宽泛地理解特区法院在个案审理中运用普通法方法的自由。

英国不成文法的普通法传统在中国对香港恢复行使主权后仍然保留,但也有与大陆法系制度相融合的趋势。要理解好、处理好由于法系不同而产生的冲突,要深刻把握"一国两制"的准确法律含义。"一国两制"的首要法律含义是,两种本质不同的法律制度作用于同一社会客体,并以同一客体为场域展

---

① Peter Wesley-Smith, *Constitutional and Administrative Law in Hong Kong*, Longman Asia Limited,1994,p. 106.

② Yash Ghai, *Hong Kong's New Constitutional Order—The Resumption of Chinese Sovereignty and the Basic Law*, Hong Kong University Press,2000, p. 195.

③ 汤家骅:《香港的普通法制度是否应该维持?》,载佳日思:《居港权引发的宪法争论》,香港大学出版社2000年版,第409页。

④ 汤家骅:《香港的普通法制度是否应该维持?》,载佳日思:《居港权引发的宪法争论》,香港大学出版社2000年版,第410页。

开冲突。香港实行普通法制度,香港的论者更多地是以普通法理论对"一国两制"法律制度进行自己的理论诠释和追问,或者以普通法的法学方法证明自己立场的合法性和理论的正当性。① 香港大学戴耀廷教授认为,若说设立自治的主要目的是要容让自治地区的人民可保留其社会及制度的特点,又说必须容让自治地区发展其制度,初听起来实有一些矛盾。但我们相信最重要的正是这种选择的权利。自治地区可选择保持原有制度不变,但也可选择继续发展,这仍然是自治地区的选择,不应由中央政府来决定。自治的要旨就是指自治地区在其内政事务上有此自决权。在处理权限的问题时,"两制者"会要求由一个独立的机制,根据客观的标准,来裁决特别行政区与中央政府之间的纠纷。这个程序不应由中央政府垄断。② 然而,陈弘毅教授却从另一个论域进行阐述,认为特区的自治并不是香港基本法的唯一目的。香港基本法的另一个根本目的是勾画上述自治的范围和界限,以及使中央政府能行使监督权以确保自治权的行使没有超越自治的界限。自治界限问题便构成中央政府与特区关系的核心。③ "欧洲的法院依大陆法制度行事,与普通法法院比较,它们受成文法则的字面意义限制较少。它们较重立法精神。我不是说香港法院有需要采用同样的取向。不过,我们应谨记《基本法》是由实行大陆法的国家制定的,而我们的普通法制度也是可以演进的。'一国两制'并无先例可循,随我们新的宪法秩序日趋成熟,法例释义原则预期也会有一些演进。"④

二、基本法的原意

什么是立法的原意?我们可以提出这样的假设:假如一部宪法的制定者们,是一些极富经验的可敬人士,根本未意识到他们在判断方面的局限性,而且还试图把他们那种受时间局限的宪法解释详尽而精确地强加给他们的子孙

---

① 陈友清:《1997—2007:一国两制法治实践的法理学观察——以法制冲突为视角》,法律出版社 2008 年版,第 11 页。
② 戴耀廷:《香港的宪政之路》,中华书局(香港)2010 年版,第 75 页。
③ 陈弘毅:《终审法院对"无证儿童"案的判决:对适用〈基本法〉第 158 条的质疑》,载佳日思:《居港权引发的宪法争论》,香港大学出版社 2000 年版,第 135 页。
④ 梁爱诗:《行政长官任期与法治》,载《星岛日报》(香港)2005 年 3 月 21 日。这是梁爱诗 2005 年 3 月 20 日在香港电台发表的《给香港的信(译文)》,梁爱诗时任香港特区律政司司长。转引自中央人民政府驻香港特别行政区联络办公室编:《关于香港问题的政策性论述》("一国两制"系列资料第三辑),2007 年版,第 269 页。

后代,那么这些制宪者们显然是不明智的。反之,我们换种假设,前人们并不想要求也不能要求后人按前人所制定的宪法制度条文行事,只要符合前人所定的宪法制度的一般精神和基本目标即可。《香港基本法》的立法目的在它的序言中已经表示得很明确了,即:"维护国家的统一和完整,保持香港的繁荣和稳定。"这是我国处理香港问题的长期一贯的方针。在"马维昆案"中,法官在判决词中写道:"在我看来,基本法的目的十分明确,即保持我们的法律及其制度不变(与基本法相抵触的除外)。这些法律制度反映了我们社会的组织结构。延续性是保持稳定的关键。任何动荡都是灾难性的。即使一刻的法律真空都可能会导致混乱。除抵触基本法的规定外,原有法律及其制度必须得到延续。现行的制度在1997年7月1日当天就已经存在了。这些一定是基本法的目的。"下文试图通过对"马维昆案"的分析,进一步理解基本法的立法原意。

案情摘要①:1995年8月11日,马维昆等3人被当时的港英政府指控串谋妨碍司法公正,1997年1月3日,港英政府正式以串谋妨碍司法公正的普通法罪名向法院提交公诉书,法院于1997年6月16日开始审理此案。1997年7月1日,中国政府恢复对香港行使主权,英国对香港的管制正式结束,香港成为中华人民共和国的一个特别行政区,《香港基本法》开始生效。1997年7月3日,新的特别行政区法院重新开始审理此案。但是,被告人的大律师突然要求政府撤销指控,理由是:虽然正如《香港基本法》第8条所规定的那样:"香港原有法律,即普通法、衡平法、条例、附属立法和习惯法,除同本法相抵触或经香港特别行政区的立法机关作出修改者外,予以保留。"但这种"保留"要经过全国人民代表大会常务委员会或者香港特别行政区立法机构,采取"主动的"采纳行为,明确把这些"原有"法律采纳为香港特别行政区法律才行。但是全国人民代表大会常务委员会不仅没有这样做,反而以和《香港基本法》抵触为由,废除了《英国法律应用条例》(《香港法例》第88章)。虽然香港特区临时立法会于1997年7月1日通过了《香港回归条例》,把原有法律采用为香港特别行政区法律,但由于香港特区临时立法会不是一个根据《香港基本法》产生的组织,所以根本不是香港特区的立法机关,其所通过的《香港回归条例》也就自然无效。所以,香港回归中国后普通法不能继续在香港特区生效,原来提交香港高等法院的政府公诉书已经自动失效,也就是说特别行政区成立前的犯

---

① 焦洪昌、姚国建:《宪法学案例教程》,知识产权出版社2007年版,第293~304页。

罪已经不应被继续视为犯罪。由于案中涉及的问题关系重大，因此主审法官径直将这个案件转交香港特别行政区高等法院上诉法庭审理裁决。香港特别行政区高等法院上诉法庭经过审理，于1997年7月29日作出判决。法院在判决中认为，《香港基本法》是具备国际、国家及宪法三个层面的独特文体。《香港基本法》既是《中英联合声明》的成果，也是中国全国性法律和香港特别行政区的"宪法"。《香港基本法》落实《中英联合声明》已阐明的基本方针政策，重点在于保持香港现行的社会、经济和法律制度50年不变。因此，本案中被告所主张的香港特别行政区必须通过正式程序才能"保留"、"采纳"原有法律的论点不是基本法的原意，法院不予采纳。

这是个具有里程碑意义的判决。对于香港而言，该判决从政治和法治上，进一步肯定了普通法在香港的适用性和临时立法会的合法性，而且明确了中国政府作为主权国家，其国家行为是不可以被地方司法挑战的基本规则。普通法之所以能在香港特区适用，在宪制安排上，是宪法和基本法使然，基本法是普通法的效力依归。不能以普通法的所谓原则、惯例和学说去解释和理解《香港基本法》第19条第3款的规定。① 那么，香港终审法院司法管辖范围中关于"国防、外交等国家行为"的立法原意又是什么呢？

《香港基本法（征求意见稿）》第18条第3款规定："香港特别行政区法院对属于中央人民政府管理的国防、外交和中央人民政府的行政行为的案件无管辖权。香港特别行政区法院在审理案件中，如遇有涉及国防、外交和中央人民政府的行政行为的问题，应征询行政长官的意见。行政长官就该等问题发出的证明文件对法院有约束力。"在征询意见过程中，香港许多人士认为"中央人民政府的行政行为"一词不够确切，将来会给法院的审判工作带来困难。他们建议采用普通法惯用的"国家行为"和"国家事实"这两个术语代替"国防、外交和中央人民政府的行政行为"。本组委员们经研究后，同意采纳香港人士的

---

① 董立坤：《论香港的普通法》，载《港澳研究》2005年创刊号，第87页。《香港基本法》第19款第3款规定："香港特别行政区法院对国防、外交等国家行为无管辖权。香港特别行政区法院在审理案件中遇有涉及国防、外交等国家行为的事实问题，应取得行政长官就该等问题发出的证明文件，上述文件对法院有约束力。行政长官在发出证明文件前，须取得中央人民政府的证明书。"

意见,对该条第3款作了相应的修改。①

由于内地与香港实行不同的法律制度,在理解国家行为的范围时,可能会出现香港与内地意见不一致的情形。有内地学者认为,国家行为,顾名思义,乃国家所为之行为。国家行为是当今各国通行的一项法律制度,其根本的意义在于国家行为可排除法院的管辖,也就是说,凡涉及国家行为的案件,法院无权管辖。国家行为包含由代表国家行使主权的国家机关以国家名义作出的涉及国家主权、政治、经济、军事和公共利益的,可以排除法院司法管辖的,具有高度政治性的行为。② 具体而言,国家行为是指根据中国宪法和香港基本法的规定,能够代表国家行使主权的国家机关以国家的名义作出的涉及国家主权、政治、经济、军事及公共利益不应由法院通过司法程序处理的特定行为。这些行为或者是针对香港作出的,或者是在包括香港地区在内的地区实行的,包括但不限于国防和外交行为。③ 王禹教授试图从两个方面,来界定香港基本法中国家行为的概念,一个方面是实施国家行为的主体,另一个方面是国家行为应当包括哪些行为在内。从实施国家行为的主体来看,应当包括中央人民政府,即国务院;最高国家权力机关,即全国人大及其常委会;最高国家军事领导机关,即中央军事委员会;另有一个主体是国家主席,因为我国宪法实行虚权的国家元首制,所以他应当与全国人大及其常委会结合起来实施国家行为。从实施的内容来看,国家行为包括国防行为、外交行为以及其他国家行为。④ 王禹教授提出的从行为主体来判断某项行为是否属于国家行为,这是非常恰当的。有学者进一步提出,《香港基本法》第19条第3款的国家行为主体应该指根据宪法和基本法,能够在香港代表国家从事国家主权行为的国家

---

① 1989年1月9日至15日,香港特别行政区基本法起草委员会第八次全体会议在广州举行。五个专题小组向大会作了对基本法条文修改情况的报告。《中央与香港特别行政区关系专题小组对条文修改情况的报告》(1989年1月9日),载中华人民共和国香港特别行政区基本法起草委员会秘书处编印:《中华人民共和国香港特别行政区基本法起草委员会第八次全体会议文件汇编》,第8页。

② 董立坤、张淑钿、陈虹:《香港特区法院对涉及国家行为的案件无管辖权——兼论香港特区法院对刚果(金)案的管辖权》,载《港澳基本法研究通讯》2011年第4期。

③ 董立坤、张淑钿、陈虹:《香港特区法院对涉及国家行为的案件无管辖权——兼论香港特区法院对刚果(金)案的管辖权》,载《港澳基本法研究通讯》2011年第4期。

④ 王禹:《香港基本法中的国家行为》,载肖蔚云、饶戈平主编:《论香港基本法的三年实践》,法律出版社2001年版,第56~57页。

有关机关和部门。至少包括根据《香港基本法》第 13 条负责管理香港特区的防务以及与香港特区有关外交事务的中央人民政府;根据《香港基本法》第 13 条由外交部在香港设立的处理外交事务的机构,即外交部驻港特派员公署;根据《宪法》第 57 条、《香港基本法》第 2 条和第 20 条有权决定香港特别行政区的成立、授权范围和在香港实施的全国性法律的全国人民代表大会及其常务委员会;根据《宪法》第 93 条和《香港基本法》第 14 条负责与香港防务有关的国防事项的中央军事委员会,以及其他根据《香港基本法》或在香港实施的全国性法律有权在香港从事国防、外交等国家行为的国家机关。[①] 从以上分析可以看出,行使国家行为的主体显然不包括香港特区内部的立法和行政机关。香港特别行政区为直辖于中央人民政府的地方行政区域,香港特区内部立法和行政机关属于地方行政区域的立法机构和行政机构,不属于能够代表国家行使主权的国家机关,其行为也不属于国家行为。据此,《香港基本法》第 19 条第 3 款中国家行为的主体,指的是根据《宪法》和《香港基本法》,能够在香港从事国家主权行为的我国相应的国家机关及其部门。[②]

关于国家行为的实施内容,王禹教授认为,除国防、外交行为以外,还应当包括:(1)全国人大常委会对香港基本法作出解释;(2)全国人大对香港基本法作出修改。当然在不同的历史时期,这些行为所表现出来的政治性因素可能有时候会强一些,有些时候会弱一些,但法院无论如何,应当抱有司法自我抑制的原则来避免司法权卷入政治漩涡,从而丧失自己司法独立的品质。[③]

由于对国家行为的认定将直接影响到法院的管辖权限,法院应严格根据基本法规定的程序认定国家行为,具体而言,有两种程序可供选择。香港基本法中的国家行为除国防行为、外交行为外,还包括其他国家行为,这里所谓的其他国家行为,涉及香港基本法第 19 条第 3 款中的国防、外交等国家行为中的"等"字的理解问题。

从立法原意来看,《香港基本法》第 13 条有 3 款规定,体现了处理与香港有关的外交事务的基本原则,即外交权属于中央的原则。这一原则是基于国

[①] 董立坤、张淑钿、陈虹:《香港特区法院对涉及国家行为的案件无管辖权——兼论香港特区法院对刚果(金)案的管辖权》,载《港澳基本法研究通讯》2011 年第 4 期。

[②] 董立坤、张淑钿、陈虹:《香港特区法院对涉及国家行为的案件无管辖权——兼论香港特区法院对刚果(金)案的管辖权》,载《港澳基本法研究通讯》2011 年第 4 期。

[③] 王禹:《香港基本法中的国家行为》,载肖蔚云、饶戈平主编:《论香港基本法的三年实践》,法律出版社 2001 年版,第 57 页。

家主权原则、香港特别行政区在中国宪法制度中的地位、中央与香港特别行政区的关系而确立的。正因为香港特别行政区是中华人民共和国不可分离的一部分,是直辖于中央人民政府的一个地方行政区域,从来都不是一个独立的政治实体,所以与香港特别行政区有关的外交事务既是国家主权的本质要求,是国家宪法制度的确定安排,也是"一国两制"的应有之义。不论是在单一制国家还是在联邦制国家,涉及国家组成地区的外交权毫无例外的都由中央政府或联邦政府掌管。香港法院只是中华人民共和国的一个地方法院,对主权行为显然不可能有司法上的管辖权。但香港基本法中的国家行为不能仅仅限于外交事务、国防事务、任命行政长官和行政机关的主要官员、宣布进入紧急状态、解释基本法、修改基本法,国家行为的范围应当大于中央在香港行使的权力的范围,从最根本的意义上来说,凡是具有高度政治性的行为,法院均应当奉行"一国两制"的方针,认定其属于国家行为。① 由于各国对于国家行为的概念、范围和认定并不完全一致,因此,理解一国法律中国家行为的含义,不能脱离该国具体的宪法和法律制度。《香港基本法》第 19 条第 3 款规定:"香港特区法院对国防、外交等国家行为无管辖权。"对于基本法中国家行为的含义和范围,必须结合我国宪法和基本法的相关规定进行理解。②

作为与国家主权密切相关的外交事务,根据《中华人民共和国宪法》第 89 条第 9 款的规定由中华人民共和国国务院"管理对外事务,同外国缔结条约和协定",国务院专职管理中国外交事务的机构是中华人民共和国外交部,一切有关中国与其他国家关系,涉及中国国家主权、政治、经济、军事和公共利益的事项,均由中华人民共和国外交部,或经由国家行政、立法机构或法律明确授权的国家机构行使中华人民共和国外交权。③ 香港特别行政区任何与国家主权或与国家政治、经济、军事和公共利益相关的事项,都应当由中央人民政府相关部门决定有关的规则或政策,其中包括必须由主权国家决定的国家豁免

---

① 王禹:《香港基本法中的国家行为》,载肖蔚云、饶戈平主编:《论香港基本法的三年实践》,法律出版社 2001 年版,第 58 页。
② 董立坤、张淑钿、陈虹:《香港特区法院对涉及国家行为的案件无管辖权——兼论香港特区法院对刚果(金)案的管辖权》,载《港澳基本法研究通讯》2011 年第 4 期。
③ 董立坤、张淑钿、陈虹:《香港特区法院对涉及国家行为的案件无管辖权——兼论香港特区法院对刚果(金)案的管辖权》,载《港澳基本法研究通讯》2011 年第 4 期。

规则或政策。①

《香港基本法》是"一国两制"方针的法律化、制度化。作为香港特别行政区的宪制性法律,其中包括明确规定香港特别行政区对外事务的管理方式和权限范围。基本法为香港特别行政区的对外事务作出了全面、系统的制度性安排。与之相关的条款不仅仅局限于第七章,而是贯穿于整部法律、各个章节、多项条款,他们环环相扣,相辅相成,构成一个整体,是整部基本法中很有特色的一个组成部分。总体来看,其内容至少包括四个部分:(1)在外交权属于中央的前提下,香港特别行政区可依照基本法的规定处理有关对外事务(《香港基本法》第13条、第48条第9项、第62条第3项);(2)香港特别行政区处理对外经济事务的自治权(《香港基本法》第五章的规定);(3)香港特别行政区处理对外社会文化等方面的自治权(《香港基本法》第六章第149条);(4)香港特别行政区处理对外事务的权力(《香港基本法》第七章第150条至第157条)。经由上述条款,香港基本法为处理香港特别行政区的对外事务规定了一整套具体的制度、规则和做法,既有高度的原则性,又有灵活性和可操作性,准确体现了"一国两制"方针,是中央人民政府和香港特别行政区处理香港对外事务的法律根据。②

《香港基本法》第19条第3款没有明确国家行为的判断标准,而是采用开放式列举的方式规定国家行为的范围,即指国防和外交等行为。(1)国防和外交行为。关于国防行为的认定。根据《香港基本法》的规定,中央人民政府负责管理香港特别行政区的防务;根据《香港驻军法》的规定,中央军事委员会领导香港驻军;同时,《香港驻军法》第26条规定:"香港驻军的国防等国家行为不受香港特别行政区法院管辖。"因此,国防行为应当包括国务院和中央军事委员会所采取的国防行为,以及香港驻军根据中央军事委员会的指令而采取的国防行为和香港驻军法赋予其职责而自行采取的国防行为。根据我国《宪法》、《香港基本法》和《香港驻军法》的规定,国防行为可以分为三大类:①战争行为,包括宣战、应战、媾和、发布动员令、宣布战争状态、调动军队、运输军用物资和设立军事禁区等;②国防建设行为,包括国防军事设施建设、军事基地

---

① 董立坤、张淑钿、陈虹:《香港特区法院对涉及国家行为的案件无管辖权——兼论香港特区法院对刚果(金)案的管辖权》,载《港澳基本法研究通讯》2011年第4期。

② 国务院发展研究中心港澳研究所:《香港基本法读本》,商务印书馆2009年版,第234~235页。

建设、军事演习、军事战略武器的试验等;③发布戒严令,宣布进入紧急状态等。① 关于外交行为的认定。根据《香港基本法》的规定,中央人民政府负责管理与香港特别行政区有关的外交事务,外交部在香港设立机构处理外交事务。对于外交行为的范围,一般认为与外国建交、断交、签订条约、公约、协定、承认外国政府、领土的合并、割让,对外贸易的重大决策等都属于外交行为。(2)其他行为。这涉及对《香港基本法》第19条第3款中"等"的理解。对于"等"字的理解有两种含义:一是表示"等内",意味着列举事项完毕,据此理解,则第19条规定的国家行为仅限于国防和外交两种行为;另一种是表示"等外",意味着列举事项未尽,据此,第19条规定的国家行为不仅仅以其所列举的国防和外交行为为限,还应包括与国防和外交性质相同的其他国家行为。② 胡锦光教授认为,"国防、外交等国家行为",内地学者一般都将该"等"理解为"等外等",即除国防、外交外,还可能有其他类别的国家行为。但根据香港普通法的理解,法律条文中的"等"只能为"等内等",即国家行为仅限国防和外交两类。③ 其实,香港普通法沿袭了英国普通法传统,在认定国家行为的范围时,均沿用"主权不审查原则",只不过是有香港学者对"国防、外交等国家行为"作了狭义理解。胡锦光教授进而认为,国家行为之所以能够游离于法院的司法审查之外,主要是因为国家行为具有高度政治性;国家行为实质上是政治问题,应当通过政治程序来解决,司法权如果介入政治问题,其政治上的中立性将丧失殆尽,司法的独立性也将不复存在。④ 我们认为,应根据香港基本法和中国内地法律的习惯用语,解释《香港基本法》第19条第3款中的有关字词。

根据《香港基本法》相关规定,第19条第3款中的"等"字应作"等外"理解。

第一,"等外"理解符合基本法有关中央在香港实施的国家行为的相关规定。根据《香港基本法》的规定,中央在香港实施的国家行为除了国防和外交外,至少包括:中央人民政府任免香港特区行政长官和行政机关的主要官员;

---

① 王禹:《香港基本法中的国家行为》,载肖蔚云、饶戈平主编:《论香港基本法的三年实践》,法律出版社2001年版,第57页。
② 董立坤、张淑钿、陈虹:《香港特区法院对涉及国家行为的案件无管辖权——兼论香港特区法院对刚果(金)案的管辖权》,载《港澳基本法研究通讯》2011年第4期。
③ 胡锦光:《中国宪法问题研究》,新华出版社1998年版,第340页。
④ 胡锦光:《中国宪法问题研究》,新华出版社1998年版,第331页。

全国人大常委会对基本法附件三法律的增删;全国人大常委会宣布香港原有法律同基本法抵触,以及全国人大制定和修改基本法,全国人大常委会对基本法作出的解释,宣布香港原有法律同基本法相抵触,决定将有关条约适用于香港,特别许可外国军用船只进入香港;任何列入附件三的法律,限于有关国防、外交和其他按本法规定不属于香港特别行政区自治范围的法律等,这些行为在基本法条文中已经明确规定,如果在第19条重新罗列,将造成法律条文啰嗦、繁琐和重复。第二,"等外"理解符合我国立法的语言习惯。除了《香港基本法》外,《驻军法》中也采用了"等"字,其第26条:"香港驻军的国防等国家行为不受香港特别行政区法院管辖。"从此条规定来看,如果"等"字表示"等内"的话,《驻军法》第26条只提到国防一种行为,无须使用"等"字。只有"等"表示"等外",才符合第26条的语法习惯。第三,"等外"的理解与基本法英文文本的表述一致。基本法的英文文本是全国人大法律委员会审定,并由全国人大常委会通过专门的决定予以认定的,有助于对中文文本原意的理解。第19条第3款的英文翻译是"The courts of the Hong Kong Special Administrative Region shall have no jurisdiction over acts of state such as defence and foreign affairs"[①]。这个翻译显然采用的是等外的理解。[②] 第四,2011年8月26日全国人大常委会关于《香港基本法》第13条第1款和第19条的解释中指出:"基于上述,《中华人民共和国香港特别行政区基本法》第19条第3款规定的'国防、外交等国家行为'包括中央人民政府决定国家豁免规则或政策的行为。"也表明了国家行为应作"等外"理解。

如前所述,"等外"理解也和香港普通法的规定是相吻合的。香港普通法中有主权不审查原则。1997年以前香港是英国的殖民地,香港法院无权审查英国议会的行为及大臣的决定,《香港基本法》第19条第2款保留了香港原有法律制度和原则对法院管辖权的限制。这些限制包括主权不审理原则,其概念和广义国家行为的概念是一样的。[③] 整体来讲,涉及香港特别行政区的对外事务由两部分组成:一部分是与香港特别行政区有关的外交事务,一部分是

---

① 王禹:《国家行为、政治问题与香港法院管辖权》,载香港一国两制研究中心主编:《香港回归十周年——基本法回顾与前瞻研讨会论文集(2007)》,第166页。

② 董立坤、张淑钿、陈虹:《香港特区法院对涉及国家行为的案件无管辖权——兼论香港特区法院对刚果(金)案的管辖权》,载《港澳基本法研究通讯》2011年第4期。

③ 佳日思:《香港新宪制秩序——中国恢复行使主权与基本法》,国务院发展研究中心港澳研究所译,第283页。

属于香港特别行政区自治范围内的对外事务。前者涉及国家主权,当由中央人民政府行使,以彰显"一国";后者由中央人民政府协助或授权香港特别行政区政府行使,可列入香港自治范畴,以体现"两制"。应该说,这一立场准确地反映了"一国两制"方针的精髓,集中体现出"一国"与"两制"、中央和地方的关系,体现了"港人治港"、高度自治的内涵。① 而"一国两制"是中国政府解决香港、澳门、台湾问题的基本方针。具体到香港,它的基本目标是,既要实现香港的顺利回归,维护国家主权和领土完整,又要保持香港的繁荣稳定、长治久安。其核心内容是要解决中国恢复行使主权后如何治理香港,在香港实行何种社会制度的问题。如何尊重香港的历史发展和现实需要,妥善处理香港回归后的国际关系和对外事务,是"一国两制"方针政策的重要内容。中国政府通过1984年关于香港问题的《中英联合声明》及其附件一,集中阐明了在这一问题上的方针政策。概言之,就是与香港特别行政区相关的外交事务由中央人民政府管理,中央人民政府协助或授权香港特别行政区在一些不涉及国家主权的领域处理对外事务。② 对国家行为范围的认定不能脱离具体国家的宪制和法律制度。香港基本法作为香港的宪法性法律,对其条文和术语的理解不能脱离基本法的具体规定。③ 不能以所谓香港普通法的规则解释来认定国家行为。由于立法原意和普通法的理解存在着矛盾,这一矛盾需要全国人大常委会通过行使解释权才能解决。④ 全国人大常委会应借此阐明基本法与普通法的关系,明确普通法根据基本法进行适应化的规则和原则,这对于确保香港特别行政区法院依基本法的规定适用法律、保证国家依基本法的规定行使对香港的主权时是非常必要,也是非常重要的。

当然,国家行为与香港法院的司法管辖权范围并不必然等同。除去中华人民共和国的国家行为外,香港法院对香港政府的有些行为和香港立法会的有些行为也无司法管辖权。在香港现行的政治体制下,香港立法会和香港政

---

① 国务院发展研究中心港澳研究所:《香港基本法读本》,商务印书馆2009年版,第234页。
② 国务院发展研究中心港澳研究所:《香港基本法读本》,商务印书馆2009年版,第233~234页。
③ 董立坤、张淑钿、陈虹:《香港特区法院对涉及国家行为的案件无管辖权——兼论香港特区法院对刚果(金)案的管辖权》,载《港澳基本法研究通讯》2011年第4期。
④ 王禹:《香港基本法中的国家行为》,载肖蔚云、饶戈平主编:《论香港基本法的三年实践》,法律出版社2001年版,第58页。

府之间可能会出现权力的争议,比如香港立法会的解释,行政长官的辞职,行政长官拒签立法会议案等,这些争议按照香港以前实行的英国普通法来理解,均属于政治问题,而政治问题在英美法系中,普通法院应当主动放弃司法管辖权。① 综上所述,用下图(图6)表示宪法和基本法原意下的"香港法院司法管辖权的范围"。

从基本法的立法原意看,尊重香港原有法律制度和原则,还应排除香港政府和立法会的政治行为。

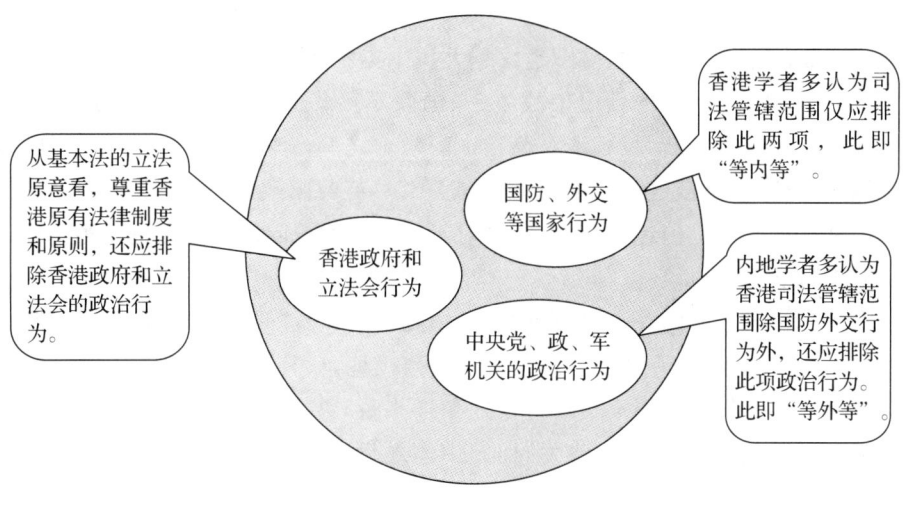

图6:香港法院司法管辖权范围

第二节 香港终审法院管辖权限制

由于国防、外交等涉及国家行为的事务并非特别行政区高度自治事项,所

---

① 《香港基本法》第19条第2款规定:"香港特别行政区法院除继续保持香港原有法律制度和原则对法院审判权所作的限制外,对香港特别行政区所有的案件均有审判权。"这是强调了香港原有的法律制度和原则对香港法院司法管辖权的限制,因此对于这些香港政府行为和香港立法会的行为,香港法院也应当无管辖权,但这些行为不能被称为国家行为。王禹:《香港基本法中的国家行为》,载肖蔚云、饶戈平主编:《论香港基本法的三年实践》,法律出版社2001年版,第60页。

以香港特别行政区法院对涉及国防、外交等国家行为的案件没有管辖权。即使依照普通法的原则，法院对控告国家行为的案件也无权受理。这既是维护国家主权的需要，也符合各国的一般司法惯例。对香港终审法院的司法管辖权作出限制，既有基于主权的考虑，也有基于宪法和基本法的考虑。

一、基于主权的限制

主权被肢解的历史教训惨痛，世世代代不可忘记。在鸦片战争英国霸占香港之后的一百多年间，由于满清王朝积贫积弱，国家大好河山惨遭肢解，同现代意义的主权国家概念差距越拉越大。中英鸦片战争、中法战争、英法联军侵华战争、中俄战争、中日甲午战争、八国联军侵华战争、抗日战争，100多年间战事几乎从未间断，战场清一色在中国领土之上，这些战争其实可以定性为中国人民抗英、抗俄、抗日、抗列强之战。① 中英两国政府在20世纪80年代初期开始就香港的前途展开谈判时，对于香港的主权问题曾经有过一番争辩，但双方最终达成协议。

回归祖国之前的香港也设有"最高法院"，然而，这时候香港所谓的最高法院并不享有终审权，香港还是属于英国的殖民地，只有英国枢密院拥有香港司法诉讼的终审权。从国家主权理论的角度来说，终审权是国家主权的重要组成部分。因此，从这一理论出发，回归中国之后的香港，中国最高人民法院应当拥有香港法院的终审权。但在"一国两制"、"港人治港"、高度自治的原则下，依据宪法制定的《香港基本法》规定了香港特别行政区实行高度自治，享有独立的司法权和终审权。所以说，香港终审法院对于特区各级法院的案件拥有终审权，不用将案件上诉到最高人民法院。香港终审法院是基于中央的授权成立的，它的终审权也是基于中央的授权而拥有的，因此，在国家司法体系内，香港终审法院也只是属于中国的一个地方法院，它应该与大陆内地其他法院一样仍然属于地方性法院，基于国家主权原则的内在机制，它的权力依然应当受到这一主权机制的有效制约。② 主权国家的司法权源于国家的主权，是国家固有的权力，香港地区从来不具有任何主权的特征，香港司法权从来不是基于主权而产生的权力，根据《香港基本法》第2条、第19条第1款的规定，香

---

① 杨允中：《浅议维护主权与授权治理》，载《"一国两制"研究》2010年第5期。

② 思文：《"九七"前后的香港司法体制——香港政制系列研究之四》，载《深圳大学学报》（人文社会科学版）1997年第1期。

港特别行政区享有独立的司法权和终审权,是授权性的司法权和终审权,必须在基本法授权范围内独立行使其权力,其"独立"并非主权意义上的独立,并非独立于国家主权之外,而是相对于立法权和行政权而言的,是一个不依附于其他权力的"独立"权力。香港特别行政区法院独立地进行审判,不受任何干涉,司法人员履行审判职责的行为不受法律追究。①

由于香港所具有的独特的历史和地理条件,某些外部势力一直图谋把香港变成颠覆中国的首选基地并不断进行这方面的活动。小平同志敏锐而深刻地意识到这一客观现实,针对这一实际情况,他还严正指出:"除了外事和国防的权力归中央掌管之外,还要加上一条,就是不能容许把香港变成颠覆中央人民政府和社会主义制度的基地。"②陈端洪教授认为,中国政府应用主权概念有力地还治于英国,成功地解决了香港的历史遗留问题,但是并没有一步到位地、完整地实现统一的民族国家的主权建构,而是把这个任务留给了未来(自1997年起50年内不变)。③ 按照陈端洪教授的这一观点,是否可以理解为,在未来的某个时间,应该将司法终审权归最高人民法院? 只有这样才能"完整地"实现统一的民族国家的主权建构。这个问题有待学界的进一步探讨论证。但是,基于主权对香港终审法院的司法管辖权作出适当的限制,确实是应当的、有必要的。

而对于主权本身,也是需要受到某些限制的。戴雪有言,主权的运用,不但受约束于外部制限,亦受约束于内部制限。内部制限起于主权权力的本质。故虽在独裁制度之下,君主亦不能任意行事。他的行为既须受裁成于本人所有品性,而个人的品性又受陶镕于当时及当地所有道德感情。④ 主权所有外部及内部的制限具何种效实,斯蒂芬(Leslie Stephen)在其所著《伦理的科学》书中,当讨论到法律与风习之所有关系时,言之极精。斯蒂芬曰:"法律学者,每逢论及这个立法部,辄视之俨同万能。此语至易起误会,不可不辨。倘若专

---

① 董立坤、张淑钿、陈虹:《香港特区法院对涉及国家行为的案件无管辖权——兼论香港特区法院对刚果(金)案的管辖权》,载《港澳基本法研究通讯》2011年第4期。

② 周南:《邓小平的"一国两制"理论与香港、澳门的顺利回归》,载《紫荆》(香港)2004年第9期。周南是原新华社香港分社社长。转引自中央人民政府驻香港特别行政区联络办公室编:《关于香港问题的政策性论述》("一国两制"系列资料第三辑),2007年版,第43页。

③ 陈端洪:《宪治与主权》,法律出版社2007年版,第165页。

④ [英]戴雪:《英宪精义》,雷宾南译,中国法制出版社2001年版,第152页。

就法律的事实着想,他可以随所好而造法;而且法律一经他制定,即成国内人民所有行事的准规。诚如是,他自然是万能。但试自科学观察点立论,这个立法部的权力实被限制极严。制限有两端:一自内来;一自外至。原来立法部只是社会的实际情状下之产物,于是大凡所有造成现存社会以力量均足以驱使立法部,使供奔走。故有内部制限。至于制法者虽是立法部,守法者却是人民。于是立法的权力大小不能不视守法程度高低为转移。故有外部制限。假使一个立法部规定,凡有绿眼睛的婴孩应被杀尽,于是,就法律的事实言,此类婴孩的保存自然是违法。然而立法者若非尽狂,此法必不能通过;守法者若非尽童騃①,此法必不能生效。"②戴雪论述了主权本身也应受到限制,在英王的统治下,英王所代表的主权也不能随意行使,应受到人们普遍的道德情感的限制。

二、基于基本法的限制

首先我们要认识到法院不是完全中立的争议解决者,他们反而是明确地涉及"国家"争议的特殊解决者。正如 Alexander Hamilton 在美国宪政背景下的描述,法院终究是通过"法律"形式执行国家命令的机构,这些命令来自于国家而非社会权威的其他方面。③ 在美国的宪政视野下,司法需要受到"法律"、"主权"和"政治"的限制。《香港基本法》是全国人民代表大会于1990年4月4日通过的,其地位仅仅次于宪法而高于其他的规范性文件。④ 基于《香港基本法》对香港法院司法管辖权作出的限制,主要体现在该法第2条、第19条、第80条、第158条。该法第2条规定,香港特别行政区享有独立的司法权和终审权。第19条第2款规定,香港特别行政区法院除继续保持香港原有法律制度和原则对法院审判权所作的限制外,对香港特别行政区所有的案件均

---

① 童騃("騃"音同"皑")有两种意思:一是指年幼无知。唐代韩愈《谢自然》诗:"童騃无所识,但闻有神仙。"唐代白居易《观儿戏》诗:"童騃饶戏乐,老大多忧悲。"清朝赵翼《子才过访草堂》诗:"求荣求利耶,为此童騃乐。"二是泛指愚昧。《资治通鉴·后周太祖广顺二年》:"契丹主童騃,专事宴游,无远志,非前人之比。"《续资治通鉴·宋徽宗宣和四年》:"攸(蔡攸)童騃不习事,谓功业可唾手致。"清朝吴樾《意见书》:"戴湉童騃,海内所知。"

② [英]戴雪:《英宪精义》,雷宾南译,中国法制出版社2001年版,第153页。

③ 林峰编著:《百年宪政与中国宪政的未来》,香港城市大学出版社2011年版,第31页。

④ 许崇德:《港澳基本法教程》,中国人民大学出版社1994年版,第16页。

有审判权。第 80 条明确了香港特别行政区法院的地位,即"香港特别行政区各级法院是香港特别行政区的司法机关,行使香港特别行政区的审判权"。以及第 158 条关于提请人大释法的规定。

《香港基本法》对香港司法权和审判权的授权与限制,充分说明香港特别行政区的独立司法权和终审权与主权国家独立的司法权和终审权是有本质区别的。最重要的区别就在于主权国家的司法权是源于国家主权,香港特区的司法权是源于中央的授权,不具有任何的主权特征。香港特别行政区法院是中国的一个地方行政区域法院,香港特区司法权是中国司法权的一个组成部分,香港法院必须依照基本法的授权规定,在不涉及国家主权的范围内独立行使司法权。[①] 香港沿用英国普通法制度,通过《香港基本法》第 19 条第 2 款加以本地化,第 19 条第 3 款又将"国防、外交等国家行为"排除在法院管辖范围之外,第 158 条设置了终审法院在某种条件下提请全国人大常委会释法的程序。《香港基本法》第 158 条是体现"一国两制"的典型条文:第 1 款规定本法的解释权属于全国人大常委会,体现"一国";第 2 款授权法院对自治范围的条款自行解释,体现"两制"、高度自治;第 3 款进一步授权法院对其他条款也可以解释,又体现"两制"、高度自治,但涉及中央管理事务和中央与特区关系的条款,要提请全国人大常委会解释,又体现"一国"。

《香港基本法》第 19 条第 3 款规定了"香港特别行政区法院对国防、外交等国家行为无管辖权"。香港特别行政区法院在审理案件中遇到涉及国防、外交等国家行为的事实问题,或者在案件当事人提出涉及此问题的争议时,法院应当将该争议的决定权提交给特别行政区行政长官,取得行政长官就该等问题发出的证明文件,行政长官在发出证明文件前,须取得中央人民政府的证明书。由此,基本法实际上是把判断"国防、外交等国家行为"的决定权保持在中央人民政府手里,没有授权特别行政区法院或特别行政区政府自行解释。可以说,基本法在此问题上的规定非常明确,没有留下模糊理解的空间。[②] 香港基本法规定的"自治权范围内的条款",是指基本法中有关香港特别行政区享有和行使高度自治权的各项规定。体现在基本法中,就是居民基本权利和义

[①] 董立坤、张淑钿、陈虹:《香港特区法院对涉及国家行为的案件无管辖权——兼论香港特区法院对刚果(金)案的管辖权》,载《港澳基本法研究通讯》2011 年第 4 期。

[②] 袁发强:《基本法的解释与香港法院司法管辖权——以刚果主权豁免案为例》,载《政治与法律》2011 年第 5 期。

务、政治体制、经济、文化和社会事务、对外事务等章节中的大部分规定。香港特别行政区法院在审理案件时，可以自行解释基本法中的上述规定。所谓"自行解释"，是指香港特别行政区法院在审理案件时，可以对基本法中的上述规定，作出具有法律约束力的解释，无须提请全国人大常委会对基本法中的这些规定作出解释。①

一直以来，《香港基本法》第158条第3款规定由终审法院提请全国人大常委会解释《香港基本法》条文的程序，都是《香港基本法》中多项宪法禁忌之一。在"刚果（金）案"中，刚果（金）以"国家豁免"的法律原则为由，指称香港法院对其没有司法管辖权。当中重大的法律争议点，在于刚果（金）一方面指称香港法院应跟随中国政府的做法实行"绝对豁免"，故即使涉案的行为属商业行为，也应受到司法豁免；另一方面，却指称香港法院应继续采用普通法的原则，即豁免是限制性的，只有主权行为才受豁免，商业行为是不受豁免的。②最终，香港终审法院以3比2多数决定提请全国人大常委会作出释法。大多数意见认为国家豁免权属中央管理事务，在这方面特区法院不能作出与国家外交政策相违背的决定。少数意见则认为，承认某一国家为主权国属国家主权行为，特区法院当无管辖权，但一旦作出承认后，那国家享有什么程度的豁免权则是一个法律问题，应由法院依法作出裁决，法院当然会慎重考虑国家的外交政策，但若法律的规定与国家的政策背道而驰，特区法院应恪守法律的规定，这应该是属于"两制"的范围。③ 由于香港特别行政区司法权和终审权是由全国人民代表大会根据高度自治权授予的，非由主权而产生的权力，是中国区域性的司法权，只能在基本法授权范围内行使其权力，在任何时候香港特别行政区法院都不得依其司法权和终审权自行创设新的权力，更不得行使管辖和审理涉及与国家主权相关事项的权力。香港特别行政区法院对于有权代表国家的国家机构作出任何与国家主权相关的，或涉及中央管辖的事项，或中央与香港特别行政区相关事项的决定与行为，必须遵从中国政府相关部门所作的决定。据此，香港特别行政区法院有责任援用或实施中央人民政府根据《香港基本法》第13条第1款所决定的国家豁免规则或政策，不能有任何的偏离，

---

① 杨静辉、李祥琴：《港澳基本法比较研究》，北京大学出版社1997年版，第155页。
② 戴耀廷：《"刚果案"引出终审法院梦魇》，载《信报财经新闻》（香港）2011年6月15日。
③ 陈文敏：《刚果案（一）》，载《明报》（香港）2011年6月15日。

更不能采取一项与中央人民政府所采用的国家豁免不同的规则和政策。① 全国人大常委会的解释是最权威、最终的解释。《香港基本法》的解释权属于全国人大常委会。这也正是《香港基本法》第158条对香港法院司法终审权作出的一个重要限制。此外,香港法官备案制度对香港司法终审权也有一定的制约作用。《香港基本法》第90条规定,香港特别行政区终审法院和高等法院的首席法官须报全国人大常委会备案。备案是一种事后监督机制,其本身有予以备案和不予备案两种可能性。②

全国人大常委会对基本法的解释制度,是对香港法院司法管辖权的一种特殊限制。正如黄继儿先生所说:"对一般在普通法制下受训或执业的人士而言,由立法机关——而非法院——拥有属立法行为的最终解释权可能感到陌生,但这不能剥夺这种最终解释权的合宪性和合法性。根据《基本法》第158条,全国人大的最终解释权和法院对个别案件的终审权是分开的,这不是政府官员的硬性分开,而是新法律秩序的事实。"③

三、基于宪法的限制

当人们谈到宪法和政府时,他们指的显然是两种各不相同的东西;否则这两个名词的用法为什么各不相同呢? 宪法是人民组成政府的法令,它并不是政府的法令;假如没有宪法,那么政府将会成为一种无权的权力。④ 因而,在一国内,任何政府机关都将按照宪法的指引而行事。

从一般意义上讲,宪法与法律是有严格界限的,由此形成了宪法问题与法律问题的不同构造和逻辑。⑤ 学界所谓的"法律问题宪法化",是指将一般的法律问题作为宪法问题来审查或评析。宪法问题(constitutional issues)与法

---

① 董立坤、张淑钿、陈虹:《香港特区法院对涉及国家行为的案件无管辖权——兼论香港特区法院对刚果(金)案的管辖权》,载《港澳基本法研究通讯》2011年第4期。

② 焦洪昌、姚国建主编:《港澳基本法概论》,中国政法大学出版社2009年版,第86页。

③ 黄继儿:《实施〈基本法〉的一些我见》,1999年11月19日在"中国内地与香港法律制度比较"研讨会上的演讲。转引自徐复雄:《论基本法确立的香港新宪制架构》,载肖蔚云、饶戈平主编:《论香港基本法的三年实践》,法律出版社2001年版,第17页。

④ [英]托马斯·潘恩:《潘恩选集》,马清槐等译,商务印书馆1981年版,第250页。

⑤ 韩大元:《由〈物权法(草案)〉的争论想到的若干宪法问题》,载《法学》2006年第3期。

律问题(legal issues)是宪法审查中的一对基本范畴,宪法解释与法律解释的区别、宪法审查与合法律性审查的不同,均与这对概念的区别密切相关。① 香港基本法立法的原则有许多,其中最主要的也是最根本的是依据《中华人民共和国宪法》的规定,贯彻执行"一国两制"的方针,如果忽视这一点,以普通法的思维模式,或仅在字面上推敲其含义,必然会导致错误的结论。"无证儿童居港权"的纷争,就在于忽视了"一国两制"的前提是"一国",忽视了终审法院的权力是来源于全国人大通过基本法授权的,终审法院无权对全国人大常委会立法行为进行审查,应严格恪守"一国两制"的原则。② 现行《宪法》序言将"马克思列宁主义、毛泽东思想、邓小平理论和'三个代表'重要思想"作为中国革命、改革开放和现代化建设的指导思想。因而作为邓小平理论重要组成部分的"一国两制"思想在宪法中得到了确认。

《宪法》第 31 条规定:"国家在必要时得设立特别行政区。在特别行政区内实行的制度按照具体情况由全国人民代表大会以法律规定。"宪法同时规定了全国人大是最高国家权力机关,其他中央国家机关由它产生,对它负责,受它监督。香港基本法亦遵循此原则,将香港基本法的修改和解释权赋予全国人大及其常委会,规定司法权必须服从立法解释权,同时赋予全国人大常委会对立法会立法的审查权和增加"附件三"法律的权力。③ 而在普通法看来,司法是法治的守护神。香港终审法院在"吴嘉玲案"的判决中宣称自己有权审查香港立法会的立法,也有权审查全国人大及其常委会的行为,香港终审法院的这一行为遭到了内地学者的猛烈抨击。

香港特区本身的宪法也就是《香港基本法》,但它在中国的法制体系下其实只属于一般的法律而非具有宪法地位的法律。那么香港特区的一般法律在中国的法律体系之下就位阶更低了。所以,如果从全国性法律架构的层面上来说,当全国人大常委会审查香港的一般法律看是否符合《香港基本法》时,它并不是行使违宪审查的权力,而只是行使《中华人民共和国宪法》赋予它监督一般法律实施的权力而已。但是,从香港特区本身的体制来说,全国人大常委

---

① 胡锦光、陈雄:《关于最高人民法院"6·28"批复性质的解析——由个案到制度》,载《山东社会科学》2005 年第 7 期。
② 张云秀:《浅谈法律解释》,载肖蔚云、饶戈平主编:《论香港基本法的三年实践》,法律出版社 2001 年版,第 82～83 页。
③ 叶海波:《香港基本法实施中的权力冲突与协调》,载《当代法学》2012 年第 1 期。

会审查的权力必然是属于一种违宪审查的权力。① 而对于全国人大常委会的违宪审查权,在现实中,有两种相关联的误解是需要澄清的:第一种误解认为宪法审查无所不能,现行制度中的任何问题都能在这项制度装置中得到妥善解决;第二种误解由此而生,视之为洪水猛兽,避犹不及。其实,各国宪法审查的实践显示,该制度是国家权力运行的一项安全阀,非但不会危及社会稳定,而恰恰在实定宪法框架内,维系着安定融洽的秩序。②

第三节 香港终审法院违基审查权

检视现有研究香港法院司法审查的成果,笔者发现,不少学者将香港的司法审查称之为"违宪审查"。而根据现行《宪法》的规定,有权行使违宪审查权的机构是全国人民代表大会及其常委会。《香港基本法》在香港被视为"小宪法",因而,经过香港法院按照普通法的理解而作出的司法审查行为,只能审查立法机关和行政机关的行为是否违反《香港基本法》,与其称香港法院行使"违宪审查权",毋宁称之为"违基审查权"更为准确。③ 李树忠、姚国建教授认为,普通法传统、特区回归后的新法治秩序以及全国人大常委会审查权的不完整性共同促成了特区法院违基审查的实践。④

一、司法审查称谓的匡正

戴雪有言,任何成文宪法中都存在着司法审查的问题,宪法将一些权力授予立法机构,同时拒绝授予立法机构另一些权力,或者在联邦和州立法机构之间分配权力。如果由于疏漏或敌意,一个特殊的立法机构未经授权而违反了它的权限,某个人或机构必须有权决定特别的立法是否违反了宪法,这项职能

---

① 戴耀廷:《香港的宪政之路》,中华书局(香港)2010年版,第175~176页。
② 郑磊:《宪法审查的启动要件》,法律出版社2009年版,第4页。
③ 有学者将香港法院司法审查权直接表述为"违反基本法审查权",简称"违基审查权",能够避免与"违宪审查权"的混淆,笔者亦予采用。李树忠、姚国建:《香港特区法院的违基审查权——兼与董立坤、张淑钿二位教授商榷》,载《法学研究》2012年第2期;董立坤、张淑钿:《香港特别行政区法院违反基本法审查权》,载《法学研究》2010年第3期。
④ 李树忠、姚国建:《香港特区法院的违基审查权——兼与董立坤、张淑钿二位教授商榷》,载《法学研究》2012年第2期。

由司法机构来行使是自然而然的道理。① 香港法院通过一系列案件,对香港立法机关的立法和行政机关的行为是否合乎基本法进行审查,贯彻了"一国两制"、"港人治港"、高度自治的方针,实现了基本法确定的目标价值。② 实现了司法独立,但在某些案件中,也体现了香港法院"司法扩权"的倾向,这种倾向是非常危险的,一方面易导致损害香港的法治权威,另一方面还有可能引发内地与香港的宪政危机。谈到香港终审法院的"司法扩权",有必要先了解一下"司法审查"的一般原理。

"司法审查"在《牛津法律大辞典》中被解释为:该学说认为司法机关可以对立法机关制定的法律的有效性进行质疑。这个学说在联合王国并没有被完全承认,议会立法的有效性是不能被质疑的,然而可以对授权立法的有效性进行审查。美国最高法院拥有对国会和州的立法机构的法律的合宪性和其他方面的审查的权力,是司法审查现象及其理论的最好说明。这种权力在宪法上并没有明确的规定。在殖民时期,枢密院认为殖民地立法机构的法律是无效的,因为殖民地立法往往与英格兰法律相对立,并且以和上述权力相似的权力为基础,即实际上有时在美国由州法院行使的、宣布州立法机构的法律无效的权力,因为该法律与自然正义或州宪法相矛盾。③《牛津法律大辞典》的这个解释,只是将"立法机关的立法行为"纳入司法审查范围,但将"对行政机关的行为"的司法审查排除在外。《布莱克法律辞典》这样定义"司法审查":法院审查其他政府部门或其他层次的政府的行为的一项权力(power),例如,法院使得立法或行政行为因为违宪而失去效力的权力。④ 而香港学者则多沿用《布莱克法律辞典》的解释,把对"立法机关和行政机关的行为"都纳入审查的范围。如,香港城市大学朱国斌教授认为,"司法审查"(judicial review;香港学者一般译为"司法复核")与"司法管辖权"(jurisdiction;很多时候被译为"司法审查权")是不同的两个概念。"司法审查"在宪法意义上,是指由司法性质的机构对立法、行政决定(有时还包含某些政治行为和普通法院的判

---

① 戴维·M.沃克:《牛津法律大辞典》,李双元等译,法律出版社2003年版,第615页。

② 李纬华:《香港特别行政区法院是如何确立基本法审查权的》,载《政治与法律》2011年第5期。

③ 戴维·M.沃克:《牛津法律大辞典》,李双元等译,法律出版社2003年版,第615页。

④ *Black's Law Dictionary*, 8th ed., Thomson West, 2004, p. 864.

决)的合宪性审查,以美国普通法院对法律的合宪性审查和德国宪法法院的全面审查制为代表。① 香港学者的这个论断将"合法性审查"排除在司法审查之外。如果,把香港基本法看作是香港的"小宪法",那么,香港法院在司法实践中所确立的违宪审查权(或称司法审查权),其实质是基本法审查权。

内地学者则有不同表述,许崇德教授认为,司法审查是指由普通司法机关对公权力的行使进行的审查,包括对公权力的合宪性审查和合法性审查。由于行使公权力的主体包括立法机关和行政机关,所以,司法审查包括对立法机关行使国家权力行为的合宪性审查和合法性审查,以及对行政机关行使国家权力行为的合宪性审查和合法性审查。② 胡锦光、韩大元教授认为,司法审查即普通司法机关对公权力的审查。公权力包括立法权和行政权,司法审查也就包括普通司法机关对立法权的审查和对行政权的审查;公权力行使的依据包括宪法和法律,亦即判断公权力的标准包括宪法和法律,司法审查也就包括对公权力的合宪性审查和对公权力的合法性审查。③ 周叶中教授也认为,在实行司法审查的国家中,司法审查既包括对违宪的审查也包括对违法的审查。④ 根据以上观点,司法审查的主体为法院或者具有司法性质的机构;司法审查的内容为立法机关和行政机关的行为,有时还包含某些政治行为和普通法院的判决;司法审查的形式包括合宪性审查和合法性审查。

与"司法审查"密切相关的另一个概念是"违宪审查"。关于何谓"违宪审查",学者们仁者见仁、智者见智。许崇德教授认为,违宪审查是指由特定国家机关依据特定的程序和方式对宪法行为是否符合宪法进行审查并作出处理的制度。从理论上说,违宪审查制度是与具有根本法意义的宪法同时产生的,但在实践中,这一制度的形成要晚于宪法的出现。这一制度的内涵包括:(1)违宪审查通常只能由宪法明确规定的特定国家机关进行。(2)违宪审查具有特

---

① 朱国斌:《香港特区法院的司法审查权》,载《二十一世纪》(香港)2011 年 4 月号。
② 许崇德主编:《宪法》,中国人民大学出版社 2009 年第 4 版,第 57 页。
③ 胡锦光、韩大元:《中国宪法》,法律出版社 2007 年第 2 版,第 147 页。
④ 周叶中主编:《宪法》,高等教育出版社、北京大学出版社 2005 年第 2 版,第 414 页。

定的程序和方式。(3)违宪审查的对象是宪法行为。①(4)违宪审查机关作违宪判断或者合宪判断。(5)违宪审查机关如果认为构成违宪则进行处理,即进行宪法制裁。② 李步云教授认为,"违宪审查"是指由特定国家机关对某项立法或某种行为(通常指国家机关的行为,有些国家还包括政党行为)是否合宪所进行的具有法律意义的审查和处理。③ 莫纪宏教授认为,"违宪审查",顾名思义,是对违宪现象和违宪问题的审查。在现代宪政国家,违宪审查是一项专门的宪法制度,它的最基本的价值功能是通过对国家机关行使权力的行为或者是立法机关制定的法律规范的合宪性审查,宣告违宪的国家机关行使权力的行为或者是立法机关制定的法律规范无效,以此实现保障宪法实施、维护宪法权威和正确地适用宪法的制度目标。④ 周叶中教授认为,违宪审查是指享有违宪审查权的国家机关通过法定程序,以特定方式审查和裁决某项立法或某种行为是否合宪的制度。⑤ 林来梵教授,在其主编的《宪法审查的原理与技术》一书中,用"宪法审查"来代替"违宪审查"。尽管学界对于"违宪审查"的表述多种多样,但"违宪审查"作为宪法保障制度的重要组成部分,已成为学界的通说。⑥ 当论及"司法审查"与"违宪审查"到底有何联系与区别时,学者们表述各异,没达成共识。主要有以下观点:

第一种观点:司法审查包括违宪审查和违法审查,违宪审查是司法审查的

---

① 宪法行为是指国家机关和政党组织直接依据宪法所进行的行为,包括规范行为和具体行为。许崇德主编:《宪法》,中国人民大学出版社2009年第4版,第55页。
② 许崇德主编:《宪法》,中国人民大学出版社2009年第4版,第55~56页。
③ 李步云主编:《宪法比较研究》,法律出版社1998年版,第385页。
④ 莫纪宏:《违宪审查的理论与实践》,法律出版社2006年版,第3页。
⑤ 周叶中主编:《宪法》,高等教育出版社、北京大学出版社2005年第2版,第412页。
⑥ 如许崇德教授认为,"有的国家,如法国,甚至将总统作为宪法保证人加以规定。而违宪审查制度只是宪法保障制度的一个方面。"许崇德主编:《宪法》,中国人民大学出版社2009年第4版,第56页。林来梵教授认为:"笔者也倾向于认为违宪审查制度乃属于宪法保障制度这一框架之内的一个制度。"林来梵:《从宪法规范到规范宪法:规范宪法学的一种前言》,法律出版社2001年版,第327页。胡锦光、韩大元教授认为:"西方国家根据社会契约论,作为保障宪法最根本、最后的手段,人民有权以暴力方法推翻反人权的政府。而违宪审查制度是宪法保障制度的一个方面。"胡锦光、韩大元:《中国宪法》,法律出版社2007年第2版,第147页。

一个组成部分。在实行司法审查的国家中,司法审查既包括对违宪的审查也包括对违法的审查,美国就是实行这种模式的典型,这表明违宪审查与司法审查的范围有时不尽一致。① 普通司法机关对公权力的合宪性审查,又称"违宪审查"。可见,违宪审查是司法审查的一个重要组成部分。②

第二种观点:要区别各国国情,具体情况具体分析。在美国,司法审查是违宪审查的一种类型;在实行司法审查制度的国家中,司法审查就是违宪审查;在社会主义国家由代表机关监督宪法的实施,不属于司法审查制度的范畴。这种观点的代表人物为许崇德教授,他认为,由于每个国家的政治体制、历史传统、政治理念及法律制度等具体国情的不同,违宪审查制度在不同的国家表现为不同的体制。某些国家(如美国)由本国国情所决定,采用由普通司法机关通过司法程序审查法律、法规及行政命令等规范性文件是否符合宪法的司法机关审查体制,即司法审查制。可见,司法审查制度仅为违宪审查制度的一种类型。司法审查制度与违宪审查制度或者西方国家所说的"违宪立法审查制度"并不是同一个层次的概念。在实行司法审查制度的国家,在宪法学意义上,可以说其司法审查制度就是违宪审查制度,违宪审查制度就是司法审查制度。美国的宪法学和政治学著作经常将两者混同适用,就美国实行的制度而言,是完全可以的。但是,如果推而广之,就世界范围阐述这一制度,就不能认为两者是完全相同的概念了。宪法法院并不是纯粹的司法机关,由宪法法院监督宪法实施并不属于司法审查制度的范畴。在社会主义国家由代表机关监督宪法的实施,不属于司法审查制度的范畴。③

上述观点对于我们理解"司法审查"与"违宪审查"的联系与区别有重要的学术价值,但将上述理解套用在香港的司法实践中,仍然令笔者"左右为难"。

在香港,"司法审查"、"司法复核"与"违宪审查"经常被交叉使用,学术界对上述概念的定义并不一致。④ 湛中乐教授认为,香港学者习惯于将对行政行为不服提请法院审查称为司法复核,将司法复核中涉及的相关法律、法令等

---

① 周叶中主编:《宪法》,高等教育出版社、北京大学出版社2005年第2版,第412页。
② 胡锦光、韩大元:《中国宪法》,法律出版社2007年第2版,第147页。
③ 许崇德主编:《宪法》,中国人民大学出版社2009年第4版,第57页。
④ 朱国斌:《香港特区法院的司法审查权》,载《二十一世纪》(香港)2011年4月号。

是否违反宪法或宪法性文件的审查称为违宪审查。① 香港学者戴耀廷教授认为,很多时候,司法复核是指对行政行为有影响力的裁决。而司法复核还包括违宪审查的部分,他认为两者的处理程序一样,但所涉及的问题、焦点不同。司法复核包含这两个不同的部分,是由于司法程序只包括刑事、民事和行政诉讼,并无一套独立机制处理违宪审查。② 自香港回归以来,香港法院一直有进行违宪审查。法官视其负有宪法上的责任,须确保香港特区的立法和行政机关遵守《香港基本法》。终审法院在吴嘉玲一案中对这个角色作出如下解释:"在行使《香港基本法》所赋予的司法权时,特区的法院有责任执行及解释《香港基本法》。毫无疑问,香港法院有权审核特区立法机关所制定的法例或行政机关之行为是否符合《香港基本法》,倘若发现有抵触《香港基本法》的情况出现,则法院有权裁定有关法例或行为无效。"③ 由于基本法是香港的"小宪法",在终审法院看来,其所谓的违宪审查权应理解为违基审查权。

从西方传入中国的"司法审查"、"违宪审查"等概念,是针对国家而言的。香港特区作为中国的一个地方行政区域,保留了英国式普通法制度,由司法机关进行审查包含立法行为与行政行为的公权力是否违反基本法;同样,宪法规定了监督宪法实施的机关是全国人大及其常委会,而香港法院作为中国的一个地方性法院,无权依据香港基本法来宣布全国人大及其常委会的行为违反香港基本法。这一点也得到了香港学者的广泛认同,宪法通常来说在一个宪制里面是拥有最高法律地位的法律,其他所有法律若违反宪法,就会因此而失去法律效力。多数拥有成文宪法的国家或地区都会设有相应的违宪审查制度。当然,在不同的制度下,违宪审查的内涵亦会有所不同。最广义的违宪审查可以指审查一切行为的合宪性,如《德国联邦宪法》规定可审查包含人民、总

---

① 湛中乐、陈聪:《论香港的司法审查制度——香港"居留权"案件透视》,载《比较法研究》2001年第2期。

② 戴耀廷:《司法复核与香港政府的行政权力》,香港新闻工作者联会主办香港、内地、美国司法制度比较研究讲座,2006年10月21日。转引自朱国斌:《香港特区法院的司法审查权》,载《二十一世纪》(香港)2011年4月号。

③ 《基本法汇萃》(香港),2007年第10期。

统、联邦总理、联邦法官、政党、行政机关、立法机关和司法机关之违宪行为。① 较狭义的违宪审查可以是执行宪法的规定,监察由立法机关或行政机关所制定的法律或根据这些法律而作出的行政决定是否符合宪法条文的有关规定。②

笔者认为,要给"司法审查"下一个放之四海而皆准的定义犹如给"法治"下准确定义一样困难。但为了不引起概念上的混淆,香港的所谓"司法审查"、"司法复核"、"违宪审查",似乎统一表述为"违基审查权"更为准确。

二、法院司法扩权的倾向

1991年以前,香港宪法性文件《英皇制诰》和《皇室训令》构成的是一部简陋的殖民地宪法,它赋予港督会同立法局广泛的立法权,这个立法权没有受到人权保障原则的规限,政制中也没有有效的分权安排,因为港督由英国任命,在1985年以前,香港立法局的议员全都是政府官员和港督任命的"非官守议员",而英国政府又享有直接为香港立法和否决香港本地立法的全面的权力(虽然它极少运用此权力)。在理论上,香港法院(包括对香港案件有终审权的英国枢密院)有对香港立法机关通过的法例的违宪审查权,但由于殖民地宪法对殖民地立法机关的立法权并没有设定有现实意义的限制,所以香港法院没有什么机会去发挥它的违宪审查权。这种情况在1991年的"宪制革命"后出现了根本的改变。③ 在回归之前,香港法院拥有司法审查权,主要体现在1991年《人权法案条例》通过后的一系列判决中,而1991年"R v. Sin Yau-ming"一案④具有里程碑意义。此后,立法局的立法行为和政府的行政行为在司法审查案件中饱受挑战。⑤《人权法案条例》的制定,把香港带进违宪审查的时

---

① 《德国联邦宪法法院法》第13条,见司法院网页,http://www.judicial.gov.tw/db/db04/db04-02.asp,下载日期:2011年4月20日;Christine Landfried, Constitutional Review and Legislation in the Federal Republic of Germany, in Christine Landfried ed., *Constitutional Review and Legislation*, Baden-Baden: Nomos, 1988, p. 153. 转引自戴耀廷:《香港的宪政之路》,中华书局(香港)2010年版,第169页。
② 戴耀廷:《香港的宪政之路》,中华书局(香港)2010年版,第169页。
③ 陈弘毅:《一国两制与香港特别行政区基本法总论》,载陈弘毅:《香港特别行政区的法治轨迹》,中国民主法制出版社2010年版,第42~43页。
④ (1991)1HKPLR88.
⑤ 朱国斌:《香港特区法院的司法审查权》,载《二十一世纪》(香港)2011年4月号。

代,这对于香港原来的古老的殖民地法制来说,可算是一场宪制革命。在《人权法案条例》的基础上,香港法院(包括作为香港终审法院的枢密院)发展了香港的释宪理论和方法,这些理论和方法,沿用至 1997 年后的基本法时代。① 1997 年香港回归后,围绕香港法院是否享有司法审查权及管辖权范围的争议最早是由 1997 年 7 月 29 日"马维昆案"②所引发的,而香港法院司法审查权的明确及确立则是由"吴嘉玲案"③完成的。

在立法、行政、司法三个政府机关中,司法机关只处理诉讼,裁决在个别案件中出现的法律纠纷,而不直接负责管治社会,亦不直接参与有关的法律或政策的制定。因此,对人民来说,它较其他两个政府机关的危险性更低。司法机关并不会自发地、主动地审查违反宪法的法律或政策,而只是在诉讼当事人质疑有关法律或政策是否符合宪法时,它才会作出裁决。当然司法机关作出的有关宪法的裁决,对社会的影响可能并不比立法机关所制定的法律或行政机关所制定的政策小,甚至可能更深远;但司法机关的裁决始终只涉及有关诉讼中的争议,它并不能就有关政策进行重新立法或制定政策。因此,很多国家都愿意把这种违宪审查和违法审查的权力授予非民主产生的司法机关。④ 在"马维昆案"中,区域性法院无权质疑主权者通过的任何法律或行为的效力,在承认中华人民共和国是香港特别行政区的主权者,全国人大是最高国家权力机关的前提下,首席法官就香港法院的司法管辖权发表了法律意见:我接受特区法院不能质疑人大决定或决议,或成立筹委会的理由是否合理。因为这些决定或决议属于主权行为,其有效性是不受特区法院挑战的。同样,特区法院不可审查筹委会决定成立临时立法会的理由。⑤ 不过,首席法官仍然表示法院有权查证主权者行为是否事实存在。他说,特区法院拥有审查主权者或其代表的行为的存在事实(而不是有效性)的管辖权。否则,法院就没有履行自

---

① 陈弘毅:《一国两制与香港特别行政区基本法总论》,载陈弘毅:《香港特别行政区的法治轨迹》,中国民主法制出版社 2010 年版,第 45~46 页。
② HKSAR v. Ma Wai Kwan David & Ors,[1997]2HKC315. "马维昆案"涉及的核心法律问题是:回归后普通法是否继续有效;回归前的起诉书是否有效及其理据。
③ Ng Ka Ling and Another v. the Director of Immigration,(1999)1HKLRD315;(1999)2HKCFAR4.
④ 戴耀廷:《香港的宪政之路》,中华书局(香港)2010 年版,第 158 页。
⑤ (1997)2HKC335.

己的职责。① 作为一个地区法院的香港特区法院,可以审查特区立法和行政行为是否符合香港特区的"宪法"——《香港基本法》,但对于代表主权的全国人大和人大常委会的立法和行为,没有权力挑战其合法性,而只能就事实问题审查是否存在有关的全国人大或人大常委会的立法或行为。②

香港法院对司法审查权的全面陈述首次出现在 1999 年 1 月 29 日的"吴嘉玲案"③中。朱国斌教授指出,该案是终审法院判决的最早的、最重大的、影响深远的宪法性案件。终审法院把主要精力放在解释基本法和澄清司法审查及管辖权方面。终审法院首席大法官宣告:在行使基本法所赋予的司法权时,特区法院有责任执行及解释基本法。香港法院有权审核特区立法机关所制定的法例或行政机关之行为是否符合《香港基本法》。若确实有抵触,则法院必须就该抵触部分,裁定某法例或某行政行为无效。行使该司法管辖权时,法院是按《香港基本法》执行宪法上的职务,以宪法制衡政府的行政及立法机构,确保它们依基本法行事。④ 该判决虽宣示了香港法院享有对立法和行政的全面的司法审查权,然而,终审法院却在后面的判词中向主权者发出了挑战,判词宣称:一直引起争议的问题是,香港特区法院是否有权审核全国人大及其常委会的立法行为是否符合《香港基本法》,以及当发现其确实与《香港基本法》抵触时,特区法院是否具有司法管辖权宣布此等行为无效。依我等之见,特区法院确实有此司法管辖权,而且有责任在发现有抵触时,宣布此等行为无效。⑤ 判决一出,一石激起千层浪,引起了内地和香港政界、法律界的极大轰动,内地学者立即撰文给予强烈的反驳。⑥ 以肖蔚云教授为代表的学者们更直接指出,审查香港法律是否符合《香港基本法》是全国人大常委会的权力,不是终审

---

① 朱国斌:《香港特区法院的司法审查权》,载《二十一世纪》(香港)2011 年 4 月号。
② 陈友清:《1997—2007:一国两制法治实践的法理学观察——以法制冲突为视角》,法律出版社 2008 年版,第 61 页。
③ 在该案中,终审法院本来只需根据《香港基本法》第 24 条解决无证赴港儿童的居留权问题,但是,由于案件涉及内地出入境管理制度,因而《香港基本法》第 22 条也被动地置身其中,由此引申出了全国人大常委会的释法必要性问题。朱国斌:《香港特区法院的司法审查权》,载《二十一世纪》(香港)2011 年 4 月号。
④ 朱国斌:《香港特区法院的司法审查权》,载《二十一世纪》(香港)2011 年 4 月号。
⑤ 朱国斌:《香港特区法院的司法审查权》,载《二十一世纪》(香港)2011 年 4 月号。
⑥ 1999 年 2 月 6 日,数位内地法律专家在《人民日报》撰文,对终审法院"吴嘉玲案"判决发表反对意见。

法院的权力。① 更谈不上由香港法院来审查全国人大常委会的决定是否符合《香港基本法》。这种立场无疑又明确否定了香港法院的违宪审查权。最终,可能迫于宪法性危机带来的"政治"压力,应香港律政司的要求,终审法院就其之前所作判词进行"澄清",表明其判词"并没有质疑全国人大常委会根据《香港基本法》第 158 条所具有解释《香港基本法》的权力","也没有质疑全国人大及人大常委会依据《香港基本法》所规定的程序行使任何权力"。虽然法院所采取的政治方法在很大程度上暂时平息了这场宪法性危机,但是政治上的较量并没有使得"一国两制"下香港法院的违宪审查权在学理上得以澄清。②

"吴嘉玲案"的出现被香港学者称为"最接近宪法时刻"的案件。香港城市大学林峰教授认为,作为一个自治而保有行政、立法、司法权的政治体,《香港基本法》就是当地的宪法,这些权力完整与否,是宪法的问题。特别是当触及自治和他治的界限时,谁来决定也当然是宪法的问题。争议出现如果在正常的轨道上解决,那就是常态政治,如果以不寻常的方式,高调的、乃至动员各界来寻求解决之道,那就是宪法政治,最后找到的多数方案如果不同于以往的架构,并在此基础上展开下一阶段的常态政治,那就可以称为宪法时刻了。从这个角度来看,香港最接近宪法时刻的,就是发生在 1999 年、争论了半年之久的居留权问题。③ 林峰教授对终审法院可能迫于该案导致的宪法性危机所带来

---

① 肖蔚云教授认为,根据《香港基本法》第 17 条的规定,特区立法报全国人大常委会备案,全国人大常委会在征询《香港基本法》委员会的意见后,如认为特区立法机关通过的法律有关中央管理的事务及中央与特区关系的条款不符合《香港基本法》,可将有关法律发回。同时根据《香港基本法》第 160 条的规定,香港原有法律除全国人大常委会宣布同《香港基本法》相抵触外,采用为特区法律。这些都表明审查香港立法机关通过的法律是否符合《香港基本法》的权力在全国人大常委会,而不是在特区终审法院。这样便因为根据《香港基本法》第 17 条的规定,特区立法报全国人大常委会备案,全国人大常委会在征询《香港基本法》委员会的意见后,如认为特区立法机关通过的法律有关中央管理的事务及中央与特区关系的条款不符合《香港基本法》,可将有关法律发回。同时根据《香港基本法》第 160 条的规定,香港原有法律除全国人大常委会宣布同《香港基本法》抵触外,采用为特区法律。这些都表明审查香港立法机关通过的法律是否符合《香港基本法》的权力在全国人大常委会,而不是在特区终审法院。

② 王书成:《司法谦抑主义与香港违宪审查权——以"一国两制"为中心》,载《政治与法律》2011 年第 5 期。

③ 林峰编著:《百年宪政与中国宪政的未来》,香港城市大学出版社 2011 年版,第 8 页。

的"政治压力"而作出"澄清"颇感无奈,他说,宪法法理的争辩可说见仁见智,本案有关居留权的务实决定也许能通过福利经济学上 Kaldor Hicks 的效率检验。但若放大格局来看香港和整个中国,港府当时如选择至少暂时站在法院的一边,后来会有什么演变,恐怕还很难说。最后的决定明确显示"一国"高于"两制",使香港的宪法时刻在回归满两年之际就完全消散。马照跑、舞照跳,但 Ackerman 教授所谓的宪法政治,何时再现?① 而陈弘毅教授的观点似乎更加契合"一国两制"的根本精神,香港法院所需要的不单是丰富的专业法律知识和明辨案情事实的能力,还要有高度的政治智慧。②

笔者认为,"吴嘉玲案"是香港法院司法扩权倾向的标志性判决。终审法院的该判决尽管招来不少非议,但并不能否定香港法院享有"违宪审查权"的法律事实。胡锦光教授也认为,尽管《香港基本法》未明确规定香港法院的司法审查权,或者说未明确授予香港法院保障基本法地位的职责,但根据以下两点理由,香港法院应当是具有司法审查权的:(1)香港法院有权解释基本法。根据《香港基本法》的规定,香港法院对基本法具有解释权;而根据香港属于英美法系的特点,香港法院所享有的司法权中当然地包含了对法律的解释权。(2)香港法院系统内部存在先例约束原则。香港属于英美法系地区,根据英美法系自身所具有的特点,上级法院的判决应当成为下级法院未来类似案件的判决依据;如果是最高法院的判决,则将成为全国所有下级法院的判决依据。③

三、法院违基审查权界限

一般来说,被司法机关宣布为违反《香港基本法》的法例将会失去法律效力,且应被视为自该法律被制定时起无效。换句话说,一条被宣布为违反《香港基本法》的法例,从未生效。从这个角度来看,香港特区法院基本法审查的决定是有溯及力的。而全国人大常委会就违宪审查所作出的决定,在一般情况下是没有溯及力的,即并不会影响全国人大常委会在作出该决定前,根据被

---

① 林峰编著:《百年宪政与中国宪政的未来》,香港城市大学出版社 2011 年版,第 11 页。

② 陈弘毅:《九七香港回归的法学反思》,载陈弘毅:《启蒙、法治与现代法的精神》,中国政法大学出版社 1998 年版,第 276~277 页。

③ 胡锦光:《关于香港法院的司法审查权》,载《法学家》2007 年第 3 期。

否决的法律而作出的一切行为和决定的合法性。但香港特区有权立法规定有关法律应被视为自始无效。① 在"吴嘉玲案"中,终审法院其实也意识到法院的审查权或管辖权是有边界的,或者说是有"界限"的。在终审法院看来,这种限制主要表现在两个方面:一是基于《香港基本法》第 19 条第 3 款法院对"国家行为"并无管辖权;二是基于《香港基本法》第 158 条第 3 款,终审法院有义务请求全国人大常委会释法。② 也有学者将特区法院行使"违基审查权"应受到的限制归纳为:特区外部的限制与特区内部的限制。外部限制是指中央权力对法院的限制;内部限制主要指应受制于特区内部的分权体制,即法院应恪守司法机关的角色,充分尊重行政及立法的法律地位,不过分地介入政治纷争。③ 笔者认为,除以上两个方面之外,《香港基本法》第 19 条第 2 款④的规定也是对香港法院"违基审查权"的一种限制,只不过这种限制需要进一步加以明确。

  关于违反基本法审查权的界限,首要的一个问题是,如何理解"香港原有法律制度和原则对法院审判权所作的限制"? 吴建璠教授认为,这种限制包括了法院只执行法律而不能对法律提出质疑,也包括了作为地方行政区域的法院不能对中央立法提出质疑。⑤ 吴建璠教授的论断值得商榷,需要明确"不能对法律提出质疑"中的"法律"的具体含义。笔者认为,如果吴教授所称的"法律"是指全国人大及其常委会的立法,则是能够站得住脚的;如果是指香港立法会的法例,则完全排斥了香港法院的"违基审查权",是不可取的。根据香港基本法的立法原意,"香港原有法律制度和原则"从时间节点上"原有"是指1997 年 7 月 1 日之前,这在全国人大常委会《关于根据〈中华人民共和国香港特别行政区基本法〉第 160 条处理香港原有法律的决定》(简称《决定》)中已经明确。至于香港原有法律制度和原则如果与《香港基本法》相抵触的话,需要全国人大常委会主动加以"宣布",在加以"宣布"之前,采用为香港特别行政区

---

  ① 戴耀廷:《香港的宪政之路》,中华书局(香港)2010 年版,第 157 页。
  ② 朱国斌:《香港特区法院的司法审查权》,载《二十一世纪》(香港)2011 年 4 月号。
  ③ 李树忠、姚国建:《香港特区法院的违基审查权——兼与董立坤、张淑钿二位教授商榷》,载《法学研究》2012 年第 2 期。
  ④ 《香港基本法》第 19 条第 2 款规定:"香港特别行政区法院除继续保持香港原有法律制度和原则对法院审判权所作的限制外,对香港特别行政区所有的案件均有审判权。"
  ⑤ 《就香港特别行政区终审法院的有关判决内地法律界人士发表意见》,载《人民日报》1999 年 2 月 8 日。

法律。在"吴嘉玲案"中，对于"香港原有法律制度和原则对法院审判权所作的限制"，香港终审法院首席法官指出：政府在该案所陈述的论据为1997年7月1日前，香港法院也不能质疑英国国会通过的法例是否违反英国的不成文宪法或香港作为殖民地的宪法文件《英皇制诰》。因此，这是《香港基本法》第19条第2款所设想的"原有法律制度和原则"对香港法院审判权所作的一种限制。所以政府辩称在1997年7月1日后，这个限制同样适用于全国人民代表大会的行为。① 终审法院的逻辑含混不清，将"港英时期"的司法审查权与回归后的"违基审查权"相提并论。笔者认为，"香港原有法律制度和原则"要依照《香港基本法》第160条之规定，由全国人大常委会行使最终的决定权。

第二个问题是，如何理解"国防、外交等国家行为"？《香港基本法》第19条第3款规定香港特区法院对国家行为无管辖权。香港特区法院在适用该条款裁定对一个具体案件无管辖权时，首先必须认定该案件属于国家行为案件。由于对国家行为的认定将直接影响到法院的管辖权限，法院应严格根据基本法规定的程序认定国家行为，具体而言，有两种程序可供选择。一种途径是根据行政机关的证明文件认定国家行为，《香港基本法》第13条有3款规定，体现了处理与香港有关的外交事务的一项基本原则，即外交权属于中央的原则。这一原则是基于国家主权原则、基于香港特别行政区在中国宪政体制中的地位、基于中央与香港特别行政区的关系而确立的。另一种途径是根据立法机关的释法认定国家行为，其依据是《香港基本法》第158条第3款的规定。② 至于何谓"国防、外交等国家行为"？前文已有论述，不再赘言。关键的问题是，由谁来判断某项行为是否属于"国防、外交等国家行为"？根据《香港基本法》第19条第3款的规定，首先应由香港特别行政区法院在审理案件中加以发现；其次是由特区法院提请行政长官发出证明文件，但行政长官发出证明文件之前，须取得中央人民政府的证明书。笔者认为，中央人民政府才是是否属于"国防、外交等国家行为"的最终判断者，这在基本法中是非常明确的。

第三个问题是香港终审法院对"自行解释"条款之外的条款应当提请全国人大常委会作出解释。这是对"基本法审查权"的一个重要限制。香港回归以来，终审法院在2011年的"刚果（金）案"中首次依照《香港基本法》第158条第

---

① 朱国斌：《香港特区法院的司法审查权》，载《二十一世纪》（香港）2011年4月号。
② 董立坤、张淑钿、陈虹：《香港特区法院对涉及国家行为的案件无管辖权——兼论香港特区法院对刚果（金）案的管辖权》，载《港澳基本法研究通讯》2011年第4期。

3款提请全国人大常委会释法。而在"刚果(金)案"之前的14年中从未主动提请全国人大释法。这反映出香港特区法院对于基本法和普通法的关系存在错误理解。香港特区法院以普通法传统改造、适用、解释和评判基本法的行为，从根本上颠倒了基本法与普通法的关系，损害了基本法的权威。如果不对基本法和普通法的关系作出明确的规定，不对香港特区法院在司法适用中以普通法传统适用基本法的错误做法予以匡正，那么香港特区法院以享有独立的司法权为名，根据所谓的普通法规则，作出偏离基本法有关规定和中央制定的有关规则或政策的决定，不是没有可能的。香港终审法院判决显然看到了基本法和普通法关系这一问题对未来香港特区法院审理案件可能产生的重大影响，要求全国人大常委会解释"刚果(金)案"所涉及的香港原有的有关国家豁免的普通法是否必须根据《香港基本法》第8条和第160条以及《决定》的规定进行适应化。① 《香港基本法》第8条规定："香港原有法律，即普通法、衡平法、条例、附属立法和习惯法，除同本法相抵触或经香港特别行政区的立法机关作出修改者外，予以保留。"该条款试图通过立法会来限制法院管辖权，但立法会限制法院管辖权的任何立法均可能被法院推翻。同时，香港基本法的修改权属于全国人大，香港立法会无法通过修改基本法来限制司法权。② 而香港司法对立法的监督在《香港基本法》中却不甚明确。《香港基本法》第73条明确了立法会的职权，明确了"根据本法规定并依照法定程序制定、修改和废除法律"。因而，排除了行政长官和法院对法律进行"制定、修改和废除"。《香港基本法》第160条同时规定了："如以后发现有的法律与本法抵触，可依照本法规定的程序修改或停止生效。"但《香港基本法》没有列出任何程序以供法院去"修改"法律或使法律"停止生效"，香港法院只能在审理具体案件的过程中，依据该法第158条之规定，提请全国人大常委会作出解释。

---

① 董立坤、张淑钿、陈虹：《香港特区法院对涉及国家行为的案件无管辖权——兼论香港特区法院对刚果(金)案的管辖权》，载《港澳基本法研究通讯》2011年第4期。

② 叶海波：《香港基本法实施中的权力冲突与协调》，载《当代法学》2012年第1期。

第五章　香港司法终审权与基本法解释

自香港特别行政区成立以来,对于香港基本法的解释权而言,争论从未停止。在"一国"与"两制"之间,特区司法实践的天平往往倒向"两制"一端,这与基本法解释权之争不无关系。① 然而,终审权与解释权是两个完全不同的概念。《香港基本法》赋予终审法院终审权,但并没有赋予它对《香港基本法》的最终解释权。根据中国《宪法》的规定,《香港基本法》的最终解释权属于全国人大常委会。这就是香港回归后,《香港基本法》确立的香港新宪制架构的一个重要组成部分。② 全国人大常委会释法对香港终审权会带来什么影响,香港司法终审权如何与全国人大常委会的释法衔接,全国人大常委会基本法解释规则如何完善等一系列重要问题是本章研究的重点。

第一节　香港基本法解释制度原理

法律解释是法律实施的一个重要环节,直接关系到立法原意与法的精神能否贯彻实施,从而会影响到法律效果与社会效果能否有效实现。法的解释可以分为两种:法定解释和非法定解释。凡是依照法定职权进行的法律解释就是具有法律效力的解释。法定解释不仅是正确适用法律的重要条件,也是一种法的创制活动,因为通过对立法意图的进一步说明,在事实上形成了对法

---

① 袁发强:《基本法的解释与香港法院司法管辖权》,载《政治与法律》2011 年第 5 期。
② 徐复雄:《论基本法确立的香港新宪制架构》,载肖蔚云、饶戈平主编:《论香港基本法的三年实践》,法律出版社 2001 年版,第 16 页。

的延续和发展。① 香港法院对《香港特别行政区基本法》的解释来源于中央的授权。在中国的法律理念里,法律的解释是作为一种独立的权力而存在的,它有别于法律适用,可以与法院的审判权相分离。作为审判机关的中国法院,除最高人民法院拥有法律解释权外,法律解释权不能被其他法院所拥有。而最高人民法院之所以能拥有解释权也是基于全国人民代表大会常务委员会的授权,并作为一种独立的权力而存在,行使时并不结合其在审的具体个案进行。在制度上,宪法和法律的解释权属于全国人民代表大会常务委员会。②

一、基本法解释机制

我国现行的1982年《宪法》第67条第(4)项规定,全国人大常委会"解释法律"。这是内地法律解释制度的重要特色,不同于香港的法律解释制度。在香港普通法制度下,解释法律的角色由法院承担,而立法机关负责制定和修改法律。在内地,法律解释分为立法解释③和具体应用解释④。立法机关对法律所作的解释,称为立法解释。执法机关在具体应用法律时对法律的解释,称为具体应用解释。⑤ 法院在审理案件时,需要把有关法律规范适用至案情事实中,在这个过程里,可能要解释这些法律规范,例如对其含糊之处予以澄清。因此,审判功能和法律解释功能是密不可分的。香港法院在审理案件时可解释本地法律,这是毋庸置疑的,也是香港法院在回归以前的实践。但是,特别行政区基本法不但是香港地区的法律,也是由全国人大制定的全国性法律,根据我国《宪法》和《立法法》的规定,全国人大常委会享有法律解释权。特别行

---

① 徐静琳:《演进中的香港法》,上海大学出版社2002年版,第387页。
② 焦洪昌、姚国建:《宪法学案例教程》,知识产权出版社2007年版,第317页。
③ 1981年6月10日第五届全国人民代表大会常务委员会第十九次会议通过《全国人民代表大会常务委员会关于加强法律解释工作的决议》第1条规定:"凡关于法律、法令条文本身需要进一步明确界限或作补充规定的,由全国人民代表大会常务委员会进行解释或用法令加以规定。"
④ 1981年6月10日第五届全国人民代表大会常务委员会第十九次会议通过《全国人民代表大会常务委员会关于加强法律解释工作的决议》第2条规定:"凡属于法院审判工作中具体应用法律、法令的问题,由最高人民法院进行解释。凡属于检察院检察工作中具体应用法律、法令的问题,由最高人民检察院进行解释。最高人民法院和最高人民检察院的解释如果有原则性的分歧,报请全国人民代表大会常务委员会解释或决定。"
⑤ 王世瑚:《香港基本法与全国人大常委会的解释权》,载肖蔚云、饶戈平主编:《论香港基本法的三年实践》,法律出版社2001年版,第69页。

政区基本法的解释权归属的问题由此而生。① 根据我国《宪法》和《香港基本法》的规定,解释香港基本法是全国人大常委会的职权,这也非常明确。

宪法规定全国人大常委会行使法律解释权。《香港基本法》第158条第1款也规定"本法的解释权属于全国人民代表大会常务委员会"。这与普通法系国家由法院行使法律解释权有很大的不同。在普通法制度下,只有法院才能解释法律,以至于有人认为"立法者是最糟糕的释法者"。② 在普通法系国家,法院有权对法律作出最终的解释,而法官的判决会形成有约束力的先例,从而后来判案的法官均须遵循,因此,法官甚至有某种"立法"的权力。但我国实行人民代表大会制度,这个制度的最大特点是全国人大及其常委会是最高国家权力机关,而不仅仅是国家立法机关。国务院、最高人民法院和最高人民检察院均系由全国人大产生,对它负责,并且接受它的监督。所以最高人民法院的权力不可能高于全国人大,不可能对法律作出不合法律意愿的解释,因为法官的角色仅限于演绎法律,对法律作出修改、澄清或权威性表述的功能,应该是由人民选出的代表负责,而不是交给法官负责。如果法律有不清晰的地方应该由制定法律的立法机关自己来澄清。③ 在"港英时期",由于香港实行英国普通法制度,法院在审理案件中解释法律属于司法权范畴,而且其解释具有最终效力。香港回归祖国后,中国现行宪法当然要在香港特别行政区适用,无论香港采取何种政治体制,都属于中国宪政体制的范畴。因而,由中国现行宪法所确立的法律解释体制也应该适用于香港,全国人大通过香港基本法授予香港法院解释基本法的权力,该权力显然不再属于司法权的固有范畴。基于此,香港基本法的解释体制包含了立法解释与司法解释,而且前者的效力要高于

---

① 陈弘毅:《一国两制与香港特别行政区基本法总论》,载陈弘毅:《香港特别行政区的法治轨迹》,中国民主法制出版社2010年版,第41页。

② 乔晓阳:《从"一国两制"的高度看待释法的必要性与合法性》,载《文汇报》(香港)2004年4月9日。这是乔晓阳2004年4月8日在香港各界座谈会上的讲话全文,乔晓阳时任全国人大常委会副秘书长。转引自中央人民政府驻香港特别行政区联络办公室:《关于香港问题的政策性论述》("一国两制"系列资料第三辑),2007年版,第109～110页。

③ 香港特别行政区律政司司长梁爱诗1999年6月25日之演讲词,载《大公报》(香港)1999年6月26日。转引自肖蔚云、饶戈平主编:《论香港基本法的三年实践》,法律出版社2001年版,第106页。

后者。① 这里的立法解释是指全国人大常委会对基本法的解释,司法解释是指香港法院对基本法自治范围条款的"自行解释"。

在欧洲共同体中,法律的解释权属于欧洲共同体法院,共同体成员国法院则有案件的终审权。成员国法院在审理案件需要解释共同体法律时,可以提请共同体法院作出解释,但成员国法院中处于终审阶段的案件如果涉及共同体法律,必须提请共同体法院作出解释,成员国法院才能按此解释作出判决。英国加入欧洲共同体后,即使是享有司法终审权的贵族院也无权在作出判决时解释共同体法律。这种情况表明,在普通法制度下,法院虽有解释法律的权力,但有终审权的法院并不一定享有法律的最终解释权。终审权和法律解释权可以是分离的。②

基本法解释的权力属于全国人大常委会,其中有两种权力。一是全体会议,它涵盖了所有的基本法条文,可以在法律缺失的情况下行使这项权力。二是根据香港法院的请求,在诉讼过程中,由于法院没有被授权作出最终解释,而由全国人大常委会明确条文的具体含义。③ 可见,基本法解释权总体上属于全国人大常委会,但关于香港特别行政区自治范围内的条款既已授权给了特别行政区法院,那么,中央对于香港特别行政区自治范围内的条款一般就不再解释了。④ 中央通过《香港基本法》授予香港特区法院享有终审权,但终审权的正确行使涉及对法律的解释权问题,需要妥善处理法律解释的问题,才能保证正确地行使终审权。

全国人大常委会的立法解释与最高人民法院的具体应用解释是有区别的。全国人大常委会的立法解释属于立法行为,不处理具体案件,而是解释法律条文的含义,明确其适用范围。最高人民法院则是对审判工作中如何具体应用法律进行解释。如果最高人民法院的具体应用解释出现错误,那么纠正的途径是可以通过全国人大常委会的法律解释予以纠正的。全国人大常委会

---

① 胡锦光:《解释香港基本法是全国人大常委会的职权》,中国宪政网,http://www.calaw.cn/article/default.asp?id=2238,下载日期:2012年4月16日。

② 孙承谷:《〈基本法〉与香港特别行政区政治体制》,世界华文出版机构(香港)2005年版,第51页。

③ Yash Ghai, *Hong Kong's New Constitutional Order—The Resumption of Chinese Sovereignty and the Basic Law*, Hong Kong University Press, 2000, p.198.

④ 许崇德:《香港基本法若干用语解读》,载《港澳研究》2007年总第5期。转引自许崇德:《许崇德全集》(第四卷),中国民主法制出版社2009年版,第1328页。

解释法律范围比最高人民法院对法律作应用解释的范围要宽。最高人民法院对审判案件中如何具体应用法律进行解释,而全国人大常委会的立法解释不限于法院审判案件中遇到的法律适用问题,还包括国家权力机关、行政机关在行使职权时遇到的法律适用问题。①

在《香港基本法》中,香港法律和内地法律最主要的交叉点体现在基本法解释条款,即第158条。很显然,这两个系统的法律不能继续共存,但在某些特定情况下,可以通过人大解释的模式来协调这两种法律的关系。② 简要复述一下在何种情况下需要对基本法进行解释是非常必要的。解释基本法的一些具体实例,第一次是在香港特别行政区成立时,全国人大常委会确定哪些现有的法律因与基本法不符而失效。然而,这并不意味着任何现行法律,在香港恢复行使主权时就确定了是一个"健康的清洁提单",于是《香港基本法》中就有了第160条的规定,如果后来发现有的法律与香港基本法抵触,可依照基本法规定的程序修改或停止生效。③ 第二个实例是,当由香港特区的立法机关通过了一项法律时,全国人大常委会根据《香港基本法》第17条进行处理。全国人大常委会不得不研究决定该项法律是否符合基本法中"关于中央管理的事务及中央和香港特别行政区的关系的条款"。④ 当决定一项全国性法律在香港特区实施时,也需要全国人大的解释。国家法律适用于香港特区的清单列在《香港基本法》"附件三"中。其他法律可能被添加到"附件三"中,但只有当他们与"国防、外交以及区域自治作为本法规定的范围以外的事项"时。当需要修改基本法时,也需要作出解释。⑤ 除了在这些特定的情况下,需要一个正式的解释外,如果在

---

① 王世瑚:《香港基本法与全国人大常委会的解释权》,载肖蔚云、饶戈平主编:《论香港基本法的三年实践》,法律出版社2001年版,第70页。

② Yash Ghai, *Hong Kong's New Constitutional Order—The Resumption of Chinese Sovereignty and the Basic Law*, Hong Kong University Press, 2000, p. 190.

③ Yash Ghai, *Hong Kong's New Constitutional Order—The Resumption of Chinese Sovereignty and the Basic Law*, Hong Kong University Press, 2000, p. 193.

④ Yash Ghai, *Hong Kong's New Constitutional Order—The Resumption of Chinese Sovereignty and the Basic Law*, Hong Kong University Press, 2000, p. 193.

⑤ Yash Ghai, *Hong Kong's New Constitutional Order—The Resumption of Chinese Sovereignty and the Basic Law*, Hong Kong University Press, 2000, p. 194.《香港基本法》第18条第3款规定:"全国人民代表大会常委会在征询其所属的香港特别行政区基本法委员会和香港特别行政区政府的意见后,可对列于本法附件三的法律作出增减,任何列入附件三的法律,限于有关国防、外交和其他按本法规定不属于香港特别行政区自治范围的法律。"

诉讼中涉及某些特殊情形，也需要对基本法进行解释。香港特别行政区法院最初的责任在于厘清某些条文之间的关系及条文本身的含义，随后必须根据《香港基本法》第158条父由全国人大常委会进行裁决。① 在没有诉讼的情况下，如果全国人大常委会认为需要澄清基本法某些条文的含义而解释基本法，这也是可能发生的。②

香港各级法院都可以解释自治范围内的条款。但本书探讨的是香港特区终审法院的终审权问题，因此，在这里讨论的是香港特区终审法院解释基本法的情况。当然，在很多时候，一些基本理论是香港各级法院所通用的，而非香港特区终审法院所特有的。《香港基本法》是由全国人大制定的，但它的实施主要是在实行普通法的香港特别行政区。在处理基本法的解释问题时，我们既要考虑到中国内地的法律解释制度，又要考虑到香港普通法体制下的法律解释制度。因此根据香港特别行政区的特殊情况，按照《香港基本法》的规定，基本法的解释权属于全国人大常委会，全国人大常委会授权香港特别行政区法院在审理案件时对基本法进行解释。③ 香港地区的司法解释制度与内地司法解释制度不同：首先，内地司法解释的主体是最高人民法院和最高人民检察院，香港司法解释的主体则是法官。其次，内地司法解释主要是对各级法院适用法律作出的司法解释，具有普遍约束力，但也不排除对各级法院在审理具体案件时作出解释，如对法院的指示，作出的批复、复函等。香港地区法官解释法律时，是在审理个案时作出的。尽管香港法院在审理案件时可以遵循先例对法律解释，也不排除根据变化了的新情况作出新的和补充的解释。再次，内地法律解释制度，立法解释优于司法解释和行政解释，即对某一法律司法解释和行政解释发生冲突时，应提交全国人大常委会解释，并以它的解释为准。香港法律解释制度在某种程度上来说具有浓厚的司法解释至上的色彩。并且，在适用原则上，内地法律解释制度与香港法律解释制度也不相同。④

---

① Yash Ghai, *Hong Kong's New Constitutional Order—The Resumption of Chinese Sovereignty and the Basic Law*, Hong Kong University Press, 2000, p. 195.

② Yash Ghai, *Hong Kong's New Constitutional Order—The Resumption of Chinese Sovereignty and the Basic Law*, Hong Kong University Press, 2000, p. 195.

③ 国务院发展研究中心港澳研究所：《香港基本法读本》，商务印书馆2009年版，第258～259页。

④ 张云秀：《浅谈法律解释》，载肖蔚云、饶戈平主编：《论香港基本法的三年实践》，法律出版社2001年版，第79页。

有学者在概括基本法解释机制时,往往使用"双轨制"或"二元制"来描述。① 他们所认为的"二元制"或者"双轨制",主要是根据《香港基本法》第158条展开论述的,大体是指两个释法主体、两项释法权力、两种法律传统等等。而邹平学教授却有不同的看法,他认为,用这种词语描述基本法解释机制不够准确,也不科学,易引起误解。邹平学教授通过分析《香港基本法》第158条有关解释权的配置和逻辑结构后,提出了自己的观点:香港法院的基本法解释权通过授权而获得,不能与全国人大常委会对基本法的解释权相提并论,香港法院只能在审理案件的过程中,根据香港基本法的授权来解释基本法。因此,基本法解释机制就谈不上什么"双轨制"或"二元制"的解释体制了,而是"一元双重解释制"或"一元两极主从解释制"。② 笔者认为,邹平学教授对基本法解释机制的概括更为科学合理,能够反映全国人大常委会释法与香港法院释法的关系。

二、基本法解释原则

《香港基本法》第158条并未规定解释香港基本法的原则。香港基本法的目的就是在中央恢复主权行使的同时尽可能保持香港制度的连续性,而不是进行一场制度断裂的革命。③ 仅从《香港基本法》或是中国《宪法》的条文中,我们并不能明确地知道全国人大常委会解释《香港基本法》时采取的原则。《香港基本法》第158条的授权是概括性的、原则性的,而在中国《宪法》中也没有条文具体规定全国人大常委会在解释宪法和法律过程中应遵循的原则或价

---

① 程洁:《论双轨政治下的香港司法权——宪政维度下的再思考》,载《中国法学》2006年第5期;焦洪昌:《香港基本法解释冲突之原因分析》,载《广东社会科学》2008年第3期;李昌道:《香港基本法解释机制探析》,载《复旦学报》2008年第3期。

② 邹平学:《香港基本法解释机制基本特征刍议》,载《法学》2009年第5期;邹平学:《香港基本法解释机制是"双轨制"或"二元制"吗》,载《港澳研究》2009年夏季号。

③ 对于香港基本法所规定的香港特区法院享有终审权,有学者认为:香港基本法在处理中央与地方关系问题时,在立法与行政两大基本模块上做到了对应性的设计且大致符合主权原理,但在司法模块上,中央司法主权的根本放弃,无论基于什么理由,是违背主权原理的,并进而为国家统一之后的深度整合制造了根本性的障碍。田飞龙:《法律的抑或政治的——香港基本法模式下的中央与地方关系反思》,载《研究生法学》2007年第6期。但是我们应当看到基本法的目的,正如陈兆恺法官所说的:基本法的目的是清楚的。我们的法律和法律制度没有变化(与基本法抵触的除外)。这就是我们社会的构造。连续性是稳定的关键,任何断裂都将是灾难性的,任何片刻的法律真空都会导致混乱。所有与法律和法律制度相关的(与基本法抵触的规定除外)不得不继续有效。

值取向。然而,全国人大常委会拥有法律解释权的根据之一,是《中华人民共和国立法法》(简称《立法法》)第42条的规定。全国人大常委会作出法律解释有两种情形:是需要进一步明确法律所规定的具体含义;二是出现了新情况,需要明确该新情况所应适用的法律依据。同时,《立法法》第47条规定,全国人大常委会的法律解释同法律具有同等效力。尽管《立法法》并不属于《香港基本法》"附件三"中规定的在香港实施的全国性法律,但是,从《立法法》的条文中,我们可以推测出全国人大常委会立法解释的主要目的是为了弥补因法律本身的前瞻性和维护法律的稳定性而产生的法律漏洞。①

香港实行"港人治港"、高度自治,这是"一国两制"的一项重要原则。但"高度自治"并非完全自治。"一国两制"的总设计师邓小平同志说,自治不能没有限度,有限度就不能"完全自治",否则就是"两个中国"。那么,这个限度在哪呢?一是中央的授权,二是严格按基本法办事。特区的"高度自治"不能僭越中央授权和《香港基本法》的规定。②"高度"也是有一定的范围的,也就是说,所授权力是有界限的。高度是相对的,不是绝对的。否则,如果没有限度的话,那特别行政区就会成为独立的政治实体了。这是不允许的。那么,界限在哪里呢?界限就是香港基本法。特别行政区的高度自治权以不超越香港基本法的规定为限。从这个意义上说,香港基本法既是授权法,同时又是限权法。③香港时任律政司司长梁爱诗也指出,《香港基本法》赋予香港特区高度自治,但却并非绝对的自治。《香港基本法》中有关于如何处理中央人民政府负责的事务和中央与特区关系的具体规定。而特区法院并没有自治的权力,能就该等条文的含义作最终的裁决。只有全国人大常委会才能对该等条文作出权威的解释。④ 在全国人大常委会拥有对《香港基本法》解释权的前提下,香港特区法院"经授权"可以对《香港基本法》自治权范围内的条款行使解释

---

① 戴耀廷:《香港的宪政之路》,中华书局(香港)2010年版,第133~134页。
② 许崇德:《"一国两制"是我国的基本政治制度》,载《法学》2008年第12期。转引自许崇德:《许崇德全集》(第四卷),中国民主法制出版社2009年版,第1374页。
③ 许崇德:《香港基本法若干用语解读》,载《港澳研究》2007年总第5期。转引自许崇德:《许崇德全集》(第四卷),中国民主法制出版社2009年版,第1326~1327页。
④ 梁爱诗:《行政长官任期与法治》,载《星岛日报》(香港)2005年3月21日。这是梁爱诗2005年3月20日在香港电台发表的《给香港的信》(译文),梁爱诗时任香港特区律政司司长。转引自中央人民政府驻香港特别行政区联络办公室编:《关于香港问题的政策性论述》("一国两制"系列资料第三辑),2007年版,第267~268页。

权。这就是说,全国人大常委会对香港基本法的解释权是其固有的权力,只不过授予香港法院行使,全国人大常委会和香港法院对香港基本法的解释权,是"授"与"受"的关系。且务必理解"授权"并非"分权",全国人大常委会绝不因授权而丧失其解释权,授权香港法院解释之立法原意乃是为了更好地实行"两制"。① 香港基本法的各项规定集中体现了中央与香港特别行政区之间的授权与被授权的关系。一部香港基本法,在很大程度上可以说是一部授权法,它授予香港特别行政区享有和行使高度自治权。香港基本法中规定的香港特别行政区享有的行政管理权、立法权、独立的司法权和终审权以及自行处理有关的对外事务权等,都是中央授予的。按照《香港基本法》第20条的规定,香港特别行政区还可享有全国人民代表大会及其常务委员会和中央人民政府授予的其他权力。这些都明确地揭示了中央与香港特别行政区的关系是授权与被授权的关系。② 因此,在演绎香港基本法解释原则之前,还需要理解"授权"与"分权"这两个概念。

"授权"与"分权"是两个稍有不同的概念。授权是一种行为,是指有权的一方把自己的部分权力授予(交给)另一方行使。而分权则是一种状态,是指一方(中央)和另一方(地方)各自按照宪法规定了的状态,自行其是,不需要经过"授"与"受"的行为及程序。还有一点区别,即:如果是"授权",那么,授出的一方可以撤销授予,收回权力。如果是"分权"的话,那就不会发生任何一方向对方收回权力的问题。除非改革体制,对权力的划分作必要的调整。但调整后的状态仍然是一种分权的格局,不发生"授"与"受"的关系。③ 香港基本法使用"授权"二字是为了说明权力的来源问题。授权是必需的。香港作为中国的地方行政区域,其行使的权力当然亦都是中央授予的。如果没有授权,它的自治又从何而来呢?岂不就是无源之水吗?④ 可以用下图表示基本法解释权

---

① 全国人大常委会港澳基本法委员会主任乔晓阳(时任全国人大法工委副主任)2000年4月1日在香港举办之"'一国两制'的历史意义及国际意义"基本法颁布十周年研讨会致辞,载《大公报》(香港)2000年4月2日。

② 傅思明:《香港特别行政区基本法通论》,中国检察出版社1997年版,第73~74页。

③ 许崇德:《香港基本法若干用语解读》,载《港澳研究》2007年总第5期。转引自许崇德:《许崇德全集》(第四卷),中国民主法制出版社2009年版,第1328页。

④ 许崇德:《香港基本法若干用语解读》,载《港澳研究》2007年总第5期。转引自许崇德:《许崇德全集》(第四卷),中国民主法制出版社2009年版,第1324页。

"授"与"受"的关系。

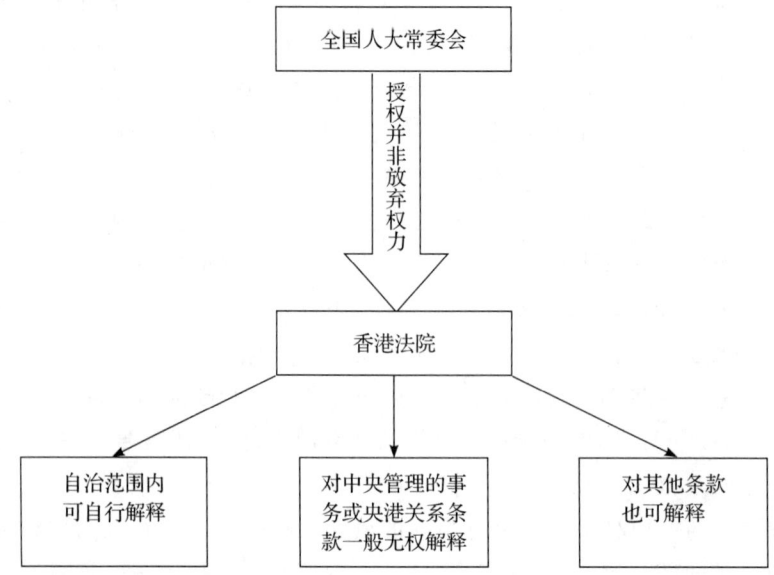

图 7：基本法解释权"授"与"受"关系示意图

《香港基本法》有关授权的规定表明：从原则上讲，全国人大常委会对于香港基本法的全部内容有解释权。但全国人大常委会既将特别行政区自治范围内的条款的解释权授予了香港法院在审理案件时自行解释的权力，所以关于这部分的条款，全国人大常委会通常就不进行解释了。① 如前所述，笔者也认为基本法的解释机制是"一元双重解释制"，由于基本法解释机制具有"一元"的特性，所以，在释法时要充分体现"一国"；又由于基本法解释机制具有"双重"的特性，因此，在释法时又要尊重"两制"。对某一行为、法规、意思或其他文书，解释并确定其在发生并引发争议的特定环境下的含义的过程，便是法律解释的过程，其目的是确定文书制作者的真实意思并赋予其效力。解释要遵循各种指导原则，有些是成文法上的原则，有些是普通法上的原则。② 笔者将基本法的释法原则归纳为：遵循立法原意的原则。"遵循立法原意的原则"中的"法"，是与制定《香港基本法》密切相关的各种具有法律效力的"规范性文

---

① 许崇德主编：《港澳基本法教程》，中国人民大学出版社 1994 年版，第 21～22 页。
② 戴维·M.沃克：《牛津法律大辞典》，李双元等译，法律出版社 2003 年版，第 254 页。

件",包含《中华人民共和国宪法》、《中英联合声明》和《香港基本法》。而一国两制、"港人治港"、"高度自治"、"法治原则"、"程序正义"等原则都包含在"立法原意"之中,这是毋庸置疑的。不论是全国人大常委会释法还是香港法院释法都必须秉承"遵循立法原意的原则"。

三、基本法解释规则

对普通法系国家来说,判例法制度本身就意味着对法律的解释。适用或不适用前例、扩大、缩小或推翻前例,都是通过法律解释来进行的。英国没有成文宪法,因而也就没有宪法解释问题。在美国,由于宪法以及违宪审查占有重要地位,因而对制定法的解释就可分为对一般法律的解释和对宪法的解释。① 在英国,普通法的成文法解释规则主要有三项:(1)文义规则(literal rule);(2)黄金规则(golden rule);(3)弊端规则(mischief rule)。这是英国法律解释历史上源远流长的成文法解释规则。② 在普通法背景下,香港特区法院经常交替适用的是文义规则、黄金规则和目的规则(purposive approach)。而在当代普通法司法实践中,目的规则是由弊端规则演变而来的。③ 在中国当下的法律解释制度下,法律解释既非附属于立法权的活动,也非附属于司法裁判权的活动;它是一种通过解释,形成具有普遍法律效力的一般解释性规定的权力,因而,在法律上被单列为一种权力,从而构成具有中国本土特色的法律解释机制。④ 中国语境下的法律解释主要有立法解释、司法解释和行政解释,且都具有法律效力。全国人大常委会解释基本法,主要采用立法解释的方式,这种解释方式区别于立法行为和司法行为,但毫无疑问的是,同样应当遵守文义规则、黄金规则和目的规则。

先来分析一下文义规则。在英国成为法解释的操作层面上,基于普通法的理解,存在诸多解释性推定(presumptions)。首要的,便是"推定法律文本

---

① 黄江天:《香港基本法的法律解释研究》,三联书店(香港)有限公司2004年版,第37页。

② J. Willis, Statutory Interpretation in a Nutshell, 16 *Canadian Bar Review* 1, 1985, p. 23.

③ 李纬华:《香港特别行政区法院基本法解释规则——以六件香港永久性居民界定案件的判决为中心》,载《法律适用》2011年第4期。

④ 张志铭:《中国的法律解释体制》,梁治平编:《法律解释问题》,法律出版社1998年版第165页。

是法律原意的首要体现"。只有以文本为出发点,才能成为解释者注意力的中心。而适用文义规则的后果,必然是尊重文义(literal meaning)。① 因而,"文义规则"又可称为"文义解释"、"字面含义"、"显然意义规则"等等。② "文义规则"旨在根据清晰明确的法律条文,依照其通常、自然、平白及显而易见的字面含义予以解释。如果含义清楚,则采用该种意义,对于立法意图在所不问,无须凭借外力来帮助理解。有论者认为,文义规则的解释方法,其背后的理论依据是三权分立理论。强调法律至上,法律虽然由立法机关所制定,而司法机关(含法院)所要做的事情,便是依据立法机关所制定的法律条文,去理解立法机关的意愿,除此之外,别无他法。对于法院而言,其需要履行的职责便是忠实地执行立法机关所制定的法律,通过审理案件,实现立法机关的意图和设想。如果条文含义清晰而无歧义,则该条文就应被视为条文之立法原意。③ 笔者认为,在社会主义中国,实行依法治国基本方略,树立和维护宪法法律权威在全社会已成共识。人们一般认为,法律词语本身最能表达立法者的意图。因而,对于全国人大常委会的立法解释也应遵循"文义规则",而对"文义规则"背后的"三权分立"理论在所不问。这也是建设社会主义法治国家的必然要求。

再来看看黄金规则。如果把文义规则当做原则的话,那么黄金规则则是其例外情形。当依据文义规则解释某个或某些法律条文时,若导致具体个案出现不合理的结果,而该结果的出现并非立法机关立法时的原意或超出立法者的预见范围,为避免出现该等不合理结果,在解释时予以变通。④ 黄金规则在实质上,是一种修正、补正的规则。在实践中,由于社会实践丰富多彩、不断变化,司法机关(含法院)要准确说明一个法律用语的含义,并非易事;而要求立法者在立法时对未来发生的行为或某种法律事实予以准确预见,更是强人所难。故此,在

---

① Francis Bennion, *Statutory Interpretation*, 4th edition, Butterworths, 2002, p. 470. 转引自李纬华:《香港特别行政区法院基本法解释规则——以六件香港永久性居民界定案件的判决为中心》,载《法律适用》2011年第4期。

② 黄江天:《香港基本法的法律解释研究》,三联书店(香港)有限公司2004年版,第38页。

③ Sussex Peerage(1844)11CI & Fin85,143,per Tindal C.J. 转引自黄江天:《香港基本法的法律解释研究》,三联书店(香港)有限公司2004年版,第39页。

④ 陈弘毅:《当代西方法律解释学初探》,载梁治平编:《法律解释问题》,法律出版社1998年版,第5页。

法律解释的实践中,便产生了对该规则的一些修正和背离,即所谓的"黄金规则"。Blackburn爵士对"黄金规则"作过经典表述:我们必须把制定法作为一个整体,由普通含义的角度解释其用语,除非这样的解释会产生不连贯、荒谬或不便利的结果,且足以使法院相信不必进行这样的解释。① 一般而言,法官应先使用文义规则,如果含义不明,再选择黄金规则或目的规则进行解释。

最后来看看目的规则。香港大学陈弘毅教授认为,弊端规则的现代版本是论理解释或目的论解释方法(Purposive Approach)。② 目的规则把明确立法机关制定的法律条文的目的作为首要任务。再以所明确的立法目的为指导,解释特定法律条文的含义。③ 在普通法地区,目的规则作为一种成文法解释规则,其走向备受推崇的地位,也不过是近几十年来的事。④ 黄金规则的功能主要是矫正或补正文义规则的不足,其适用存在一定的界限,适用的结果不能使法律文本的字面意义超出法律文本本身所可能涵盖的范围。⑤ 而目的规则的运用,首先要探寻立法机关制定法律时所期冀实现的立法意图,以立法者的立法目的为指导原则,阐释法律条文的目的含义,以有效实现立法目的达到立法效果。解释者在解释法律的过程中,如果发现法律条文存在明显的缺陷或漏洞,可不必拘泥于法律文本的字面含义,甚至可以以解释的方式加以补正。法院适用文义规则时的自由裁量空间较小,适用黄金规则时的自由裁量空间稍大,而适用目的规则时具有更大的自由裁量空间,每个法官对每项立法背后的目的可以作出"仁者见仁,智者见智"的判断。在阐释立法目的时,法官可考虑的因素包括政治、经济、文化、社会等因素,远非法律条文本身所能涵盖。而在司法实践中,对于每个具体的案情究竟该运用何种法律解释规则,并无统一的规定和明确的标准。总而言之,理论上应该以文义规则作为法律解释的首选和原则,如果适用文义规则会造成不公正不合理的结果,再考虑其他

---

① River Wear Commissioners v. Adamson(1887).
② 陈弘毅:《当代西方法律解释学初探》,载梁治平编:《法律解释问题》,法律出版社1998年版,第7页。
③ 陈弘毅:《当代西方法律解释学初探》,载梁治平编:《法律解释问题》,法律出版社1998年版,第7页。
④ 李纬华:《香港特别行政区法院基本法解释规则——以六件香港永久性居民界定案件的判决为中心》,载《法律适用》2011年第4期。
⑤ 李纬华:《香港特别行政区法院基本法解释规则——以六件香港永久性居民界定案件的判决为中心》,载《法律适用》2011年第4期。

解释方法作为救济手段。①

英美法系的法官对于案件中法律的解释，具有相当的弹性，不像数学公式有绝对的标准答案。人类语言存在天生的差别，很难以简单的文字充分表达其内心真正的意图。② 从学理上讲，在解释基本法时，要遵从这三种基本的解释规则，而文义规则是最客观公正的，不带有任何的个人偏好。正如潘恩所言，当我们还受到某种突出的偏爱的影响的时候，我们就决不能予人以公正的评价，同样地，当我们还受到任何顽固的偏见的束缚的时候，我们也就不能对自己作出公平的论断。③ 根据内地的法律制度，法律解释与法律修改不同。从性质上讲，法律解释是对法律含义的阐述，不是创设新的法律规范，也不删减法律规范。法律修改是改变法律规范。从功能上讲，根据我国《立法法》的规定，适用法律解释的情况只有两种：一种情况是法律所规定的内容需要更深一层地明确规定的具体含义；另外一种情况是一些新的情况出现在法律制定之后，需要明确这些新情况所应当适用的法律法规。法律解释不创制新的规则，只是对原有含义的明确。④ 下图表为基本法的释法规则：

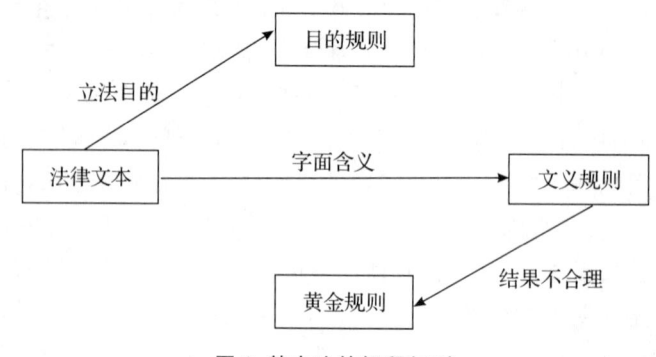

图 8：基本法的解释规则

---

① 黄江天：《香港基本法的法律解释研究》，三联书店（香港）有限公司 2004 年版，第 41～42 页。

② 黄江天：《香港基本法的法律解释研究》，三联书店（香港）有限公司 2004 年版，第 37 页。

③ ［英］托马斯·潘恩：《潘恩选集》，马清槐等译，商务印书馆 1981 年版，第 9 页。

④ 乔晓阳：《从"一国两制"的高度看待释法的必要性与合法性》，载《文汇报》（香港）2004 年 4 月 9 日。这是乔晓阳于 2004 年 4 月 8 日在香港各界座谈会上的讲话全文，乔晓阳时任全国人大常委会副秘书长。转引自中央人民政府驻香港特别行政区联络办公室编：《关于香港问题的政策性论述》（"一国两制"系列资料第三辑），2007 年版，第 112 页。

全国人大常委会对《香港基本法》的四次释法都以"关于……的解释"的形式出现,这有别于其"关于……的决定"的行为。全国人大常委会的"决定"一般分为两种:一种是修改、完善法律的决定,比如全国人大常委会《关于修改〈中华人民共和国商业银行法〉的决定》;一种是法律性问题的决定,比如全国人大常委会《关于根据〈中华人民共和国香港特别行政区基本法〉第一百六十条处理香港原有法律的决定》。修改法律的决定属于立法行为,可以创设、补充、修改法律规范;法律性问题的决定是依据法律规定,在全国人大常委会职权范围内对某一特定事项作出决策或者处理的行为,不能创设新的法律规范,也不能补充、修改原有的法律规范。第十届全国人民代表大会常务委员会第九次会议审议通过了《关于香港特别行政区 2007 年行政长官和 2008 年立法会产生办法有关问题的决定》。这个"决定"属于依据基本法规定对香港政制发展问题所作出的一种处理,不是一种制定法律的行为,更不是"释法",没有对法律规定的含义作进一步明确的功能。[①] 法律解释与修改法律不同,法律解释不能改变法律的原有规定,只能在原有规定的范围内,使原有规定的含义进一步明确和具体化,或者明确原有规定能够涵盖新出现的情况。修改法律则是改变原有法律的规定,或者在原有法律规定之外增加新的内容。法律解释在一定意义上说,也使原有法律规定增加了新的内容,但这种新的内容是原有规定能够包含的,没有超出原有规定的范围。法律解释对于法律的正确理解和实施,有着重要的意义。[②] 2000 年 3 月 15 日,第九届全国人民代表大会第三次会议通过的《中华人民共和国立法法》对法律解释作了规定。依照该法第 42 条的规定,适用法律解释的情况只有两种:一种情况是一些新的情况出现在法律制定之后,需要明确这些新情况所应当适用的法律法规;另外一种情况是法律所规定的内容需要更深一层地明确规定的具体含义。

[①] 乔晓阳:《探求香港政制发展正确之路》,载《文汇报》(香港)2004 年 4 月 27 日。这是乔晓阳 2004 年 4 月 26 日在"全国人大常委会关于香港特区 2007 年行政长官和 2008 年立法会产生办法有关问题的决定座谈会"上的发言,乔晓阳时任全国人大常委会副秘书长。转引自中央人民政府驻香港特别行政区联络办公室编:《关于香港问题的政策性论述》("一国两制"系列资料第三辑),2007 年版,第 122 页。

[②] 王世瑚:《香港基本法与全国人大常委会的解释权》,载肖蔚云、饶戈平主编:《论香港基本法的三年实践》,法律出版社 2001 年版,第 70~71 页。

第二节 香港终审法院解释基本法

虽然回归前后,香港法院都有权解释法律,但就解释基本法而言,其解释法律权力的性质发生了根本变化。① 回归前香港法院所解释的法律,都是一般法律,而不是宪制性的法律,而且最终的解释权还在英国枢密院司法委员会。从理论上来讲,回归后香港特别行政区终审法院解释基本法不是法院的"原始"权力,而是基于被授权而进行的解释活动。

一、终审法院释法的特点

香港地区因为历史原因与内地是两个不同的法域,法律意识、法律传统和法律制度存在着差异,在香港回归前关于法律的解释制度,主要是法官解释法律,即司法解释,是否存在立法解释则存在争议。香港地区属于普通法地区,根据普通法的理解,香港没有立法解释,而法律解释权属于法院。香港大学陈弘毅教授在《香港法制与基本法》的著述中认为,立法机关握有立法权,但是没有解释法律的权力,解释法律是法院的任务,在香港,司法解释才是唯一正式的法律解释。② 香港特区的各级法院,由于其审级不同,管辖权的大小不同,其解释权的法律效力也不同,只有香港终审法院的解释具有普遍约束力。③《香港基本法》中涉及香港终审法院释法的条款主要体现在第158条。该条第1款规定:"本法的解释权属于全国人民代表大会常务委员会。"该款清晰地表明了全国人大常委会是基本法解释权的最终拥有者。

---

① 季奎明认为,香港各级法院所作出的解释是司法解释,程序沿袭普通法的历史传统。香港采用普通法制度,司法机关则在处理具体案件时对案件所涉及的法律进行司法解释。司法解释必须从具体案件中产生,不能抽象性、原则性地解释法律。香港依据普通法的制度,法院对现成法律的解释是至高无上的,最具权威性的,一切法律的解释都以法院的解释为准。季奎明:《香港基本法的解释权——刍议全国人大常委会和香港法院在基本法解释上的关系》,载《甘肃政法学院学报》2006年5月。

② 张云秀:《浅谈法律解释》,载肖蔚云、饶戈平主编:《论香港基本法的三年实践》,法律出版社2001年版,第78~79页。

③ 张云秀:《浅谈法律解释》,载肖蔚云、饶戈平主编:《论香港基本法的三年实践》,法律出版社2001年版,第80页。

该条第 2 款规定:"全国人民代表大会常务委员会授权香港特别行政区法院在审理案件时对本法关于香港特别行政区自治范围内的条款自行解释。"由全国人大常委会授权香港特别行政区法院在审理案件时解释基本法的条款,体现了"两制"的要求。① 这一款主要包含以下几层意思:(1)香港法院解释基本法的权力源自主权者授予,不是香港法院固有的。(2)香港法院解释基本法的时间节点是在审理案件时。(3)香港法院解释基本法的对象是自治范围内的条款。(4)香港法院对自治范围内的条款可以自行解释。然而,香港学者佳日思教授指出,香港法院解释基本法的权力有限制,只能在诉讼过程中行使。全国人大常委会授权香港法院对自治范围内的条款自行解释。这似乎没有通过条文正式授权的必要,该条文本身有足够的权威实现自行解释的目的。② 正如"香港特别行政区法院在审理案件时对本法的其他条款也可以解释"一样,也没有写明来自全国人大常委会的授权。③ 笔者认为,佳日思教授关于"全国人大常委会授权香港法院对自治范围内条款自行解释似乎没有必要"的观点有一定道理,因为香港的"高度自治权"本身就是中央授予的,基于"高度自治"而产生的独立司法权、终审权与基本法解释权都包含其中。但这个规定也有其蕴含的价值理念:其一,在《香港基本法》第 158 条中充满了辩证法,贯彻了原则性与灵活性相结合的原则,即体现了"一国"又尊重了"两制"。其二,在《香港基本法》的其他条款中,没有这么集中的体现"授权—限定—制衡"的机制。其三,法律的生命在于实施,而解释法律意在更好地实施法律。该条款正是香港基本法中关于法律解释的最重要条款。

该条第 3 款规定了香港法院对香港基本法的解释权,以及终审法院在何种情况下应请全国人大常委会对香港基本法作出解释。总的来说,香港法院

---

① 国务院发展研究中心港澳研究所:《香港基本法读本》,商务印书馆 2009 年版,第 259~260 页。

② Yash Ghai, *Hong Kong's New Constitutional Order—The Resumption of Chinese Sovereignty and the Basic Law*, Hong Kong University Press, 2000, p. 198.《香港基本法》第 158 条第 2 款规定:"全国人民代表大会常务委员会授权香港特别行政区法院在审理案件时对本法关于香港特别行政区自治范围内的条款自行解释。"Yash Ghai 认为,该条款只需写明"香港特别行政区法院在审理案件时对本法关于香港特别行政区自治范围内的条款自行解释"即可,而无须在之前加上"全国人民代表大会常务委员会授权"的字样。

③ Yash Ghai, *Hong Kong's New Constitutional Order—The Resumption of Chinese Sovereignty and the Basic Law*, Hong Kong University Press, 2000, p. 198.

在审理案件时,对自治范围的条款可以自行解释,而对自治范围之外的其他条款也可以解释。但是当出现某种特殊情形时,香港终审法院应提请全国人大常委会释法。而一旦全国人大常委会对香港基本法作出解释,则该解释具有最高的权威性,香港特区法院应该以全国人大常委会的释法为准。然而,全国人大常委会的释法并无溯及力,不能以释法的方式否定或者推翻终审法院在全国人大常委会释法之前所作出的判决。这一款主要包含以下几层意思:(1)除自治范围内的条款可以自行解释外,对自治范围外的条款也可以解释,但这种解释不属于"自行解释"。(2)在出现以下情形时,终审法院应请全国人大常委会作出解释:①涉及中央人民政府管理的事务或中央和香港特区关系的条款;②解释该条款会影响到案件的判决结果;③要在作出终局判决前提请解释。(3)全国人大常委会可以作出解释,也可以不作出解释。如果作出解释,应以全国人大常委会的解释为准。(4)全国人大常委会的解释对解释之前作出的判决无溯及力。

该条第 4 款规定:"全国人民代表大会常务委员会在对本法进行解释前,征询其所属的香港特别行政区基本法委员会①的意见。"该款准确地说,是全国人大常委会释法的法定程序,是基本法委员会对全国人大释法的介入。

根据香港法院"自治范围内的条款自行解释"和"对本法的其他条款也可解释"的规定,可以看出,这种特别规定实际上使得香港特别行政区法院对基本法的所有条款都可以解释,②由于香港法院的基本法解释权是全国人大常委会授予的,因此,基本法的最终解释权属于全国人大常委会。这符合中国和其他成文宪法国家的实践。由于全国人大常委会享有基本法的解释权,对基本法关于香港特区自治范围以及非自治范围的条文均有权解释。全国人大常

---

① 1990 年 4 月 4 日,第七届全国人大第三次会议通过《香港基本法》时,还通过了《全国人民代表大会关于批准香港特别行政区基本法起草委员会关于设立全国人民代表大会常务委员会香港特别行政区基本法委员会的建议的决定》。香港特区基本法委员会的组成、地位及职责由全国人大常委会决定,它是设在全国人大常委会之下的一个 12 人工作机构,由内地人士及香港人士各 6 人组成。

② 徐静琳认为,香港特区法院的解释属于司法解释,发生于诉讼案件中,是法官针对个案所涉及的基本法条款所进行的解释,一般较具体,以判决书的形式予以体现。采用普通法解释规则,探究立法意图,以"按文释义规则"、"金科玉律规则"和"补偏救弊规则"等规则理解和说明法律条款。徐静琳:《从"居港权"争讼案看香港基本法的司法解释》,载《法治论丛》2003 年第 1 期。

委会授权香港特区各级法院对基本法关于香港特区自治范围的条文自行解释,对非自治范围的条文也可以进行解释,但在作出终审判决前,应通过终审法院提请全国人大常委会解释。① 这种释法体制的实质完全符合中国的宪政体制。只是在未来修改《香港基本法》时应明确全国人大常委会享有基本法最终解释权,以区别于香港法院的基本法解释权。

综而观之,所谓一事物的特点,是区别于其他事物的显著特性。香港终审法院解释基本法具有如下特点:时机固定性、释法被动性、对象有限性、效力未定性、形式司法性。具体而言,时机固定性是指香港法院释法只能发生在审理具体案时;释法被动性也是因为只有被"案件"激活才能释法;对象有限性是指不能解释"中央人民政府管理的事务或中央和香港特区关系的条款";效力未定性是指在提请人大常委会释法后,香港法院释法是具有普遍效力还是个案效力,需要等待人大常委会的最终释法结果;形式司法性是指受普通法法律解释的影响,往往带有司法的特点。在与全国人大常委会释法的比较中,以下图表示:

表 9:全国人大常委会与终审法院释法的特点比较

	全国人大常委会解释基本法	香港终审法院解释基本法
释法时机	认为必要时或者提请释法时	审理案件时
启动机制	主动性与被动性兼具	被动性
释法对象	针对所有条款	主要针对自治条款
释法效力	对今后具有普遍效力	若没被人大释法否定,则具普遍效力;若被人大释法否定,则仅具个案效力。
释法形式	"关于……的解释"	"关于……的判决"

二、法院释法程序的缺失

实践中,香港终审法院在解释法律前,法官要听取当事人的意见;作出解释时,要阐述这样解释的理由,必要时阐述采纳或不采纳当事人意见的理由。香港法院的释法是由于案件双方当事人提出诉讼程序启动的,也就是说法院

---

① 黄江天:《香港基本法的法律解释研究》,三联书店(香港)有限公司 2004 年版,第 37 页。

解释法律具有被动性。① 香港终审法院的释法只能在审理案件中进行,而全国人大常委会对基本法的解释可以在非诉讼中进行,也可以经终审法院提请后在诉讼中进行。

香港学者朱国斌教授认为,《香港基本法》第158条主观上解决了实体法上的解释权及其分配问题,但它对于全国人大常委会解释基本法的具体程序和香港法院解释基本法的具体程序并没有作出特别的规定。② 一个不可回避的问题是,是否全国人大常委会和香港法院都可以按照各自的法律解释程序解释基本法? 除了《香港基本法》第158条的安排,全国人大及其常委会没有通过任何关于全国人大常委会解释基本法的规定或程序性指引。而要求全国人大及其常委会就基本法解释程序为香港法院设置一套特别程序并不符合基本法本来的立法意旨(参见《香港基本法》第2条和第19条第2款)。而《香港基本法》第158条关于终审法院"提请"全国人大释法的解释程序缺乏相关保障和补救机制。这给未来的解释冲突埋下了伏笔。③

如前所述,就如何启动香港终审法院提请全国人大常委会释法程序问题,《香港基本法》第158条第3款规定的程序要件包括以下几点:第一,提请释法主体。在香港各级法院中,有权提请全国人大常委会解释香港基本法的主体是香港终审法院,此外香港其他各级法院均没有提请权。第二,释法的提请时间。终审法院提请全国人大常委会解释香港基本法的时间有明确的规定,只能在审理案件时且必须在作出终局判决前提出。第三,提请释法的程序。香港基本法没有明文规定终审法院该如何提请释法,终审法院认为须由律政司司长通过外交部驻香港特别行政区特派员公署提请释法,诉讼任何一方在临时判决宣告后7天内可以书面形式就释法程序提出意见。④ 在提请释法之前,终审法院要弄清楚哪些条款是须解释的主要条款,即案件中什么条款是必须解释的。从案件的实质内容来看,哪些条款是主要条款;而从案件须解决的"解释"问题来看,哪些条款又是主要条款。从须解决的解释问题的角度去看待案件,注意查明分析案件中有待解释的关键词语是否属于某一或某些除外

---

① 刘燕燕:《〈香港基本法〉第158条的完善》,暨南大学2011年硕士学位论文。
② 朱国斌:《香港基本法第158条与立法解释》,载《法学研究》2008年第2期。
③ 朱国斌:《香港基本法第158条与立法解释》,载《法学研究》2008年第2期。
④ 董立坤、张淑钿、陈虹:《香港特区法院对涉及国家行为的案件无管辖权——兼论香港特区法院对刚果(金)案的管辖权》,载《港澳基本法研究通讯》2011年第4期。

条款。

　　分析基本法的条款不能单一地看，有可能某一自治范围的条款要受到基本法其他条款的约束。不要求案件涉及的全部法律问题都会受到全国人大常委会解释的影响，只要案件的某一方面将受到影响即已足够。如果符合"必要标准"，终审法院必须将解释基本法的问题提交全国人大常委会，只有在有关条款的解释对判决案件是决定性的或对案件的结果具有实质性决定作用的情况下，才符合"必要标准"。如果某一条款的含义是清楚的、不含糊的以及毫无疑问的，则没有必要解释该条款。只有出现真正的"解释"问题时，即该问题是有争议的时候，才应该提交全国人大常委会。终审法院负有宪法性义务，将除外条款的问题提交全国人大常委会解释。提请全国人大常委会作出解释的基准。任何有关决定均只应在下列情况下作出：如果案件最终判决时法院对这些条款的解释将成为案件判决理由的关键部分；相当急切的情况，如不即时采取行动，便会损害香港特区；提请全国人大常委会作出解释，须以当前事宜为限；不得违反法治；不应损害司法独立。

　　如果下级法院在审理案件中，发现需要解释的条款涉及"中央人民政府管理的事务或中央与特区的关系"，则应当中止程序。"港英时期"，香港法院所解释的法律，都是一般法律，而不是宪制性的法律，而且最终的解释权还在英国枢密院司法委员会。陈弘毅教授认为，香港特区终审法院提请全国人大常委会解释，首先，法院应该指出案件中哪些条款需要解释，并列出这些条款的清单。这一步需要指出哪些是有关基本法的条款；如果案件最终判决时法院对这些条款的解释将成为案件判决理由的关键部分，或案件的结果是取决于这些条款的解释的。(此即必要条件)其次，法院应该决定这些条款是否是除外条款。如果任何一条是，则法院应该提请全国人大常委会解释该条款。(此即分类条件)终审法院在审理"范围之内条款"时，如果在规范上涉及"范围之外条款"，则应提请全国人大释法。①

　　陈弘毅教授进一步指出，"必要条件"和"分类条件"的顺序很重要。从逻辑上说，在讨论"分类条件"之前必须先解决"必要条件"的问题。这是因为分类条件是涉及也仅仅涉及决定《香港基本法》的某一特定条款是否是除外条款。然而，在法院通过"必要条件"指出《香港基本法》中哪些特定条款需要在

---

① 陈弘毅：《终审法院对"无证儿童"案的判决：对适用〈基本法〉第158条的质疑》，载佳日思：《居港权引发的宪法争论》，香港大学出版社2000年版，第115页。

案件中予以解释（而其解释又会影响到案件的判决）之前，法院根本没有什么东西可以分类。一旦决定了哪些条款法院需要解释而该条款的解释又将影响案件的判决，法院就应该决定这些条款是否属于除外条款。这里"条款"并不需要是整个条款，可以是条款中的一个段落、一个句子或一个词汇。①

《香港基本法》第158条并没有规定在终审法院没有提请解释即作出不可上诉的判决，同时该判决又与香港基本法的目的冲突时的解决机制。香港特区政府提请全国人大常委会进行解释的方式"或许不是最好的制度或者不是好制度。然而，只要这个制度存在一天，人们就应该按照这个制度行事一天。诚然，守法、合法并不等于法治，但依法办事是法治的基本要求"。全国人大常委会行使解释权正是根据《香港基本法》第158条所确立的立法解释与司法解释并存，立法解释高于司法解释的核心理念而为的，并没有违反法定程序。②当然，也有学者认为香港法院的释法程序无太多争议，③但笔者认为，对于维护香港的法治而言，香港法院的释法程序仍有诸多需要完善的地方。在基本法解释程序得到完善之前，严格依照现有制度进行释法，也许是当前最好的选择。

三、终审法院释法的规限

1997年以来，香港法院释法的次数有很大的增加，范围也有所扩大。香港特别行政区前律政司司长梁爱诗曾经表示，回归后，基本法有超过1/3的条文已经经过香港法院的解释。④ 如果是1/3的基本法正文条款，那就是53个条款（截至2005年5月）。这样，香港特别行政区法院平均每年解释基本法6个多条款，亦即香港特别行政区法院释法平均2个月就要进行1次。而1997

---

① 陈弘毅：《终审法院对"无证儿童"案的判决：对适用〈基本法〉第158条的质疑》，载佳日思：《居港权引发的宪法争论》，香港大学出版社2000年版，第116页。

② 湛中乐、陈聪：《论香港的司法审查制度——香港"居留权"案件透视》，载《比较法研究》2001年第2期。

③ 上官丕亮认为，根据《香港基本法》和《澳门基本法》的规定，基本法的解释有两种：一种是全国人大常委会的解释，另一种是特别行政区法院的解释。后者是法院在审理案件适用法律时的解释，其解释程序在实践中没有太多的争议。上官丕亮：《论全国人大常委会解释基本法的程序》，载《山东社会科学》2008年第10期。

④ 梁爱诗：《基本法争议难预知》，载《文汇报》（香港）2005年5月5日。

年回归至今,全国人大常委会仅仅作出 3 次释法,只是对 4 个条款进行过解释。① 加上由"刚果(金)案"引发的人大释法(2011 年 8 月 26 日)共为 4 次。

在香港基本法起草过程中,一些委员认为,法院在审理案件时解释香港基本法不应受到限制,主张将规定中的"属于香港特别行政区自治权范围内的条款"一语去掉。但另一些委员不同意此项意见,主张保留。在研究了两组法律专家提出的解决方案后,有些委员认为,目前的方案也还不能解决法院解释香港基本法是否应有一个范围的问题。有些委员认为,全国人民代表大会常务委员会对香港基本法所作的解释在一般情况下不影响在此以前法院作出的判决,但是否也有某种例外的情况,那么法院解释基本法的范围限制就可以取消。但有些委员认为,这样做对法院审理案件会造成技术性困难。也有委员提出,如果全国人民代表大会常务委员会的解释有溯及力,是否会影响香港特别行政区法院的终审权。② 笔者认为,如果全国人大常委会的释法有溯及力当然会影响终审法院的终审权,只能通过香港基本法来完善全国人大释法与法院释法的关系,并对终审法院的释法依法加以规限,才能维护香港法院的终审权。

在一系列案件中,终审法院认为,香港特区法院行使独立司法权时,其中一项基本职能是解释法律,包括解释《香港基本法》,但此项职能受制于《香港基本法》第 158 条第 3 款对终审法院就"自治范围之外的条款"行使管辖权的规限,以及受全国人大常委会根据《香港基本法》第 158 条而作出的解释的约束。除受上述事宜规限外,解释法律便属法院的事务,此乃特区法院获授予独立司法权的必然结果。③ 根据《香港基本法》第 158 条的规定,基本法解释权属于全国人大常委会,然而能否由此推论,全国人大常委会对基本法解释权可以理解为是一种"名义上的解释权"呢?答案显然是否定的。因为,根据《香港基本法》第 158 条第 3 款的规定,对有关中央人民政府管理的事务或中央和香

---

① 国务院发展研究中心港澳研究所:《香港基本法读本》,商务印书馆 2009 年版,第 261 页。

② 《中央与香港特别行政区的关系专题小组工作报告》(1987 年 8 月 22 日),载香港特别行政区起草委员会秘书处编印:《中华人民共和国香港特别行政区基本法起草委员会第五次全体会议文件汇编》,第 7~9 页。

③ 黄江天:《香港基本法的法律解释研究》,三联书店(香港)有限公司 2004 年版,第 368 页。

港特区关系的条款,全国人大常委会拥有最终的解释权。① 但全国人大常委会不可能经常释法,而终审法院却整天按自己的理解去解释《香港基本法》,实质解释权是在终审法院手里。当终审法院的理解和全国人大常委会的理解不同时,就会出现两个解释。如果全国人大常委会觉得终审法院的解释不准确,它应该采取措施补救,否则就等于认同终审法院的解释了。②

在庄丰源案中,终审法院的判决,除了将引起内地孕妇来香港产子潮之外,还有更严重的后果,就是破坏了全国人大常委会对香港法院的信任。③ 可以说,终审法院的判决,明显是在挑战全国人大常委会的权威。因为1999年的释法,清楚地表明筹委会在1996年通过的"意见",体现了《香港基本法》第24条第2款的立法原意,而当年的释法,也是由于当时的终审法院不承认筹委会的"意见"具有法律约束力才出现的。全国人大常委会的释法承认筹委会的"意见",终审法院坚决不承认,这就是全国人大法工委发言人所指出的,这次终审法院的判决和1999年全国人大常委会的释法不尽一致。而社会关注的是既然"不尽一致",那么全国人大常委会将怎样处理?④ 按照《香港基本法》的规定,律政司将会根据终审法院的判决,尽快修订香港的《入境条例》,然后提交全国人大常委会备案。那全国人大常委会会否因为法定的法例发回重议?⑤ 这是对全国人大常委会的一次考验!⑥

全国人大常委会于1999年6月26日通过关于《〈香港基本法〉第22条第4款和第24条第2款第(三)项的解释》,该解释对如何理解香港基本法的立

---

① 林来梵:《螳螂捕蝉,黄雀在后?——试论基本法解释制度的法律机制》,载《剩余的断想》,中国法制出版社2007年版,第33页。

② 黄江天:《香港基本法的法律解释研究》,三联书店(香港)有限公司2004年版,第376页。

③ 马力:《破坏人大对法院信任》,载《明报》(香港)2001年7月24日。

④ 黄江天:《香港基本法的法律解释研究》,三联书店(香港)有限公司2004年版,第376页。

⑤ 《香港基本法》第17条规定:"全国人民代表大会常务委员会在征询其所属的香港特别行政区基本法委员会后,如认为香港特别行政区立法机关制定的任何法律不符合本法关于中央管理的事务及中央和香港特别行政区的关系的条款,可将有关法律发回,但不作修改。经全国人民代表大会常务委员会发回的法律立即失效。该法律的失效,除香港特别行政区的法律另有规定外,无溯及力。"

⑥ 黄江天:《香港基本法的法律解释研究》,三联书店(香港)有限公司2004年版,第376页。

法原意作出了概括性表述,明确指出了该次解释所阐明的立法原意,以及关于如何认定在港居民是否属于"香港永久性居民"所涉款项的立法原意,已体现在1996年8月10日香港特区筹委会第四次全体会议通过的《关于实施〈香港基本法〉第24条第2款的意见》中。根据我国《立法法》第47条的规定,全国人民代表大会常务委员会的法律解释同法律具有同等效力。由于普通法与大陆法对"释法"和"修法"有不同的定义。全国人大及其常委会认为它自己是在释法,香港法律界和民主派却认为它是在修法,但有没有依照《香港基本法》第159条的修法程序来做,这便是释法争议的症结所在。而解开这一症结的制度设计,便是对终审法院释法的规限,而这一规限主要体现在《香港基本法》第158条。香港终审法院提请全国人大常委会对基本法条款作出解释须具备几项条件:(1)在审理案件过程中,在作出不可上诉的终局判决之前;(2)需要解释有关中央管理事务和央港关系条款;(3)解释该条款会影响案件判决。具体而言,该规定对终审法院释法的规限既包含程序上的规限,也包含实体上的规限。程序上的规限主要体现为作出终局判决前,提请全国人大常委会释法;实体上的规限主要体现为涉及中央管理事务或中央与特区关系条款的最终解释权在全国人大常委会。

第三节 全国人大常委会四次释法

法律解释在法律实践中具有重要的地位,法律解释理论一直也为法学家们所热衷。但中国法学界开始重视法律解释的研究却是最近几年的事,且对法律解释问题研究的一个不足是对法律解释问题的讨论集中于法哲学、法社会学层面,以及在法律解释实践过程中出现的问题,而鲜有在宪制层面探讨这个问题。[1] 全国人大常委会解释基本法对中国法学界无疑是一种刺激,刺激法学界从宪制角度思考中国法律解释体制存在的问题。[2] 在《香港基本法》确立的香港新宪制架构下,两种完全不同的法律理念在相互作用刚刚产生的初

---

[1] 黄江天:《香港基本法的法律解释研究》,三联书店(香港)有限公司2004年版,第380页。

[2] 温红石:《全国人大常委会解释基本法对中国法制的影响》,载《信报》(香港)1999年6月28日。

期会出现一些模糊的概念,宪制性成例有待建立的阶段,出现诉讼是不可避免的。① 而诉讼的出现必然伴随着对基本法的解释。全国人民代表大会常务委员会拥有对香港基本法的解释权,是指凡需对香港基本法有关条文,主要是基本法自治范围外条款的具体含义予以明确界定时,应由全国人民代表大会常务委员会作出解释。全国人大常委会在解释香港基本法时,并不涉及如何处理某一具体案件的问题。② 本小节主要分析全国人大常委会对香港基本法四次释法的背景、程序、条款等。

一、1999 年 6 月 26 日释法

释法案由:吴嘉玲诉入境处处长案。

释法背景:鉴于国务院提交全国人大常委会的议案中提出的问题,涉及香港终审法院 1999 年 1 月 29 日的判决对《香港基本法》有关条款的解释,该有关条款涉及中央管理的事务和中央与香港特别行政区的关系,终审法院在判决前没有依照《香港基本法》第 158 条第 3 款的规定请全国人大常委会作出解释,而终审法院的解释又不符合立法原意。

释法程序:行政长官向国务院提交报告,国务院提请全国人大常委会释法,全国人大常委会经征询香港基本法委员会的意见而作出。

启动机制③:全国人大常委会被动释法。

释法依据:《宪法》第 67 条第(四)项和《香港基本法》第 158 条第 1 款。

释法条款:《香港基本法》第 22 条第 4 款、第 24 条第 2 款第(三)项。

释法内容:(1)明确了"中国其他地区的人进入香港须办理批准手续"的含义。具体是指中国的各省、自治区、直辖市的人,也包含香港永久居民在内地所生的中国籍子女,若要求进入香港地区,不论何种事由,都必须依照中华人民共和国有关法律、行政法规的规定,向申请人所在地的有关机关提出赴港申

---

① 徐复雄:《论基本法确立的香港新宪制架构》,载肖蔚云、饶戈平主编:《论香港基本法的三年实践》,法律出版社 2001 年版,第 18~19 页。
② 杨静辉、李祥琴:《港澳基本法比较研究》,北京大学出版社 1997 年版,第 154 页。
③ 参照胡锦光教授的观点,被动的事后审查是指经法定提请人的提请之后,由违宪审查机关所进行的审查。笔者区分全国人大常委会的释法属于被动还是主动,主要看释法是否经过法定提请人提请。如果经过法定提请人提请,则全国人大常委会释法为被动释法,否则为主动释法。胡锦光主编:《违宪审查比较研究》,中国人民大学出版社 2006 年版,第 336 页。

请,经有关机关批准并获得有关机关制发的有效证件之后,才能进入香港地区。以上所述的要求赴港人员,如果未按照中华人民共和国有关法律、行政法规的规定办理入港手续,而以其他途径进入香港的,属于非法入港,不能取得香港永久性居民资格。(2)明确了如何认定"香港永久性居民"。该释法指出,《香港基本法》第24条第2款前3项所规定的"香港特别行政区永久性居民"为①在香港特区成立之前或之后在港出生;②在港通常居住连续7年以上;③前2项居民在港外所生的子女;④本人出生时,父母双方或一方须是香港永久性居民;⑤均要求为中国公民。(3)该解释对如何理解基本法的立法原意以及关于如何认定"香港永久性居民"的立法原意作出了概括性表述。明确指出了本次解释所阐明的立法原意,以及关于如何认定在港居民是否属于"香港永久性居民"所涉款项的立法原意,已体现在1996年8月10日香港特区筹委会第四次全体会议通过的《关于实施〈香港特别行政区基本法〉第24条第2款的意见》当中。

释法影响:全国人大常委会释法之后,香港法院应以本解释为准。但该释法不会影响到香港终审法院于1999年1月29日对有关居港权案件判决中所涉及的诉讼当事人因生效判决所获得的香港居留权。至于在该次全国人大常委会释法之后,其他任何人是否符合《香港基本法》第24条第2款第(三)项规定的条件,均须以本解释为准。

释法简评:全国人大常委会第一次对香港基本法进行解释,是在1999年6月26日作出的。由于香港终审法院对香港基本法有关条款作出了错误解释,如果全国人大常委会不释法的话,可能导致香港特别行政区遇到不可承受的人口压力,而且可能严重影响特别行政区的出入境管制秩序。由于香港特别行政区直辖于中央人民政府,行政长官要对中央人民政府负责,国务院对贯彻实施香港基本法负有宪制责任,因此,国务院提请全国人大常委会解释香港基本法应属通常情况。[①] 这次释法是由行政长官向中央提出的。可见,香港基本法对其解释权的有关规定,把内地由全国人大常委会解释法律的制度和香港由法院解释法律的制度融合在一起,充分照顾了香港实行普通法制度的实际情况,同时又与中国的法律解释制度相一致,是"两制"与"一国"相结合的

---

① 国务院发展研究中心港澳研究所:《香港基本法读本》,商务印书馆2009年版,第254~255页。

典范,是合情合理的。① 在这次人大释法中,终审法院没有主动提请全国人大常委会释法,显然是不合适的,涉及中央管辖的事务或中央与特区关系的条款,终审法院有责任提请全国人大常委会释法。从此次全国人大常委会释法的精神来看,终审法院在审理案件中,若涉及中央管辖的事务或中央与特区关系的条款,如果能够作出符合立法原意的解释,也许不需要请全国人大常委会释法。

二、2004 年 4 月 6 日释法

释法案由:无

释法背景:《香港基本法》关于香港政治体制的规定,是根据"一国两制"的原则和国家对香港的一系列方针政策确定的,遵循从实际出发、循序渐进的方针推动香港政制稳定健康发展。其中,《香港基本法》在其"附件一"和"附件二"中关于"行政长官的产生办法和立法会的产生办法"的有关规定,就是这种方针政策的具体体现。《香港基本法》"附件一"第 7 条规定了 2007 年以后各任行政长官的产生办法的修改程序。共有 3 项:(1)须经香港立法会全体议员 2/3 多数通过;(2)须征得行政长官的同意;(3)须报全国人大常委会批准才能生效。《香港基本法》"附件二"第 3 条规定了 2007 年以后香港特区立法会的产生办法和法案、议案的表决程序,如果需要修改该产生办法和表决程序,须按以下 3 项程序进行修改:(1)须经立法会全体议员 2/3 多数通过;(2)须征得行政长官的同意;(3)须报全国人大常委会备案。

释法程序:并非由终审法院、行政长官或国务院提请人大常委会释法。

启动机制:全国人大常委会主动释法。

释法依据:《宪法》第 67 条第(四)项和《香港基本法》第 158 条第 1 款。

释法条款:《香港基本法》"附件一"第 7 条和"附件二"第 3 条。

释法内容:该次全国人大常委会对香港基本法的解释,主要涉及以下几个方面内容:(1)解决了新任行政长官的产生时间问题。该次全国人大常委会释法明确了"2007 年以后"的准确含义,包含 2007 年。(2)明确了关于 2007 年以后各任行政长官的产生办法和立法会的产生办法及法案、议案及表决程序"如需"修改中"如需"的具体含义。该次释法指出,"如需"是指可修改或可不

---

① 国务院发展研究中心港澳研究所:《香港基本法读本》,商务印书馆 2009 年版,第 259~260 页。

改。(3)明确了修改以上规定的必经程序的含义及效力。该次释法指出,批准或备案是修改以上规定的必经法律程序,只有经过全国人大常委会依法批准或者备案,有关的修改内容方可生效。(4)明确了如何理解"是否需要进行修改"的具体含义。该次释法指出,是否需要修改,应由行政长官向全国人大常委会提出报告,全国人大常委会依据香港基本法的有关条款,根据香港特区的实际情况和循序渐进的原则确定。修改行政长官产生办法和立法会产生办法及立法会法案、议案表决程序的法案及其修正案,应由香港特区政府向立法会提出。(5)明确了如果对2007年以后各任行政长官的产生办法和立法会的产生办法及法案议案表决程序不作修改的处理办法。释法指出,如果对上述规定不作修改,则行政长官的产生办法仍然适用《香港基本法》"附件一"中的有关行政长官产生办法的规定;立法会的产生办法及法案议案的表决程序仍然适用《香港基本法》"附件二"中关于第三届立法会产生办法等有关规定。

释法影响:此次释法后不久,时任香港特别行政区行政长官董建华先生提交了《关于香港特区2007年行政长官和2008年立法会产生办法是否需要修改的报告》,董建华先生提交报告后,征求了全国人民代表大会常务委员会、香港特区全国人大代表和全国政协委员、香港特区政制发展专责小组、全国人大常委会香港基本法委员会中的香港委员、国务院港澳办以及香港各界人士的意见。2004年4月26日,第十届全国人民代表大会常务委员会第九次会议表决通过了《关于香港2007年行政长官和2008年立法会产生办法有关问题的决定》。全国人大常委会的决定指出,2007年第三任香港特首的选举不实行普选。2008年香港第四届立法会的选举,不实行全部议员由普选产生的办法。该决定还指出,香港立法会中功能团体和分区直选产生的议员的比例维持不变,各占半数;决定还指出,香港立法会对法案、议案的表决程序维持不变。

释法简评:香港政制改革与发展的争议,主要是来自于《香港基本法》的第45条和第68条,以及"附件一"和"附件二"。① 当初《香港基本法》为什么没有明确2007年之后香港政制如何发展,为什么要留下这样大的两个空白?按照曾经参与《香港基本法》起草过程的前基本法草委们的说法,《香港基本法》所以没有规限2007年之后香港政制如何发展,是中央有意识地在《香港基本法》

---

① 张宏任:《香港发展前景与政争困境》,和平图书有限公司(香港)2011年版,第26页。

中为香港预留了宽松的讨论政制问题的空间，供港人自行通过讨论、协商，来推进民主进程，显示了中央对在香港实施"一国两制"、落实《基本法》的诚意和决心。① 为什么这样一部为香港市民广泛认同和接受的"小宪法"会被卷入香港政制争拗之中，原因就是《香港基本法》为香港留下了 2007 年后政制发展的一定空间。②

全国人大常委会通过关于《香港基本法》附件有关规定的解释之后，香港多个社团表示衷心拥护和全力支持，认为这对香港社会正确理解和实施基本法、贯彻"一国两制"方针，对正确处理香港政制发展问题，以及对保持香港长期繁荣稳定都是十分必要的。比如，福建社团联会发表公开声明指出，此次释法具有充分的宪法和基本法依据，条理清晰，是合宪合法合理合情的，是依法治港的必要举措。③ 但也有香港学者认为，这些解释实质上都是中国政府为香港宪法问题作出的政治决定，只是以全国人民代表大会常务委员会解释《香港基本法》的宪制权力来作法律的包装。在 2004 年 4 月，全国人民代表大会常务委员会对《香港基本法》作出解释，把决定是否对香港特区立法会及行政长官的选举方法作出改变的权力收回。之后，全国人民代表大会常务委员会再作出另一决定，否决了 2007 年香港特区全体的立法会议席及 2008 年行政

---

① 张宏任：《香港发展前景与政争困境》，和平图书有限公司（香港）2011 年版，第 27 页。

② 张宏任：《香港发展前景与政争困境》，和平图书有限公司（香港）2011 年版，第 22 页。

③ 民建联认为，全国人大常委会在释法前，认真听取了港人的声音，包括在北京与基本法委员会港方成员会晤、在深圳听取港区全国人大代表和全国政协常委的意见，以及听取政制发展专责小组收集港人意见后作出的汇报和建议。自由党副主席刘健仪认为，人大释法已经澄清了程序等问题，平息了过去多月以来社会上各种纷争。港进联主席刘汉铨表示，解释是适时及必要，有利于正本清源，维护香港法治，有利于释疑止争，凝聚共识。他说，香港社会曾有人担忧，释法是否会修改基本法，事实证明人大释法是要解释基本法有关立法原意，对有关条文作出清晰准确的解释，不是"重新演绎"，更不是"变法"、"加料"或"改法"。工会联合会发言人表示，全国人大常委会释法，除显示中央在基本法的立法原意和执行上的权威地位外，也体现了中央对香港稳定繁荣的关心和爱护。新界社团联会今天发表声明支持人大释法，认为此举于香港政制的稳定发展非常重要，社会应以此为基础继续展开理性的政制讨论。《香港各大社团拥护和支持人大释法》，人民网，http://www.people.com.cn/GB/shizheng/1025/2434609.html，下载日期：2012 年 4 月 25 日。

长官的选举是以普选产生。对很多香港人来说，这些解释并不是真正的宪法解释，而更像是政治决定。再者，这些解释反映的多是北京政府的政治考虑而非法律条文的意思。香港特区政府在这些事件中，并没有作出任何行动阻止北京政府滥用其法律解释权，反过来与一些在香港的亲北京政府政治团体联手，要香港市民接受北京政府这些政治解释。① 笔者认为，此次释法至少有两点需要明确：其一，全国人大常委会主动释法，具有充分的宪法依据和基本法依据；其二，释法的内容符合《香港基本法》关于"根据香港特别行政区的实际情况和循序渐进的原则"的立法原意，而非仅仅是出于政治考虑。即使掺杂有"政治因素"，这也是基本法"立法原意"中的题中应有之义。

三、2005 年 4 月 27 日释法

释法案由：无

释法背景：2005 年 3 月 10 日，时任特首董建华在香港宣布：由于长期的操劳，我已明显感觉到自己的健康状况大不如前。以香港利益为重，我考虑向中央提出辞去任行政长官职务的请求，这是出于对香港、对国家负责的态度。我经过慎重的考虑之后，向中央政府提交了辞职的报告。② 董建华的辞职是根据《香港基本法》第 52 条③的规定而为之。12 日下午，国务院全体会议审议并批准了董建华提出的辞去香港特区行政长官职务的请求。根据《香港基本法》第 53 条④的规定，由时任政务司司长曾荫权临时代理特首职务。新的行政长官应在 6 个月之内依照《香港基本法》第 45 条的规定产生。对于"新的行政长官"任期问题的争论由此引发，一种观点认为，应该是新一届行政长官，为

---

① 戴耀廷：《香港的宪政之路》，中华书局（香港）2010 年版，第 104～105 页。

② 《深度报道：董建华请辞之动态》，腾讯新闻网，http://news.qq.com/a/20050311/000100.htm，下载日期：2012 年 4 月 25 日。

③ 《香港基本法》第 52 条规定："香港特别行政区行政长官如有下列情况之一者必须辞职：（一）因严重疾病或其他原因无力履行职务；（二）因两次拒绝签署立法会通过的法案而解散立法会，重选的立法会仍以全体议员三分之二多数通过所争议的原案，而行政长官仍拒绝签署；（三）因立法会拒绝通过财政预算案或其他重要法案而解散立法会，重选的立法会继续拒绝通过所争议的原案。"

④ 《香港基本法》第 53 条规定："香港特别行政区行政长官短期不能履行职务时，由政务司长、财政司长、律政司长依次临时代理其职务。行政长官缺位时，应在六个月内依本法第四十五条的规定产生新的行政长官。行政长官缺位期间的职务代理，依照上款规定办理。"

期5年;一种观点认为,应是本届的剩余任期,从选出之日到2007年6月30日届满。① 而香港基本法中并未明确规定行政长官缺位情况下选举产生的新的行政长官的任期问题。由于时间紧迫,无法通过修订《行政长官选举条例》来及时补选出新的行政长官,从而可能引发宪制危机。因此,由全国人大常委会对香港基本法有关条文作出解释,是首选的明智之举。

释法程序:代理行政长官向国务院提交报告,国务院提请全国人大常委会释法,全国人大常委会经征询香港基本法委员会的意见而作出。

启动机制:全国人大常委会被动释法。

释法依据:《宪法》第67条第(四)项和《香港基本法》第158条第1款。

释法条款:《香港基本法》第53条第2款。

释法内容:该次释法是全国人大常委会第三次解释香港基本法,该次释法的要点如下:(1)明确了《香港基本法》第45条"产生新的行政长官"的具体含义。该释法指出,《香港基本法》第53条第2款关于"行政长官缺位时,应在六个月内依本法第45条的规定产生新的行政长官"。该条款所规定的新的行政长官产生办法包含两层意思:①新的行政长官应依据《香港基本法》第45条的规定产生;②新的行政长官的任期也应依据《香港基本法》第45条的规定确定。(2)解决了当出现行政长官任期未满5年导致行政长官缺位时,新的行政长官的任期问题。该释法认为,在出现由于行政长官任期未满5年的情况下,新的行政长官的任期为原行政长官的剩余任期。(3)明确了2007年以后,如果对行政长官产生办法作出修改,遇有行政长官缺位时,新的行政长官的任期如何确定的问题。该释法认为,2007年以后,如果对上述行政长官产生办法作出修改,届时出现了行政长官缺位的情况,那么,新的行政长官的任期应当根据修改后的行政长官产生的具体办法加以确定。

释法影响:此次释法后,时任政务司司长曾荫权于5月25日宣布参加行政长官补选,并向国务院请辞政务司长一职。6月2日,国务院批准其辞去政务司长职务,曾荫权正式启动其行政长官参选程序,经过补选为第二任特首,

---

① 香港大律师汤家骅认为新的行政长官任期应为五年,而香港城市大学朱国斌教授认为,根据人大制度设计,在一届政府任期中,领导人可以辞职或被免职,但并不影响继任者完成本届任期。通过分析基本法征求意见稿和最后的正式条文,征求意见稿中为"新的一届行政长官",而正式条文中为"新的行政长官"。这表明,"新的行政长官"不等于"新的一届行政长官"。因此,补选的行政长官任期应为本届剩余任期。

并于 2005 年 6 月 24 日正式向中央政府宣誓就职新的行政长官。曾荫权在 2007 年正式参加选举,成功当选为香港特别行政区第三任特首。

释法简评:此次释法,解决了新的行政长官的任期问题,但并非没有任何异议。香港的泛民主派,尤其是香港法律界,对港府通过国务院提请全国人大常委会释法的做法颇为反感。抗议特区政府绕过终审法院提请全国人大释法,认为此举损害了香港的司法独立和高度自治,是违背基本法的。① 他们认为《香港基本法》第 158 条只授权香港终审法院在法律规定的事由出现时,应该提请全国人大常委会对基本法的有关条款作出解释,而没有授权香港特别行政区行政长官这样做,因此行政长官不可以提请全国人大常委会解释基本法。笔者认为,尽管《香港基本法》第 158 条确实未明确规定特首可以通过国务院提请全国人大常委会释法,但根据《香港基本法》第 43 条关于"香港特别行政区行政长官依照本法的规定对中央人民政府和香港特别行政区负责"的规定,以及第 48 条第(二)项关于行政长官"负责执行本法和依照本法适用于香港特别行政区的其他法律"的规定,特区政府的做法并未违反基本法,而恰恰体现了基本法的立法原意。国务院提请全国人大常委会解释基本法,可以是基于自己的判断,也可以是基于香港特别行政区行政长官的提议而启动。行政长官确实不具有直接向全国人大常委会提出解释基本法议案的权力,在上述两次解释基本法中,有关议案都不是行政长官直接向全国人大常委会提出的,而是由国务院向全国人大常委会提出。如果香港特别行政区在基本法实施过程中遇到重大争议,行政长官出于负责执行基本法和对中央政府负责的要求,必须向中央政府作出报告,提出对有关问题的看法和处理建议。并建议全国人大常委会解释基本法来解决有关基本法实施中遇到的问题,这是完全符合基本法的。从法律上来讲,国务院是否接受行政长官的建议,以及是否向全国人大常委会提出解释基本法议案,决定权在国务院。② 而根据我国《立法法》第 43 条③的规定,国务院可以向全国人民代表大会常务委员会提出法律解释的要求。

---

① 李松锋:《香港基本法解释权问题研究》,清华大学 2006 年硕士论文。
② 国务院发展研究中心港澳研究所:《香港基本法读本》,商务印书馆 2009 年版,第 255~256 页。
③ 《中华人民共和国立法法》第 43 条规定:"国务院、中央军事委员会、最高人民法院、最高人民检察院和全国人民代表大会各专门委员会以及省、自治区、直辖市的人民代表大会常务委员会可以向全国人民代表大会常务委员会提出法律解释要求。"

四、2011 年 8 月 26 日释法

释法案由：美国 FG 公司诉刚果（金）案。

释法背景：香港终审法院在审理一起与刚果民主共和国有关的案件时，涉及香港特别行政区是否应适用中央人民政府决定采取的国家豁免规则或政策的问题。香港大学法律学院张达明认为，刚果（金）案的主要法律争议，是香港可否继续沿用普通法已清楚确立的限制性国家豁免原则，审理另一国家的商业行为。终审法院以 3 比 2 多数裁定，需提请全国人大常委会就《香港基本法》第 13 条①及第 19 条②有关外交事务及国家行为的内容与国家豁免权的关系进行解释，并同时作出临时结论，认为香港法院在决定国家豁免权的内容时，必须与行政机关"口径一致"。因中国一贯坚持采用绝对豁免的原则，故此在回归后普通法的限制豁免原则不再适用，香港法院不再有权审理一个主权国或其属下机构的商业行为。③ 终审法院对此问题存在以下疑问：第一，依据《香港基本法》第 13 条的规定，对于国家豁免规则或政策，中央人民政府是否拥有最终决定权；第二，如果中央人民政府拥有对国家豁免规则或政策的最终决定权，那么，香港特区包括香港法院是否有责任援用或实施中央人民政府的国家豁免规则或政策；第三，香港特区包括香港法院是否可以随意偏离中央人民政府的国家豁免规则或政策，并采取不同的豁免规则；第四，中央人民政府有关国家豁免规则或政策是否属于"国防、外交等国家行为"；第五，香港特别行政区成立后，香港作为中华人民共和国的一个特别行政区，对香港特区成立之前的有关国家豁免的普通法所带来的影响，是否在适用时应当作出必要的变更、适应、限制或者例外，以便确保关于国家豁免或政策的普通法符合中央

---

① 《香港基本法》第 13 条规定："中央人民政府负责管理与香港特别行政区有关的外交事务。中华人民共和国外交部在香港设立机构处理外交事务。中央人民政府授权香港特别行政区依照本法自行处理有关的对外事务。"

② 《香港基本法》第 19 条规定："香港特别行政区享有独立的司法权和终审权。香港特别行政区法院除继续保持香港原有法律制度和原则对法院审判权所作的限制外，对香港特别行政区所有的案件均有管辖权。香港特别行政区法院对国防、外交等国家行为无管辖权。香港特别行政区法院在审理案件中遇有涉及国防、外交等国家行为的事实问题，应取得行政长官就该等问题发出的证明文件，上述文件对法院有约束力。行政长官在发出证明文件前，须取得中央人民政府的证明书。"

③ 张达明：《刚果案对香港法治带来的冲击》，载《明报》（香港）2011 年 6 月 21 日。

人民政府所主张的国家豁免规则或政策。

中国外交部发言人洪磊 2011 年 6 月 9 日在记者会上表示,在美国 FG 公司诉刚果(金)案审理过程中,外交部曾三次致函香港特区政府政制与内地事务局,旨在说明中央政府关于国家豁免等重大外交事项的政策和立场。上述函件由特区政府律政司提供给特区法院,供法院考虑。这是司法实践中的正常做法。洪磊表示,欢迎特区终审法院,在审理刚果(金)被追讨欠债案件过程中,主动寻求人大常委释法的决定,认为这是履行香港基本法规定的义务,对于全面落实"一国两制"、完整实施香港基本法有积极意义。①

释法程序: 香港终审法院主动提请全国人大常委会释法,全国人大常委会经征询香港基本法委员会的意见而作出。

启动机制: 全国人大常委会被动释法。

释法依据:《宪法》第 67 条第(四)项和《香港基本法》第 158 条第 1 款。

释法条款:《香港基本法》第 13 条第 1 款和第 19 条。

释法内容: 此次释法是全国人大常委会的第四次释法,该次释法的要点如下:(1)明确了中央人民政府对在香港地区适用的国家豁免规则或政策,有决定权。释法认为,中央人民政府的此项权力的宪法依据是,现行的 1982 年《宪法》第 89 条第(九)项。中央人民政府有权决定国家的豁免规则或政策,并统一施行于中国领域内。(2)明确了国家豁免规则或政策属于中华人民共和国的外交事务。(3)明确了香港法院无权管辖中央人民政府决定的国家豁免规则或政策。释法指出,依照《香港基本法》第 19 条的规定,香港法院有责任适用或实施中央人民政府决定采取的国家豁免规则或政策,并不得偏离。(4)明确了决定国家豁免规则或政策是一种涉及外交的国家行为。释法认为,国家豁免规则或政策直接关系到该国的对外关系和国际权利与国际义务。因而,决定国家豁免规则或政策属于国家行为。(5)明确了"国防、外交等国家行为"中的"等"是"等外等",还包含除了国防、外交之外的其他国家行为。(6)明确了《香港基本法》第 160 条处理香港原有法律的规定,应从 1997 年 7 月 1 日起,在适用时,必须作出必要的变更、适应、限制或者例外,以使之符合中央人民政府所决定并采取的国家豁免规则或政策。

释法影响: 特区终审法院决定就有关刚果民主共和国的债务诉讼案件引

---

① 葛冲:《刚果案 3 函港府 外交部:正常做法》,载《文汇报》(香港)2011 年 6 月 10 日。

发的外交豁免权争议,提请全国人大常委会释法。一直将"司法独立"挂在口边的民主党主席何俊仁,竟意图"干预司法独立",就此事要求在立法会内进行紧急休会辩论,但被立法会主席曾钰成以理据不足为由拒予批准。① 全国人大释法后,又引发了诸多不同的反响。**反对的声音主要有**:(1)香港政治评论人桑普认为,《香港基本法》第 19 条指出:香港法院无权管辖国防、外交等国家行为。不过,刚果(金)案只涉及商业纠纷,刚果民主共和国欠债不还钱,并非什么国防、外交之类的国家行为,而"国家行为"则必须以跟国防、外交同等性质者才算,绝不包括商业合约纠纷,浅显易懂,根本无须进一步解释。换言之,上述《香港基本法》第 158 条中的"解释"二字,只应出现在"遇有重大歧义,需要进一步解释"的情形,不应出现在"没有疑问,运用常识即可理解"的情形。刚果(金)案显然不涉及"国防、外交等国家行为",运用常识,即可理解,香港法院根本没有义务必须提交给全国人大进一步解释清楚。② (2)香港时事评论人王岸然认为,无论外交部的立场如何,无论中国政府的立场如何,终审法院可不须理会,法院不须考虑政治后果,只需依法办事,依法判案,结果由政府善后,由政客负责,这才是三权分立的法治精神和要义所在。③ (3)香港学者张达明认为,外交部在原诉庭及上诉庭审讯前分别发出信件,指出其获授权陈述中央人民政府的原则立场,是中国一贯奉行绝对的国家豁免权原则。但可以看得出,这两封信内容甚为克制,只是平实地阐述中国的一贯政策,当中刻意地不触及香港在"一国两制"下是否必须遵从绝对豁免权的原则,容让香港法庭可以独立地根据《香港基本法》及普通法作出裁决。遗憾的是,当上诉庭以 2∶1 裁定香港在"一国两制"下应继续沿用普通法明确规定的限制性豁免原则后,外交部便发出第 3 封信件,不但措辞强硬地指出若香港不遵从中央豁免权政策会怎样严重损害国家利益,更有甚者,是信中在第 3 段直接地说明中央采用的绝对豁免权制度"统一实行于全国,包括香港特别行政区"。④ **赞成的声音主要有**:(1)根据《香港基本法》的释法机制,终审法院选择提请全国人大释法,其实毋须先提出任何观点或临时结论,直接将问题交予全国人大常委

---

① 郑治祖:《曾钰成拒何俊仁"干预"否决紧急休会辩论刚果案》,载《文汇报》(香港)2011 年 6 月 15 日。
② 桑普:《终院提请人大释法开坏先例》,载《苹果日报》(香港)2011 年 6 月 14 日。
③ 王岸然:《请人大释法是逃避责任》,载《信报财经新闻》(香港)2011 年 6 月 15 日。
④ 张达明:《刚果案对香港法治带来的冲击》,载《明报》(香港)2011 年 6 月 21 日。

会,得到答复后才作出最后裁决,但今次终审法院不单就国家豁免权作出选择,在裁决中更发出了临时命令,等候全国人大解释后即作出确认,身为基本法委员会委员的香港大学法律系教授陈弘毅认为这是一个好的先例,"终院选择清楚解释他们的意见,其中一个可能性是让人大了解他们的观点,人大当然有权不同意,但就是不同意,也要交代理由"。值得留意的还有终审法院提出的问题其实相当具体,"近乎是非题",虽然不至于限制全国人大释法的范围,但同样可以让全国人大清楚终审法院的见解,并为将来以相同机制寻求全国人大释法,立下一次先例。① (2) 香港中文大学法律学院凌兵教授认为,特区终审法院就"刚果(金)案"向人大常委会提请释法,引发人们担心其对香港法治的影响。其实,这次释法,更直接地考验了内地的法治实践,也为全国人大释法程序的完善,提供了难得的契机。全国人大对《香港基本法》的解释,须遵循《香港基本法》第158条的规定。就回归以来的前三次释法而言,实践中一般是国务院提出释法议案,全国人大常委会委员长会议提出释法草案,在征询基本法委员会意见后,由全国人大常委会通过。在释法过程中,虽然也有听取港区人大、港区政协及香港法律界的意见,但是由于释法在制度上存在多种问题,使得香港法律界对全国人大释法一向疑虑重重。②

赞成与反对的分歧,亦正点出"一国"与"两制"之间的冲突,"一国"要考虑的是国家的国际关系,"两制"要考虑的是香港法制的完整性、香港的法治基础与司法独立。突显"一国",香港的法制便无可避免地将受到冲击,香港将成为整个普通法地区中唯一一个不能处理涉及国家的商业行为纷争的地区,这将大大削弱香港作为金融中心与仲裁中心的地位。③

释法简评: 香港学者凌兵指出,这次释法,其特别之处,不仅在于终审法院首次依《香港基本法》第158条第3款主动提起,更重要的是这次释法来自于一桩未决的法律案件,释法的结果直接影响到案件当事人的法律权利。这是以往历次释法中所未有的。个人权利的保护,公认是《香港基本法》的核心价值之一。在现行体制下,全国人大常委会应考虑对释法程序作如下改革。第一,就释法问题举行公开听证会。就重大立法和行政事项,以公开听证的方式

---

① 罗永聪:《陈弘毅解读"刚果"判词:不损司法独立国企非获特权》,载《明报》(香港)2011年6月11日。
② 凌兵:《终院提请释法考验人大法治》,载《明报》(香港)2011年6月13日。
③ 陈文敏:《刚果案(一)》,载《明报》(香港)2011年6月15日。

征询公众意见,这一做法在中国各级政府中时有发生。《立法法》第34条规定,人大常委会在立法过程中可以以听证会的方式,听取各方面的意见。在释法过程中,依据自然正义的基本要求,应保障各当事人发表意见的权利。"刚果(金)案"的各当事人,均应有权在听证会上就其主张进行举证与辩论。第二,确保释法决策人员的公正无私。当国家以法律程序决定个人的权利争议时,中国的各大诉讼法及《行政处罚法》《行政许可法》等,均规定有回避制度。要求与事件有利害关系的决策人员退出决策程序。此次释法中,凡与"刚果(金)案"及其当事人有利害关系的全国人大常委会及《香港基本法》委员会委员,亦应回避。第三,保证释法审议过程的透明性。全国人大常委会及《香港基本法》委员会对释法问题的审议,是释法的重要环节。其审议的经过和结果,应予公开。第四,释法的结论,应具备充分的事实与法律依据,经得起历史的考验。以往的三次释法,人大常委会对于其释法理据的说明,多不能令人满意。释法的基本原则与方法,在历次释法中缺乏统一性和连贯性。有时偏重于起草的历史,有时强调社会效果,有时又突出似是而非的"题中应有之义"。此次释法,终审法院列出了4项具体问题,全国人大的解释,应当阐明其依据的基本原则与方法,对相关的历史、法律与事实材料,作出完整严谨的论述,以理服人。① 若全国人大常委会透过释法确认终审法院的临时结论,要求香港舍弃回归前沿用的普通法所规定的限制性豁免原则,而采用绝对豁免,后果是大大损害香港作为国际金融中心的地位及矮化香港法院,因为其他的海外法院(包括新加坡、澳洲、英美等),都有权审理其他国家的商业纠纷,唯独本港法院不能。要注意的是,根据终审法院的裁决,即使一个国家本身是采用限制性豁免的,香港法院仍须根据绝对豁免原则而无权审理这个国家或其属下机构的商业行为,而且即使这个国家已在商业合约上承诺放弃申请主权豁免,它仍可在面对诉讼时反悔而坚持行使其国家豁免权。②

笔者认为,国家行为对任何法院都有拘束力,而不仅仅针对终审法院。终审法院可以通过判例来创造规则,但对于国防、外交等国家行为则没有自行创造规则的余地,没有司法管辖权。在"刚果(金)案"中,如果审理对象本身属于"国防、外交等国家行为"的话,法院根本就没有管辖权,就不需要全国人大常委会解释。从"刚果(金)案"引发的全国人大常委会释法可以看出,审理对象

---

① 凌兵:《终院提请释法考验人大法治》,载《明报》(香港)2011年6月13日。
② 张达明:《刚果案对香港法治带来的冲击》,载《明报》(香港)2011年6月21日。

本身不属于"外交行为",只是在审理过程中为了查明某些事实时,发现涉及了"外交行为"。从而有必要将审理对象与审查对象区分开来。本案是在审查事实时发现涉及外交行为,于是提请全国人大常委会解释。由于我国并没有《外交豁免法》,在适当的时候,笔者建议就外交豁免问题立法,再通过法定程序就把它放到《香港基本法》"附件三"中,以后遇到此类问题,就能有章可循,不至于因释法而导致争议。

五、四次释法实践的比较

1999 年和 2005 年全国人大常委会对香港基本法的解释都是由国务院以政府提案的形式启动的。① 2011 年是由香港终审法院直接提请全国人大常委会释法。1999 年、2005 年和 2011 年的人大释法均属于被动释法,只有 2004 年人大释法属于主动释法。全国人大常委会主动解释香港基本法是由委员长会议提出议案,列入全国人大常委会议程,在征求基本法委员会的意见后,经过全国人大常委会会议深入审议后作出的。② 而对于 2011 年人大释法,香港终审法院是首次提请全国人大常委会解释香港基本法有关条款。根据《香港基本法》第 158 条的规定,如果终审法院应该提请而没有提请,就会涉及几个问题:终审法院是否需要承担应该提请而没有提请的后果? 提请是否是必经程序? 人大释法是否构成香港基本法的一部分? 对这些问题,内地和香港的理解不一。在"吴嘉玲案"中,全国人大常委会解释香港基本法之后,这些问题得到了明确的解答。笔者认为,终审法院如果应该提请时未提请,可能会导致"宪制危机",损害香港的司法权威。尽管,全国人大常委会的解释与法律本身存在着诸多差异,但是《立法法》规定全国人大常委会的解释具有与法律同等的效力,终审法院以后的判决应以全国人大常委会的解释为准。可以说,人大释法在效果上构成了基本法的一部分,终审法院以后不需要发表"遵照人大常委会释法"的声明,也应当然遵照人大释法。人大的四次释法情况如下表:

---

① 国务院发展研究中心港澳研究所:《香港基本法读本》,商务印书馆 2009 年版,第 254~255 页。

② 国务院发展研究中心港澳研究所:《香港基本法读本》,商务印书馆 2009 年版,第 254 页。

表 10：全国人大常委会四次释法比较

	第一次释法 (1999年6月26日)	第二次释法 (2004年4月6日)	第三次释法 (2005年4月27日)	第四次释法 (2011年8月26日)
释法案由	吴嘉玲案	无	无	刚果（金）案
释法背景	居港权问题	政制发展问题	行政长官任期问题	国家豁免问题
释法程序	行政长官—国务院—全国人大常委会	全国人大常委会释法	代理行政长官—国务院—全国人大常委会	香港终审法院—全国人大常委会
启动机制	被动释法	主动释法	被动释法	被动释法
释法条款	《香港基本法》第22条第4款、第24条第2款第（三）项。	《香港基本法》附件一第七条和附件二第三条。	《香港基本法》第53条第2款。	《香港基本法》第13条第1款和第19条。
条款数目	2条	2条	1条	2条

纵观全国人大常委会的四次释法，其释法依据均为：《宪法》第67条第（四）项和《香港基本法》第158条第1款。在释法程序上，均要征询香港基本法委员会的意见。在启动程序上，第一次和第四次释法，是由终审法院在审理案件中引发的，第二次和第三次释法则与具体案件无直接关联，第四次释法，终审法院首次提请全国人大常委会释法。从释法的主被动性看，只有第二次是人大常委会主动释法。从释法涉及的条款来看，只有第二次释法针对附件条文，而其他三次释法都是针对《香港基本法》的正文。四次释法涉及的条文（含附件）共计7条。

第四节 人大释法对香港司法终审权的影响

《香港基本法》第158条第3款中，全国人大常委会对《香港基本法》之最终解释权与香港特别行政区法院终审权于法制上是否存在着矛盾，全国性法律应如何适用于香港特别行政区而不侵害其高度自治权等诸多问题，其复杂性并非以现行法条中的文字即可加以统摄的，而上述法律问题将来能否突破，正是"一国两制"实施的成败关键。① 香港学者 Yash Ghai 教授认为,按照全国人大常委会和香港法院对香港基本法解释的职责分工,有必要对解释与裁判作个初步区分。裁判意味着通过适用法律来聆听案情和处理案件,它不包括作出解释。解释指的是确定法律条文的含义。《香港基本法》第 2 条赋予特区法院享有终审权,意味着中央政府在聆听案情、甄别证据和适用法律上不承担任何角色。为了实现该条文的目的,香港基本法所确定的规则和程序应该可以适用。② 可见,Yash Ghai 教授也赞同把"最终审判权"和"最终解释权"加以区分,这一方面,有利于维护香港法院的司法独立,另一方面,也有利于维护全国人大常委会基本法解释权的权威。关于全国人大常委会释法对香港终审权的影响,主要存在正反两种观点。

一、有影响说

一直以来,终审法院都是采用回避的策略,尽量不启动提请全国人大释法的程序,使影响只是存在于条文上。但全国人大常委会在之前涉及内地子女居港权问题,而对《香港基本法》作出解释时,已指出终审法院为提请程序所定下的法律原则是错误的,而终审法院亦在先前的判词中承认它之前的解释有问题,而会在以后重新审视。③ 从而也引发了不少学者对人大释法干预香港司法终审权的担忧。有意见认为,由"居港权案"和"涂污国旗案"的裁决所引发的激烈争论及其社会担忧主要有二:一是,香港特区政府参与了"居港权案",并在败诉后采用建议的方式,寻求国务院提案解释香港基本法的部分条款,其目的是要推翻终院的判决,这就妨碍了司法独立。二是,在释法事件中,政府官员硬把终审法院的"最终审判权"和"最终解释权"分开,然后把"大陆法"中的立法解释部分接合到普通法制度下的终审权,从而破坏了《香港基本法》保障的香港原有的法律制度。④ 当面对普通法时,《香港基本法》的关于基

---

① 王泰铨:《香港基本法》,台湾三民书局 1995 年版,第 88 页。
② Yash Ghai, *Hong Kong's New Constitutional Order—The Resumption of Chinese Sovereignty and the Basic Law*, Hong Kong University Press, 2000, p. 199.
③ 戴耀廷:《"刚果案"引出终审法院梦魇》,载《信报财经新闻》(香港)2011 年 6 月 15 日。
④ 徐复雄:《论基本法确立的香港新宪制架构》,载肖蔚云、饶戈平主编:《论香港基本法的三年实践》,法律出版社 2001 年版,第 12 页。

本法的解释与判断某项法律是否可以在香港适用的规定则显得不太合理。①

基于这种担忧,有学者进而认为,应取消在中央人民政府管理的事务和涉及中央与香港特别行政区关系条款上香港法院的解释权力。《香港基本法》第158条这个规定操作起来比较复杂,而且若全国人大常委会不认可香港法院先前作出的解释而重新作出解释,那么香港法院之前所进行的法律解释的活动将会没有任何意义可言,而它所享有的对基本法自治范围外条款可以进行解释的权力也将会因此而变得形同虚设了。与其作这样无意义的规定,还不如取消香港法院对自治条款以外的其他条款解释的权力。② 笔者却认为,不宜取消。正如不能因为最高人民法院可以推翻上诉法院的原判,而否认上诉法院裁判的意义一样,要肯定香港法院对自治条款以外的其他条款解释的权力。其意义如下:一是具有独立的程序价值,充分体现了"两制"灵活性的一面;二是实践中,人大释法不宜也不会经常发生,如果终审法院的释法符合立法原意和中央对香港的一贯政策,全国人大常委会也不会轻易推翻终审法院的释法;三是即使人大释法推翻终审法院的释法,也不会影响已作出的判决个案,且对之前的判决无溯及力。

由于《香港基本法》对下级法院在司法审查时的解释问题没设定限制,也没有规定如果终审法院没有提请解释时所要启动的必要程序,所以在制度上仍有很大的发展空间。尽管终审法院承认全国人大常委会解释《香港基本法》的权力是"全面"而"毋庸置疑"的,但从政治的角度来看,全国人大常委会出于多种考虑和压力,会相对克制和谨慎地使用这项权力。③ 毕竟,宪法学突出的特征就是政治。④

例如,1999年全国人大常委会第一次解释香港基本法是在香港特别行政区终审法院对香港基本法有关条款作出错误解释,可能导致香港特别行政区遇到不可承受的人口压力,而且可能严重影响到特别行政区的出入境管制秩

---

① Donna Lee, Discrepancy Between Theory and Reality: Hong Kong's Court of Final Appeal and the Acts of State Doctrine, *Columbia Journal of Transnational Law*, 1997, 35Colum. J. Transnat'l. 2000, p. 175.

② 朱世海:《香港特别行政区行政主导制研究》,中国人民大学2011年博士学位论文。

③ 戴耀廷:《香港的宪政之路》,中华书局(香港)2010年版,第191页。

④ 林峰编著:《百年宪政与中国宪政的未来》,香港城市大学出版社2011年版,第27页。

序的情况下作出的。对此,香港有些人认为,全国人大常委会解释香港基本法,改变了香港特别行政区终审法院对香港基本法的解释,侵犯了香港特别行政区的终审权和司法独立。笔者认为,这种观点是不能成立的。全国人大常委会对香港基本法有关条款的解释,确实起到了纠正香港特别行政区终审法院对香港基本法有关条款错误解释的作用,但并不影响香港特别行政区终审法院的判决本身。也就是说,1999年1月29日香港终审法院判决案件当事人依据判决所获得的香港特别行政区居留权并没有改变。

二、无影响说

时任香港律政司梁爱诗司长认为,终审法院是特区的最高司法机构,它享有终审权;全国人大常委会代表全国最高权力机构,依照宪法和香港基本法对后者有解释权。全国人大常委会释法,法院不能质疑,但是全国人大常委会释法也没有影响特区法院的司法独立或终审权,因为该解释对哪件案件适用,它的意思是什么,它的追溯力如何等,都是由特区法院去诠释的,它没有推翻香港法院所作出的裁决,也没有在审讯过程中影响法官的决定。特区政府亦再三重申它不会轻易要求全国人大常委会释法,全国人大常委会也不会轻易地行使法律解释权,而是要经过既定的程序。① 乔晓阳关于人大释法没有修改原意有过一个生动的比喻:比如按手印,第一次按得太轻,看不清楚,然后在原来的手掌纹上再用力按一次,手还是这只手,但更清楚了。②

全国人大法工委国家法室王世瑚认为,全国人大常委会对《香港基本法》的解释权,是为了使《香港基本法》的规定在全国范围内得到正确的理解和实施,而不是处理具体案件,因此不会影响香港的司法独立。案件的审理,还是由香港法院依法进行的。当然,全国人大常委会作出解释后,香港法院在审理案件时,应当以全国人大常委会的解释为依据。同时,香港法院在授权范围内

---

① 这是香港律政司梁爱诗司长在 2000 年 6 月 27 日出席北京大学和树仁学院举办的《香港基本法实施三周年的回顾与前瞻》学术研讨会上致词中所讲到的。致词全文见肖蔚云、饶戈平主编:《论香港基本法的三年实践》,法律出版社 2001 年版,《梁爱诗司长致词》的第 2 页。

② 乔晓阳:《从"一国两制"的高度看待释法的必要性与合法性》,载《文汇报》(香港) 2004 年 4 月 9 日。这是乔晓阳于 2004 年 4 月 8 日在香港各界座谈会上的讲话全文,乔晓阳时任全国人大常委会副秘书长。转引自中央人民政府驻香港特别行政区联络办公室编:《关于香港问题的政策性论述》("一国两制"系列资料第三辑),2007 年版,第 114 页。

解释《香港基本法》的有关条款,对于《香港基本法》的贯彻实施和维护香港的法制,也是非常必要的。①

香港法律界人士徐复雄认为,全国人大常委会对《香港基本法》的条款作出解释,并不会影响终审法院的终审权,我们知道,审理案件的意思是指按照法律聆讯和处理案件。终审法院在1999年1月审理有关居留权的案件,并裁定控方得直,这对案件的当事人来说,终审法院的判决是最终判决,并不受其后全国人大常委会对《香港基本法》作出与终审法院不同解释的影响。全国人大常委会的解释,只会改变法院在候判或未来案件中应用的原则,以处理其他人就居留权作出的申请。因此,很清楚,即使全国人大常委会行使了解释权,其实也只是对有关条款作出明确的界限或补充规定,并不对案件本身作出判决,也没有追溯力,故根本不会影响香港终审法院的终审权。② 香港是一个自由的、国际化的大都市,利益多元、文化多元、观念也多元,不管什么事情,很难没有不同的声音,这是正常的,也是能够理解的。如果对释法没有不同意见,反倒会觉得是不是真的没有必要释法。对释法有不同意见,特别是有比较强烈的不同意见,正说明香港社会在释法要解决的几个问题上确实存在着比较严重的不同理解和认识,可见,全国人大常委会的解释确实是非常必要。③

至于认为全国人大常委会的释法行为侵犯了香港的"司法独立",也是依然秉承普通法系法律思维才能得出的结论。司法独立是指"法院独立审判案件,不受任何干涉,司法人员履行审判职责的行为不受法律追究"。普通法系的"司法独立"强调负责解释和执行法律的司法机关和人员独立于行政机关与立法机关,在作出结论时不受任何一方的影响。在作出结论之后,由于法院对法律的最终解释权,立法机关和政府除非通过修改法律,否则,是没有可能改变法官对法律的解释的。而在中国内地,"司法独立"的最终内容并不包括法院的最终解释权,全国人大及其常委会对法律的解释才是终极意义上的。《香

---

① 王世瑚:《香港基本法与全国人大常委会的解释权》,载肖蔚云、饶戈平主编:《论香港基本法的三年实践》,法律出版社2001年版,第72页。
② 徐复雄:《论基本法确立的香港新宪制架构》,载肖蔚云、饶戈平主编:《论香港基本法的三年实践》,法律出版社2001年版,第16~17页。
③ 乔晓阳:《从"一国两制"的高度看待释法的必要性与合法性》,载《文汇报》(香港)2004年4月9日。这是乔晓阳于2004年4月8日在香港各界座谈会上的讲话全文,乔晓阳时任全国人大常委会副秘书长。转引自中央人民政府驻香港特别行政区联络办公室编:《关于香港问题的政策性论述》("一国两制"系列资料第三辑),2007年版,第106页。

港基本法》第 158 条实际上已经表明了为了维护"一国两制"的原则,香港法院虽然享有终审权,但是与终审权有密切联系的法律解释权却不是最终的,而是受限制的。同时,全国人大常委会的释法行为并不是在终审法院的法官们作出判断之前干扰他们的思维,而是在认为法官的解释不符合立法原意,为了防止这个判决有可能带来的后果而作出的,且其解释不影响判决的效力,并没有干扰香港特区的"司法独立"。①

有人担心,由于全国人民代表大会常务委员会具有《香港基本法》之解释权将会损害香港特区的独立之司法权和终审权。这种想法实属过虑,因为全国人大常委会解释法律,只局限于明确法律条文的界限和内容,对于具体案件如何处理的问题是不会涉及的。换言之,全国人大常委会虽有最终解释权,但无审判权;而香港特区终审法院对案件有终审权,但无最终解释权,故此,全国人大常委会和终审法院在《香港基本法》之下可说是各司其职,而不会因为全国人大常委会行使了对香港基本法的解释权,就损害了基本法所规定的属于香港特区终审法院的司法权和终审权。②

---

① 湛中乐、陈聪:《论香港的司法审查制度——香港"居留权"案件透视》,载《比较法研究》2001 年第 2 期。
② 万以娴:《基本法解释问题之探讨》,载肖蔚云、饶戈平主编:《论香港基本法的三年实践》,法律出版社 2001 年版,第 104~105 页。

第六章　香港司法终审权的坚守与前瞻(代结语)

香港基本法是史无前例的,在它的实施过程中必然会遇到许多新情况、新问题,必须慎重地从各个方面、各种关系加以全面考虑,而不能只从一个方面、一个角度去考虑问题,既不能单从内地的情况去考虑,也不能单从普通法系的角度去思考,而要结合内地与香港两方面的情况去全面考虑。① 两地法律界都需要学会换位思考,学会如何去理解对方的想法,而不只是仅从自己一方的传统和习惯去考虑问题,这样,才能使双方的想法不断接近,才能逐步达成共识。如果大家都只从自己的方面考虑问题,固守自己熟悉的法律观点和思维方式,不因应"一国两制"和基本法实施所带来的新变化,就难免渐行渐远。② 一方面,要维护好"一国",同时要维护好"两制";另一方面,既要维护全国人大常委会释法的权威,又要尊重香港司法独立和终审权,确保香港特别行政区享有高度的自治权。

第一节　准确把握一国两制科学内涵

香港学者张宏任认为,首先应当承认,经过香港基本法起草委员会和咨询委员会成员近五年的努力,由全国人民代表大会于 1990 年 4 月 4 日正式颁

---

① 肖蔚云:《论实施香港基本法的十项关系》,载肖蔚云、饶戈平主编:《论香港基本法的三年实践》,法律出版社 2001 年版,第 1 页。

② 乔晓阳:《就法论法以法会友》,载《文汇报》(香港)2005 年 4 月 13 日。这是乔晓阳 2005 年 4 月 12 日在深圳与香港法律界人士座谈会上的发言,乔晓阳时任全国人大常委会副秘书长。转引自中央人民政府驻香港特别行政区联络办公室编:《关于香港问题的政策性论述》("一国两制"系列资料第三辑),2007 年版,第 161 页。

布、1997年7月1日开始实施的《香港基本法》,即《中华人民共和国香港特别行政区基本法》,得到了包括中英双方、香港市民和国际社会的广泛认可、赞扬和拥护。《香港基本法》最重要的一个历史贡献,就是他维系了港人对"一个国家两种制度"的信心。①

对于"一国两制",至少有两种不同的理解:第一种理解可称为"一国观",第二种理解可称为"两制观"。持"一国观"者更看重"一国",他们在考虑中央政府与特别行政区的关系时,都会倾向于维护中央政府的利益和需要,强调中央政府必须能维持其对香港的主权及中国的统一。持"两制观"者则更看重"两制",在考虑中央政府与特别行政区的关系时,他们则会倾向于维护香港的利益和需要,强调特别行政区必须能维持其在内政上有限度的独立和自主决策权。持这两种不同观点的人之间,就一直存在很深的不信任。怎样才能击破这种不信任的恶性循环,是香港宪政发展过程中的一个大挑战。② 持有"两制观"的人相信自治地区的人民有权决定自己的内政事务。任何在自治范围之外的监督,都会被视为是干预内政和侵犯他们的少数人权益。自治地区在其自治范围内应拥有完全的决策权,不受中央的干预。③

对于"一国两制",不能简单地解释为在一国内,既有社会主义,又有资本主义。诚然,"一国两制"意味着社会主义和资本主义制度在一个相当长的时期里,共存在一个国家内。然而,二者绝不是分量相同,可以等量齐观的。社会主义是主体,而资本主义只限于极小的地域之内,即只在台湾、香港、澳门存在。④

胡锦涛指出:"'一国两制'事业是香港特别行政区、澳门特别行政区和祖国内地共同发展繁荣的事业,也是中华民族伟大复兴事业的重要组成部分。""中央政府对香港、澳门采取的任何方针政策措施,都会始终坚持有利于香港、澳门长期繁荣稳定,有利于香港、澳门全体市民福祉,有利于推动香港、澳门和国家共同发展的原则。"⑤乔晓阳曾在《牢牢把握香港基本法的核心内容》一文

---

① 张宏任:《香港发展前景与政争困境》,和平图书有限公司(香港)2011年版,第22页。

② Benny Y. T. Tai, One Country Two Systems: the Two Perspectives, *Macuo Law Journal*(Special Issue),2002,pp. 143~163.

③ Hurst Hannum, *Autonomy, Sovereignty and Self-Determination: The Accommodation of Conflicting Rights*, University of Pennsylvania Press,1990,p. 19.

④ 许崇德主编:《港澳基本法教程》,中国人民大学出版社1994年版,第11页。

⑤ 胡锦涛:《在纪念澳门回归十周年暨澳门特别行政区第三届政府就职典礼上的讲话》,载《澳门日报》2009年12月21日。

中提出,香港基本法最核心的内容可以概括为三句话:一是坚持一个国家,保障国家主权;二是坚持两种制度,保障高度自治;三是坚持基本不变,保障稳定繁荣。这三句话是"一国"与"两制"关系的精髓,是贯穿香港基本法始终的灵魂。① 许崇德教授认为,维护国家主权与保障特别行政区高度自治权相结合是中央与特别行政区关系的精髓。只有在思想认识上树立了这一原则观念,才能在碰到涉及特别行政区与中央关系的实际问题时,抓住要领,把握好政策、法律界限。维护国家主权与保障特别行政区高度自治权是辩证统一的两个方面。② 可见,处理好"一国"与"两制"的关系,是实施香港基本法的首要问题。"一国"与"两制"互相联系,是一个整体,它全面地贯彻在香港基本法中,所以在实施香港基本法时,不能将"一国"与"两制"完全割裂开来,不能只讲一个方面,而不讲另一个方面。对特别行政区来说,要谨慎地注意"一国"的问题,对内地来说,要谨慎地注意"两制"的问题。③

但在香港,有一些人在解读"一国两制"时,会把"两制"提升至与"一国"同等或超出"一国"的高度。对他们来说,"两制"可以看成是中国政府对国际社会的一种承诺,因而"两制"概念下的"自治"应该得到更多的保障。回归后,众多有关《香港基本法》的争论,焦点其实都是关乎应怎样看待"一国"和"两制"之间的主次关系。④ 但香港学者戴耀廷教授认为,北京政府非常尊重香港特区的高度自治,自我约制不去做任何会使人怀疑中央干预的事。北京政府所取的宪政定位是做一个开明的中央政府。但还有另一个原因可以解释北京政府为何采取此宪政定位。只要行政长官的选举制度能确保北京政府把香港特区的管治权交给一位北京政府能信任的人,并赋予香港特区行政长官很大的权力,北京政府根本就不需要干预。⑤

特别行政区制度作为中国宪政发展的一项独特制度创新且至今已有两个

---

① 乔晓阳:《一国两制的"守护神"——纪念香港基本法实施五周年》,载《文汇报》(香港)2002年9月27日。乔晓阳时任全国人大常委会法制工作委员会副主任。转引自中央人民政府驻香港特别行政区联络办公室编:《关于香港问题的政策性论述》("一国两制"系列资料第三辑),2007年版,第84页。

② 许崇德主编:《港澳基本法教程》,中国人民大学出版社1994年版,第92页。

③ 肖蔚云:《论实施香港基本法的十项关系》,载肖蔚云、饶戈平主编:《论香港基本法的三年实践》,法律出版社2001年版,第1页。

④ 戴耀廷:《香港的宪政之路》,中华书局(香港)2010年版,第132页。

⑤ 戴耀廷:《香港的宪政之路》,中华书局(香港)2010年版,第256页。

特区长逾十年的实践验证,理所当然地应被认定为中国原有人民代表大会制度、中国共产党领导下的多党合作与政治协商制度、民族区域自治制度、基础群众自治制度之后另一个基本政治制度。① 内地和香港只有正确理解特别行政区制度在国家行政管理中的重要地位和作用,深刻把握"一国两制"的科学内涵,才能促进共同发展与繁荣。

第二节 明确基本法和普通法的关系

正如香港高等法院首席法官陈兆恺所说,世界上任何一个制度都不是十全十美的,在每个法律制度和传统中都拥有它们自有的长处和短处。有些人认为成文法和普通法两个法律制度和传统之间应该互相补充、取长补短。在过去,内地和香港两地之间的法律制度和传统也确实是朝着这个方向发展的。他认为制度间的相互补充是一个正确和必须的方向。同时也深信这是国际法律制度发展的大方向。②

在香港终审法院终审权所经历的比较典型的案件中,引起争议的根源在于如何看待基本法和普通法的关系。香港终审法院在"刚果(金)案"中根据《香港基本法》的规定对基本法与普通法的关系进行过论述。③ 香港终审法院在审理"刚果(金)案"中的释法请求,涉及基本法与普通法的关系以及普通法

---

① 杨允中:《关于"一国两制"理论的几个问题》,载杨允中:《我的"一国两制"观》,澳门理工学院一国两制研究中心 2011 年版,第 14 页。

② 陈兆恺:《内港法律制度发展的前景》,1999 年 11 月 19 日在"中国内地与香港法律制度比较"研讨会上的演讲。转引自徐复雄:《论基本法确立的香港新宪制架构》,载肖蔚云,饶戈平主编:《论香港基本法的三年实践》,法律出版社 2001 年版,第 12 页。

③ "刚果(金)案"判词 G.3 部分中请求全国人大常委会对基本法解释的第四项请求中明确指出:"香港特区成立后,第十三条第一款、第十九条和香港作为中华人民共和国的特别行政区的地位,对香港原有(即 1997 年 7 月 1 日之前)的有关国家豁免的普通法(如果这些法律与中央人民政府根据第十三条第一款所决定的国家豁免规则或政策有抵触)所带来的影响,是否令到这些普通法律,须按照《基本法》第八条和第一百六十条及于 1997 年 2 月 23 日根据第一百六十条作出的《全国人民代表大会常务委员会的决定》的规定,在适用时作出必要的变更、适应、限制或例外,以确保关于这方面的普通法符合中央人民政府所决定的国家豁免规则或政策。"刚果民主共和国及另五人诉 FG HEMISPHERE ASSOCIATES LLC. FACV 5,6 & 7/2010.(中译本)para. 407.

的适应化问题。香港回归以来,基本法与普通法的关系一直牵动着香港"一国两制"的神经。《香港基本法》第8条保留了香港原有的普通法在香港特区成立后继续适用,但第160条又要求香港原有的普通法必须根据香港基本法的规定进行适应化。全国人大常委会在回归前通过《关于根据基本法第一百六十条处理香港原有法律的决定》(以下简称《决定》),基本完成了对香港原有法律中原有的条例和附属立法的事先审查。

由于普通法多表现为判例,数量庞大,不可能像条例、附属立法一样,逐个对各个规则和判例进行审查。因此,虽然《决定》涉及对"香港原有法律,包括普通法、衡平法、条例、附属立法和习惯法"进行的审查,但是在全国人大常委会公布的审查香港原有法律适应化名单中并未列入普通法,而在此期间以及之后,全国人大常委会尚无对香港原有普通法适应化的规划,全国人大常委会也没有着手对香港原有普通法适应化的工作。因此,普通法的适应化工作在香港回归之后实际上就一直没有进行。① 虽然《决定》实际上没有对普通法的具体制度和原则进行审查,但是《决定》中有关处理香港原有法律的原则和方式是适用于香港普通法的。这包括:"一、香港原有法律,包括普通法、衡平法、条例、附属立法和习惯法,除同基本法抵触者外,采用为香港特别行政区法律。……四、采用为香港特别行政区法律的香港原有法律,自1997年7月1日起,在适用时,应作出必要的变更、适用、限制和例外,以符合中华人民共和国对香港恢复行使主权后香港的地位和基本法的规定……五、在符合第四条规定的条件下,采用为香港特别行政区法律的香港原有法律,除非文意另有所指。"

《香港基本法》第160条以及《决定》有关香港普通法适应化的规定和原则在香港特区法院的司法实践中并没有得到相应的重视和适用。相反,香港回归以来,香港特区法院在诸多涉及基本法适用的案件中,始终强调普通法是香港的法律传统,坚持以普通法的方式适用和解释基本法,并要求基本法根据普通法传统进行调整和适应化。例如,关于基本法的解释方法,基本法没有规定释法方法,香港法院根据法官释法的普通法传统认为"解释法律便属法院的事务,此乃特区法院获授予独立司法权的必然结果"。② 又如,香港特区法院自设的违反基本法审查权,在案件审理中的适用与否是法院固有的权力这一普

---

① 董立坤、张淑钿、陈虹:《香港特区法院对涉及国家行为的案件无管辖权——兼论香港特区法院对刚果(金)案的管辖权》,载《港澳基本法研究通讯》2011年第4期。

② The Director of Immigration v. Chong Fung Yuen FACV 10&11/2000.

通法传统,并认为"特区法院有责任执行和解释基本法"。笔者认为,基本法与普通法的关系应该置于国家的宪政制度的视野下进行考量,是"魂"与"体"的关系。由于《香港基本法》是依据《宪法》制定的,只有紧紧抓住基本法这个"魂",才有主心骨、才有精气神。而在这个"魂"之外,所表现出来的形式多样的"体"就是普通法。

《香港基本法》第158条的目的是取得香港法院与全国人大常委会在解释基本法方面各自的权力之间的适当平衡。因此,一方面积极行使司法自治,另一方面遵守这种自治的界限以及尊重中央政府的权力,这是香港法院的职责。这种职责来源于它们应忠于基本法的义务。① 由"刚果(金)案"所引发的全国人大常委会释法,是一个非常好的时机。全国人大常委会应借此阐明基本法与普通法的关系,明确普通法根据基本法进行适应化的规则和原则,这对于确保香港特别行政区法院依基本法的规定适用法律、保证国家依基本法的规定行使对香港的主权是非常必要,也是非常重要的。

第三节 完善基本法解释的程序规则

全国人大常委会解释香港基本法的程序,从《香港基本法》第158条的规定来看,除了明确规定要征询基本法委员会的意见是人大释法的必经程序外,并无更为详细的规定。这个原则性规定,概括起来主要有三个步骤:第一步,提请解释,由终审法院提请全国人大常委会释法;第二步,征询意见,由全国人大常委会征询基本法委员会的意见;第三步,作出解释,由全国人大常委会作出解释。② 上述的基本法委员会是全国人大常委会的工作委员会,成员十二人,内地和香港人士各六人,其中包括法律人士,任期五年,其中香港委员由香港行政长官、立法会主席和终审法院首席法官联合提名,报人大常委会任命。③

---

① 陈弘毅:《终审法院对"无证儿童"案的判决:对适用〈基本法〉第158条的质疑》,载佳日思:《居港权引发的宪法争论》,香港大学出版社2000年版,第136页。
② 上官丕亮:《论全国人大常委会解释基本法的程序》,载《山东社会科学》2008年第10期。
③ 陈弘毅:《一国两制与香港特别行政区基本法总论》,载陈弘毅:《香港特别行政区的法治轨迹》,中国民主法制出版社2010年版,第42页。

全国人大常委会根据《香港基本法》的规定，把自己的权力用于另外一个法律体系（香港的普通法体系），在这个法律体系中，违宪的法律是可以直接被挑战的，这种行为本身就会促使中国法学界从宪制角度思考中国法律解释制度存在的问题。全国人大常委会解释基本法也许会为国内的宪法监督和违宪审查制度带来一些启示。"一国两制"方针要求全国人大常委会不得不时刻注意自己行为的合法性，而其在解释基本法时也不得不采用一些不同于它"解释"其他法律的做法。对此，一些学者在这方面也提出了具有建设性的建议。如主张全国人大常委会解释宪法应该具有被动性、个案性和司法性的观点。①

根据《香港基本法》的规定，全国人大常委会拥有香港基本法的解释权。全国人大常委会解释香港基本法时，既应当适用香港基本法规定的特有程序，又可以在不违反基本法规定的前提下，适用立法法和全国人大常委会议事规则规定的有关全国人大常委会解释法律的一般性程序。② 事实上，香港基本法只授予了全国人大常委会解释的权力，而没有规定解释的程序性规则。从香港基本法实施以来的四次释法看，全国人大常委会的基本程序依据是"议事规则"。③ 由国务院提出议案，委员长会议决定提交常务委员会审议，法制工作委员会向常务委员会作出解释说明，征求基本法委员会的意见，交付法律委员会审议，最后付诸常务委员会全体会议表决。现有程序的主要矛盾是立法化程序容易给人立法或修改基本法而不是释法的模糊印象；基本法委员会缺乏公开、规范化的议事规则，公众无从了解各委员在委员会内部的工作情况和法律意见；未见公开的基本法委员会咨询报告，影响了其公信力，因而出现了"橡皮图章"的指责；法制工作委员会的解释说明尚缺乏应有的专业性；而法制工作委员会组织的释法前征求特区社会人士意见、释法后向社会人士说明，因其缺少法律和规则的支撑，也很难增加释法的合法性和公信力。相反，这种比较典型的"中国式"的"群众工作"方式，一定程度上反而会削弱全国人大常委会及其释法应有的权威性。④ 因此，完善基本法解释的程序规则需要从以下

---

① 袁吉亮：《论立法解释制度之非》，载《中国法学》1994年第4期。
② 邹平学：《全国人大常委会解释法律与解释基本法的若干问题研究》，载《港澳研究》2006年冬季号。
③ 1987年第六届全国人民代表大会常务委员会第二十三次会议通过的《中华人民共和国全国人民代表大会常务委员会议事规则》。
④ 陈友清：《1997—2007：一国两制法治实践的法理学观察——以法制冲突为视角》，法律出版社2008年版，第247页。

几个方面着手:

第一,明确释法的客观标准。全国人大常委会在依《香港基本法》的授权审查香港特别行政区立法机关制定的法律时,一方面要决定审查的条件是否成立以及审查的范围,另一方面又要决定审查时所要采用的标准,这些都与《香港基本法》的解释密不可分。因此,从法治的观点出发,如果全国人大常委会在解释《香港基本法》及行使其他权力时如能订立较为客观的标准,这将对香港特别行政区的法治发展有重大意义。①

第二,明确释法的限制条件。全国人大常委对香港基本法作出解释和有关决定,均只应在下列情况下作出:极端情况;相当急切的情况,即如不即时采取行动,便会损害香港特区的利益;提请全国人大常委会作出解释,须以当前事宜为限;不得违反法治;不应损害司法独立。②

第三,制定释法的程序规则。可以考虑在下述方面建立相应的程序规范和规则:订立香港终审法院提请解释的法律文本内容和程序规则或指引,包括提请解释的法律文本的格式、必须阐明的主要内容等。终审法院在提请解释的法律文本中,起码应涵盖对问题的提起、所涉基本法条文对案件的意义、案件双方当事人的意见、下级法院的解释及解释理据和解释方法、终审法院的看法、普通法解释同类问题的历史和方法、可依据的权威或参考判例等内容。制定解释基本法的相应法律程序,专门的法律委员会负责解释,制定相关释法规则,一定律师代表的规定等等。

第四,向社会公布释法草案。特别行政区政府提请人大释法前应咨询立法会并先取得立法会多数议员的支持,任何决定须经立法会辩论及大多数议员通过,并应让议员有足够的时间进行讨论。而人大释法亦宜参照一般立法程序,在起草释法草案前进行广泛的咨询和听证,鼓励港人民主参与,并把释法草案预先公布以供讨论。同时,在香港特区进行咨询工作。由于《香港基本法》第158条第4款规定了全国人大常委会征询香港特区基本法委员会的意见,故基本法委员会应在社会进行广泛咨询。

第五,发挥香港人大代表和政协委员的作用。香港人大代表应在社会进

---

① 戴耀廷:《香港的宪政之路》,中华书局(香港)2010年版,第139页。
② 香港律师会宪制事务委员会:《律师会对应就全国人民代表大会常务委员会行使解释〈基本法〉的权力设立机制的初步意见》,载佳日思:《居港权引发的宪法争论》,香港大学出版社2000年版,第413页。

行广泛咨询;香港驻北京代表办事处应有渠道获取人大释法的相关信息,接受关注此事的团体及人士提交的所有意见书,并把该等意见书呈交国务院或全国人大常委会香港基本法委员会考虑。

第四节 基本法委员会应更有所作为

《香港基本法》第158条划分了全国人大常委会与香港特区法院解释基本法的责任。基本法委员会是协助人大常委会解释基本法的第三机构。① 从性质上讲,全国人大常委会香港基本法委员会是一个正式的咨询机构而非职能机构,它没有任何职权。在香港特别行政区成立以前,没有重要角色分配给基本法委员会,因为它当时还不存在。② 1997年7月,第八届全国人民代表大会常务委员会第26次会议决定成立香港基本法委员会。香港基本法委员会是全国人大常委会的工作机关,它主要是对香港基本法的有关条款在实施中的问题进行研究,并向全国人大常委会提供咨询性的意见,供人大常委会参考,不具有拘束力。③ 所以说,让香港基本法委员会有权力涉及更广泛的问题,这是不可取的。但他们是中央与特区直接商谈的最好的机构。④

有香港学者也认为,《香港基本法》提供了一个协调中央政府与香港特别行政区之间的矛盾的机制,这便是在全国人大常委会之下设立的香港特别行政区基本法委员会。该委员会共有12名成员,由全国人大常委会任命内地和香港人士各6人出任。基本法委员会的功能是咨询性的,但该委员会仍有可能发展成为一个能平衡中央政府与香港特别行政区利益的矛盾解决机构。不过这有几个先决条件:第一,成员个人的政治立场不是全国人大常委会在委任基本法委员会成员时的主要考虑因素。第二,成员中需要有法律专业知识的

---

① Yash Ghai, *Hong Kong's New Constitutional Order—The Resumption of Chinese Sovereignty and the Basic Law*, Hong Kong University Press, 2000, p. 195.

② Yash Ghai, *Hong Kong's New Constitutional Order—The Resumption of Chinese Sovereignty and the Basic Law*, Hong Kong University Press, 2000, p. 196.

③ 张云秀:《浅谈法律解释》,载肖蔚云、饶戈平主编:《论香港基本法的三年实践》,法律出版社2001年版,第81页。

④ Yash Ghai, *Hong Kong's New Constitutional Order—The Resumption of Chinese Sovereignty and the Basic Law*, Hong Kong University Press, 2000, p. 197.

人士。第三，基本法委员会以《香港基本法》的法律条文而非政治因素为形成其意见的主要基础。第四，全国人大常委会在一般情况下都愿意接受基本法委员会的意见或建议。①

行文至此，笔者在赞叹人类发明了"法治"这一治国理政的良方之余，也感叹对实现"法治"这一宏伟目标的无限艰辛。内地与香港的繁荣稳定发展，有赖于夯实"法治"之基。法治理论建基于西方经验，我国社会主义法律体系业已形成，正从"有法可依"向"有法必依"阔步迈进。张炳良、戴耀廷、梁定邦教授提出了一套法治理论，冀能更切实有效地协助非西方国家转型至法治社会。按照这个法治理论，法治有四个层次，即"有法可依、有法必依、以法限权、以法达义"，而这四个层次亦可理解为法治社会发展的四个阶段。他们进一步解释了这四个层次的具体含义："有法可依"是指社会有了达到一定质量的法律供管治之用。"有法必依"是指法律成为管治的主要工具，但仍是由政府官员自发地按法律去管治。"以法限权"是指设立了各种外在于行政机关的限权机制，以确保政府官员按法律来进行管治。"以法达义"②进一步要求法律的内容要能体现公义，而公义的理解亦可以有不同的层次。③ 在戴耀廷教授看来，"有法必依"针对的对象应主要是官员，强调的则是官员必须守法。要建设法治，强调官员守法较之公民守法应是更根本的目的及要求。在管治社会时，法律并不是唯一的工具，还有很多更"方便"的"人治"工具可供官员选择。官员亦可能会基于个人的私欲贪念，而不依法而治。故此，要实现"有法必依"，提升官员本身的法治认识及意识是关键的因素。④

对于香港终审法院的法官而言，提升对《宪法》和《香港基本法》的认识，严格按照《香港基本法》行事，便能实现其司法独立的捍卫者的角色。正如潘恩所言，在人类中占支配地位的秩序，在多数情况下都不是政府所造成的。而社会的原则和人的天性是这个秩序发端的缘由。这种秩序早在政府产生之前就已经存在了，因此即使政府所依赖的那一套被取消了，它还会继续存在下去。

---

① 戴耀廷：《香港的宪政之路》，中华书局（香港）2010年版，第147～148页。
② 按照戴耀廷教授的理解，"以法达义"主要包含：程序公义（procedural justice）、公民权公义（civil rights justice）、社会公义（social justice）、商议性公义（deliberative justice）。由此可见其所说的"义"或"公义"是指公平正义。戴耀廷：《香港的宪政之路》，中华书局（香港）2010年版，第98～101页。
③ 戴耀廷：《香港的宪政之路》，中华书局（香港）2010年版，第8页。
④ 戴耀廷：《香港的宪政之路》，中华书局（香港）2010年版，第89页。

人与人之间的互赖互利的关系,以及文明社会中各个部分之间所存在相互依存的关系,它们同时构成了把整个社会连接在一起的大链条。① 而香港终审法院作为这个"大链条"当中的一环,是一个重要的制约和平衡力量。因此,香港终审法院严格按照香港基本法履行好维护司法独立的职权,充当好中央与地方的"平衡器",对于保证"一国两制"的成功实施和香港社会政治稳定与繁荣发展,具有定海神针似的巨大作用。

---

① [英]托马斯·潘恩:《潘恩选集》,马清槐等译,商务印书馆1981年版,第229页。

参考文献

一、中文文献

(一)文件

1.《香港特别行政区基本法》,法律出版社 2000 年版。

2. 中华人民共和国香港特别行政区基本法咨询委员会:《中华人民共和国香港特别行政区基本法(草案)征求意见稿咨询报告》(第 1 册),1988 年。

3. 中华人民共和国香港特别行政区基本法咨询委员会:《中华人民共和国香港特别行政区基本法(草案)征求意见稿咨询报告》(第 2 册),1988 年。

4. 中华人民共和国香港特别行政区基本法咨询委员会:《中华人民共和国香港特别行政区基本法(草案)征求意见稿咨询报告》(第 3 册),1988 年。

5. 中华人民共和国香港特别行政区基本法咨询委员会:《中华人民共和国香港特别行政区基本法(草案)征求意见稿咨询报告》(第 4 册),1988 年。

6. 中华人民共和国香港特别行政区基本法咨询委员会:《中华人民共和国香港特别行政区基本法(草案)征求意见稿咨询报告》(第 5 册),1988 年。

7.1981 年 6 月 10 日第五届全国人民代表大会常务委员会第十九次会议通过的《全国人民代表大会常务委员会关于加强法律解释工作的决议》。

8.1987 年第六届全国人民代表大会常务委员会第二十三次会议通过的《中华人民共和国全国人民代表大会常务委员会议事规则》。

9. 中华人民共和国香港特别行政区基本法咨询委员会、中央与特别行政区的关系专责小组:《司法管辖权与全国性法律在香港的应用(最后报告)》,1987 年 6 月 12 日。

10. 中华人民共和国香港特别行政区基本法起草委员会秘书处编印:《中华人民共和国香港特别行政区基本法起草委员会第八次全体会议文件汇编(之二)》。

11. 中华人民共和国香港特别行政区基本法起草委员会秘书处编印:《中华人民共和国香港特别行政区基本法起草委员会第八次全体会议文件汇编(之三)》。

12. 中华人民共和国香港特别行政区起草委员会秘书处编印:《中华人民共和国香港特别行政区基本法起草委员会第五次全体会议文件汇编》,1987 年。

(二)书目

1.[美]保罗·萨缪尔森、威廉·诺德豪斯:《经济学》(第 17 版),萧琛主译,人民邮电出版社 2007 年版。

2. 陈弘毅:《香港法制与基本法》,广角镜出版社 1986 年版。

3. 陈弘毅:《香港法律与香港政治》,广角镜出版社 1990 年版。

4. 陈弘毅:《法治、启蒙与现代法的精神》,中国政法大学出版社 1998 年版。

5. 陈弘毅:《法理学的世界》,中国政法大学出版社 2003 年版。

6. 陈弘毅:《香港特别行政区的法治轨迹》,中国民主法制出版社 2010 年版。

7. 陈端洪:《宪治与主权》,法律出版社 2007 年版。

8. 陈光中、江伟主编:《诉讼法论丛》(第 1 卷),法律出版社 1998 年版。

9. 陈丽君:《"一国两制"在港澳实践与两岸统一研究》,香港天马出版有限公司 2005 年版。

10. 陈友清:《1997—2007:一国两制法治实践的法理学观察——以法制冲突为视角》,法律出版社 2008 年版。

11. 陈道华:《"一国两制"与国家理论》,中共中央党校出版社 2002 年版。

12.《辞海》,上海辞书出版社 1999 年版。

13.《邓小平文选》(第 3 卷),人民出版社 1993 年版。

14. 董立坤:《香港法的理论与实践》,法律出版社 1990 年版。

15. 戴维·M.沃克:《牛津法律大辞典》,李双元等译,法律出版社 2003 年版。

16. 戴耀廷:《香港的宪政之路》,中华书局(香港)2010 年版。

17. [英]戴雪:《英宪精义》,雷宾南译,中国法制出版社 2001 年版。

18. [美]德沃金:《认真对待权利》,中国大百科全书出版社 1998 年版。

19. 岱旭:《一国两制——新挑战与新课题》,(香港)镜报文化企业有限公司 2004 年版。

20. 范庆华主编:《现代汉语辞海》(第 1 卷),黑龙江人民出版社 2002 年版。

21. 傅思明:《香港特别行政区基本法通论》,中国检察出版社 1997 年版。

22. 傅思明:《香港特别行政区行政主导政治体制》,中国民主法制出版社 2010 年版。

23. 冯亚东:《平等、自由与中西文明》,法律出版社 2002 年版。

24. 国务院发展研究中心港澳研究所:《香港基本法读本》,商务印书馆 2009 年版。

25. 郭道晖:《法理学精义》,湖南人民出版社 2005 年版。

26. 韩大元主编:《中国宪法事例研究》,法律出版社 2010 年版。

27. 韩大元主编:《公法的制度变迁》,北京大学出版社 2009 年版。

28. 韩大元主编:《外国宪法》,中国人民大学出版社 2005 年第 2 版。

29. 胡锦光主编:《违宪审查比较研究》,中国人民大学出版社 2006 年版。

30. 胡锦光:《中国宪法问题研究》,新华出版社 1998 年版。

31. 黄江天:《香港基本法的法律解释研究》,三联书店(香港)有限公司 2004 年版。

32. [美]汉密尔顿等:《美国宪法原理》,中国法制出版社 2005 年版。

33. 佳日思、陈文敏、傅华伶主编：《居港权引发的宪法争论》，香港大学出版社 2000 年版。

34. 张宏任：《香港发展前景与政争困境》，和平图书有限公司（香港）2011 年版。

35. 焦洪昌、姚国建：《宪法学案例教程》，知识产权出版社 2007 年版。

36. 姜士林等主编：《世界宪法全书》，青岛出版社 1997 年版。

37. 鲁凡之：《香港：从殖民地到特别行政区》，广角镜出版社 1982 年版。

38. 李步云主编：《宪法比较研究》，法律出版社 1998 年版。

39. 李昌道：《香港政治体制研究》，上海人民出版社 1999 年版。

40. 李昌道、龚晓航：《基本法透视》，中华书局（香港）1990 年版。

41. 李昌道等：《香港政制与法制》，上海社会科学院出版社 1991 年版。

42. 林峰编著：《百年宪政与中国宪政的未来》，香港城市大学出版社 2011 年版。

43. 林来梵：《剩余的断想》，中国法制出版社 2007 年版。

44. ［法］勒内·达维德：《当代主要法律体系》，上海译文出版社 1984 年版。

45. ［法］卢梭：《社会契约论》，商务印书馆 2003 年修订第 3 版。

46. ［美］L.科塞：《社会冲突的功能》，孙立平等译，华夏出版社 1989 年版。

47. 雷竞璇：《香港政治与政制初探》，香港商务印书馆 1987 年版。

48. 刘曼容：《港英政府政治制度论》，社会科学文献出版社 2001 年版。

49. 莫纪宏：《违宪审查的理论与实践》，法律出版社 2006 年版。

50. ［英］诺曼·J.迈因纳斯：《香港的政府与政治》，上海译文出版社 1986 年版。

51. 浦兴祖主编：《中华人民共和国政治制度》，上海人民出版社 2005 年版。

52. 强世功：《中国香港》，生活·读书·新知三联书店 2010 年版。

53. 强世功：《中国香港：文化与政治的视野》，牛津大学出版社 2008 年版。

54. 沈宗灵：《比较法研究》，北京大学出版社 1998 年版。

55. 孙承谷：《〈基本法〉与香港特别行政区政治体制》，世界华文出版机构（香港）2005 年版。

56. 史深良：《香港政制纵横谈》，广东人民出版社 1991 年版。

57. ［英］托马斯·潘恩.《潘恩选集》，马清槐等译，商务印书馆 1981 年版。

58. 王振民：《中央与特别行政区关系》，清华大学出版社 2002 年版。

59. 王叔文主编：《香港特别行政区基本法导论》，中共中央党校出版社 1990 年版。

60. 王禹：《"一国两制"宪法精神研究》，广东人民出版社 2008 年版。

61. 王泰铨：《香港基本法》，三民书局（台北）1995 年版。

62. 许崇德主编：《港澳基本法教程》，中国人民大学出版社 1994 年版。

63. 许崇德：《许崇德自选集》，中国人民大学出版社 2007 年版。

64. 徐克恩：《香港：独特的政制架构》，中国人民大学出版社 1994 年版。

65. 肖蔚云主编：《一国两制与香港基本法律制度》，北京大学出版社 1990 年版。

66. 肖蔚云、饶戈平主编:《论香港基本法的三年实践》,法律出版社2001年版。

67. 肖蔚云:《香港基本法与一国两制的伟大实践》,海天出版社1993年版。

68. 肖蔚云:《香港基本法讲座》,中国广播电视出版社1996年版。

69. 肖蔚云:《香港基本法的成功实践》,北京大学出版社2000年版。

70. 徐克恩:《香港:独特的政治架构》,中国人民大学出版社1994年版。

71. 徐静琳:《演进中的香港法》,上海大学出版社2002年版。

72. [美]约翰·罗尔斯:《正义论》,何怀宏、何包钢、廖申白译,中国社会科学出版社2009年版。

73. [法]雅克·朗西埃:《政治的边缘》,姜宇辉译,上海译文出版社2007年版。

74. 袁求实:《香港回归大事记》(1997—2002),三联书店香港有限公司2002年版。

75. 杨静辉、李祥琴:《港澳基本法比较研究》,北京大学出版社1997年版。

76. 杨森:《香港政制改革》,广角镜出版社1986年版。

77. 张宏任:《香港发展前景与政争困境》,和平图书有限公司(香港)2011年版。

78. 郑磊:《宪法审查的启动要件》,法律出版社2009年版。

79. 郑贤君:《宪法方法论》,中国民主法制出版社2008年版。

80. 中国社会科学院法学研究所编:《法律辞典》,法律出版社2003年版。

81. 《中英关于香港问题的联合声明》,中国民主法制出版社2011年版。

82. 中共中央文献研究室:《一国两制重要文献选编》,中央文献出版社1997年版。

83. 中央人民政府驻香港特别行政区联络办公室编:《关于香港问题的政策性论述》("一国两制"系列资料第三辑),2007年版。

84. 中央人民政府驻香港特别行政区联络办公室编:《关于"一国两制"和香港问题的理论文集》(内部资料),2007年版。

85. 中央人民政府驻香港特别行政区联络办公室编:《党和国家领导人关于"一国两制"和香港问题的重要论述》(内部资料),2007年版。

86. 周叶中主编:《宪法》,高等教育出版社、北京大学出版社2005年第2版。

87. 赵汀阳:《天下体系:世界制度哲学导论》,江苏人民出版社2005年版。

88. 郑磊:《宪法审查的启动要件》,法律出版社2009年版。

89. 朱世海:《香港立法机关研究》,中央编译出版社2007年修订版。

(三)论文

1. 陈弘毅:《香港回归的法学反思》,载《法学家》1999年第5期。

2. 陈兆恺:《中港法律制度发展的前景》,1999年11月19日在中国内地、香港法律制度比较研讨会上的演讲。

3. 程洁:《中央管治权与特区高度自治——以基本法规定的授权关系为框架》,载《法学》2007年第8期。

4. 程林胜:《"一国两制"下台湾高度自治的"四项权力"》,载《统一论坛》1996 年第 5 期。

5. 陈腾芳:《论香港特别行政区的高度自治》,载《政法学刊》1996 年第 4 期。

6. 陈文敏:《刚果案(一)》,载《明报》(香港)2011 年 6 月 15 日。

7. 董立坤、张淑钿、陈虹:《香港特区法院对涉及国家行为的案件无管辖权——兼论香港特区法院对刚果(金)案的管辖权》,载《港澳基本法研究通讯》2011 年第 4 期。

8. 董立坤:《论香港的普通法》,载《港澳研究》2005 年创刊号。

9. 董立坤、张淑钿:《香港特别行政区法院违反基本法审查权》,载《法学研究》2010 年第 3 期。

10. 戴耀廷:《"刚果案"引出终审法院梦魇》,载《信报财经新闻》(香港)2011 年 6 月 15 日。

11. 邓作君:《回归后香港审判制度与内地审判制度的区别》,载《大庆社会科学》1997 年第 5 期。

12. 范忠信:《"基本法"模式下的中央与特区司法关系》,载《法商研究》2000 年第 5 期。

13. 郭天武、陈雪珍:《论中央授权与香港特别行政区高度自治》,载《当代港澳研究》2011 第 3 辑。

14. 葛冲:《刚果案 3 函港府 外交部:正常做法》,载《文汇报》(香港)2011 年 6 月 10 日。

15. 韩大元:《由〈物权法(草案)〉的争论想到的若干宪法问题》,载《法学》2006 年第 3 期。

16. 胡锦光、陈雄:《关于最高人民法院"6·28"批复性质的解析——由个案到制度》,载《山东社会科学》2005 年第 7 期。

17. 胡锦光:《关于香港法院的司法审查权》,载《法学家》2007 年第 3 期。

18. 胡锦光、朱世海:《三权分立抑或行政主导制——论香港特别行政区政体的特征》,载《河南省政法管理干部学院学报》2010 年第 2 期。

19. 江必新:《正确认识司法与政治的关系》,载《求是》2009 年第 24 期。

20. 季奎明:《香港基本法的解释权——刍议全国人大常委会和香港法院在基本法解释上的关系》,载《甘肃政法学院学报》2006 年 5 月。

21. "一国两制"与香港基本法课题组:《"一国两制"与香港基本法》,载《法学研究》1997 年第 4 期。

22. 李树忠、姚国建:《香港特区法院的违基审查权——兼与董立坤、张淑钿二位教授商榷》,载《法学研究》2012 年第 2 期。

23. 李昌道:《香港基本法解释机制探析》,载《复旦学报》(社会科学版)2008 年第 3 期。

24. 李林:《香港基本法规定的"高度自治"及其实践》,载《四川统一战线》2007年第7期。

25. 李纬华:《香港特别行政区法院是如何确立基本法审查权的》,载《政治与法律》2011年第5期。

26. 李元书:《高度自治,港人治港》,载《学术交流》1997年第4期。

27. 李松峰:《香港基本法解释权问题研究》,清华大学硕士2006年学位论文。

28. 梁爱诗:《基本法争议难预知》,载《文汇报》(香港)2005年5月5日。

29. 梁爱诗:《律政司司长立法会致辞》,载《大公报》(香港)1999年5月18日。

30. 梁爱诗:《行政长官任期与法治》,载《星岛日报》(香港)2005年3月21日。

31. 刘玫:《"一国两制"下香港司法体系的变化》,载《人民检察》1997年第6期。

32. 刘超捷:《论中国区际法律冲突的特点及其解决途径》,载《辽宁青年管理干部学院学报》1999年第4期。

33. 刘端郎:《谈香港的法律和司法制度》,载《广州对外贸易学院学报》1989年第4期。

34. 刘燕燕:《"香港基本法"第158条的完善》,暨南大学2011年硕士论文。

35. 凌兵:《终院提请释法考验人大法治》,载《明报》(香港)2011年6月13日。

36. 罗永聪:《陈弘毅解读"刚果"判辞:不损司法独立国企非获特权》,载《明报》(香港)2011年6月11日。

37. 马瑞丽:《我国内地与港、澳、台间的法律冲突与解决》,载《学习论坛》1999年第7期。

38. 马光远:《香港,两种"法制"演绎迷人探戈》,载《法制日报》2008年12月14日。

39. 马若龙、叶海波:《从"港英政制"到"高度自治"——香港政治发展道路十年回眸》,载《学习月刊》2007年第13期。

40. 马力:《破坏人大对法院信任》,载《明报》(香港)2001年7月24日。

41. 莫力根:《"一国两制""港人治港"、高度自治方针的重要体现——评述香港特别行政区第一任行政长官及临时立法会议员的选举产生》,载《内蒙古统战理论研究》1997年第1期。

42. 齐树洁:《"一国两制"与香港终审法院》,载《人民政坛》1995年第9期。

43. 强世功:《和平革命中的司法管辖权之争从马维琨案和吴嘉玲案看香港宪政秩序的转型》,载《中外法学》2007年第6期。

44. 强世功:《司法主权之争——从吴嘉玲案看"人大释法"的宪政意涵》,载《清华法学》2009年第5期。

45. 乔晓阳:《就法论法 以法会友》,载《文汇报》(香港)2005年4月13日。

46. 乔晓阳:《探求香港政制发展正确之路》,载《文汇报》(香港)2004年4月27日。

47. 秦前红:《依法治国方略与国家管理体制的变革》,见法律教育网。

48. 上官丕亮:《论全国人大常委会解释基本法的程序》,载《山东社会科学》2008年第10期。

49. 思文:《"九七"前后的香港司法体制——香港政制系列研究之四》,载《深圳大学学报》(人文社会科学版)1997年第1期。

50. 沈木珠:《"一国两制"下深港法律地位比较》,载《特区经济》1995年第9期。

51. 孙明飞:《论澳门特别行政区司法体制的独立性》,载《华南师范大学学报》1999年第3期。

52. 宋佩瑜、吴昊辰、冯慧婷:《"刚果案"引发豁免权之争终院提请人大释法冀厘清国防外交等国家行为含义》,载《大公报》(香港)2011年6月9日。

53. 桑普:《终院提请人大释法开坏先例》,载《苹果日报》(香港)2011年6月14日。

54. 田飞龙:《法律的抑或政治的——香港基本法模式下的中央与地方关系反思》,载《研究生法学》2007年第6期。

55. 王书成:《司法谦抑主义与香港违宪审查权——以"一国两制"为中心》,载《政治与法律》2011年第5期。

56. 王凤超:《关于中央和香港特别行政区的关系》,载《中共党史研究》1997年第2期。

57. 王磊:《论人大释法与香港司法释法的关系——纪念香港基本法实施十周年》,载《法学家》2007年第3期。

58. 王岸然:《请人大释法是逃避责任》,载《信报财经新闻》(香港)2011年6月15日。

59. 吴寿江:《试析未来香港在司法领域中的高度自治权》,载《政法学报》1994年第2期。

60. 汪文:《香港终审法院问题协议的启示》,载《瞭望》(新闻周刊)1995年第25期。

61. 温红石:《全国人大常委会解释基本法对中国法制的影响》,载《信报》(香港)1999年6月28日。

62. 徐曰彪:《中英谈判与香港回归》,载《今日中国》(中文版)1997年第9期。

63. 徐静琳:《从"居港权"争讼案看香港基本法的司法解释》,载《法治论丛》2003年第1期。

64. 肖蔚云:《略论香港终审法院的判词及全国人大常委会的释法》,载《浙江社会科学》2000年第9期。

65. 香港"一国两制"研究中心主编:《香港回归十周年——基本法回顾与前瞻研讨会论文集(2007)》。

66. 香港宪报《全国人民代表大会常务委员会关于〈中华人民共和国香港特别行政区基本法〉第十三条第一款和第十九条的解释》,宪报编号为A114。

67. 香港特别行政区政府宪报,编号为A206。

68. 叶海波:《香港基本法实施中的权力冲突与协调》,载《当代法学》2012年第1期。

69. 袁吉亮:《论立法解释制度之非》,载《中国法学》1994年第4期。

70. 袁发强:《基本法的解释与香港法院司法管辖权——以刚果主权豁免案为例》,载《政治与法律》2011年第5期。

71. 曾中恕:《论中央对香港特别行政区高度自治权的保障与监督》,载《法学论坛》1997年第4期。

72. 曾华群:《略论香港特别行政区的高度对外自治权》,载《厦门大学学报》(哲社版)1998年第1期。

73. 曾华群:《香港特别行政区高度自治权刍议——对外事务实践的视角》,载《比较法研究》2002年第1期。

74. 曾慧燕:《中英谈判的日日夜夜》,载《南风窗》1985年第8期。

75. 邹平学:《全国人大常委会解释法律与解释基本法的若干问题研究》,载《港澳研究》2006年冬季号。

76. 邹平学:《香港基本法解释机制基本特征刍议》,载《法学》2009年第5期。

77. 邹平学、潘亚鹏:《港澳特区终审权的宪法学思考》,载《江苏行政学院学报》2010年第1期。

78. 湛中乐、陈聪:《论香港的司法审查制度——香港"居留权"案件透视》,载《比较法研究》2001年第2期。

79. 朱国斌:《〈香港基本法〉第158条与立法解释》,载《法学研究》2008年第2期。

80. 张祖:《抗战时期中英谈判之政府高层歧见分析——以归还香港为中心》,载《求索》2011年第4期。

81. 张月明:《论大陆和香港的区际司法协助》,载《广西大学学报》1997年第3期。

82. 张达明:《刚果案对香港法治带来的冲击》,载《明报》(香港)2011年6月21日。

83. 张剑平:《香港特别行政区终审权的宪法学思辨》,载《湖南工业大学学报》2008年第1期。

84. 张晓明:《释法符合法治的原则和精神》,载《文汇报》(香港)2005年4月13日。

85. 中国社科院法学研究所课题组:《"一国两制"与香港基本法》,载《法学研究》1997年第4期。

86. 钟业坤、沈乐平:《论香港特别行政区的司法制度》,载《暨南学报》1992年第4期。

87. 郑治祖:《曾钰成拒何俊仁"干预"否决紧急休会辩论刚果案》,载《文汇报》(香港)2011年6月15日。

88. 周南:《邓小平的"一国两制"理论与香港、澳门的顺利回归》,载《紫荆》(香港)2004年第9期。

89. 朱国斌:《香港特区法院的司法审查权》,载《二十一世纪》(香港)2011年4月号。

90. 庄永灿:《法院有权"修改"或"废除"法律?》,载《星岛日报》(香港)2011年12月4日。

二、英文文献

1. Ann D. Jordan, Lost in the Translation: Two Legal Cultrues, the Common Law Judiciary and the Basic Law of the Hong Kong Special Administrative Region, *Cornell International Law Joural*, 1997.

2. Benny Y. T. Tai, One Country Two Systems: The Two Perspectives, *Macuo Law Journal* (Special Issue), 2002.

3. Donna Lee, Discrepancy Between Theory and Reality: Hong Kong's Court of Final Appeal and the Acts of State Doctrine, *Columbia Journal of Transnational Law*, 1997.

4. Hurst Hannum, *Autonomy, Sovereignty and Self-Determination: The Accommodation of Conflicting Rights*, University of Pennsylvania Press, 1990.

5. Peter Wesley-Smith, *Constitutional and Administrative Law in Hong Kong*, Longman Asia Limited, 1994.

6. Johannes Chan SC(Hon) and C. L. Lim, *Law of The Hong Kong Constitution*, Thomson Reuters Hong Kong Limited, 2011.

7. Johannes M. M. Chan, H. L. Fu, Yash Ghai, *Hong Kong's Constitutional Debate—Conflict Over Interpretation*, Hong Kong University Press, 2000.

8. PYLO, *The Hong Kong Basic Law*, Lexis Nexis, 2011.

9. Richard Gordon QC, Johnny Mok SC, *Judicial Review in Hong Kong*, Lexis Nexis, 2009.

10. Robert Stevens, *A Loss of Innocence? Judicial Independence and the Separation of Powers*, Oxford University Press, 1999.

11. Wacks, *China, Hongkong and 1997-Essay in Legal Theory*, Hong Kong University Press, 1993.

12. Yash Ghai, *Hong Kong's New Constitutional Order—The Resumption of Chinese Sovereignty and the Basic Law*, Hong Kong University Press, 2000.

三、网站

1. 人民网, http://www.people.com.cn/GB/shizheng/1025/2434609.html。

2. 腾讯新闻网, http://news.qq.com/a/20050311/000100.htm。

3. 中国宪政网, http://www.calaw.cn/article/default.asp?id=223859。

4. 香港律政司双语法例资料系统, http://translate.legislation.gov.hk/gb/www.legislation.gov.hk/09/chi/pdf.html。

5. 法律教育网, http://www.chinalawedu.com/new/21606a14900aa2011/201159lifei151721.shtml。

后 记

本书是在我的同名博士论文基础上修改而成的。唐代大诗人杜甫在《偶题》中用"文章千古事,得失寸心知"来形容著书立说的崇高意义和甘苦得失。"千古事"指留传久远;"寸心知"指作者本人感触最深。对于吾辈后学,攒下此薄薄数十页文字,则远谈不上"著文章"和"千古事";但对于写作中的甘苦得失却体会甚深。

写作既费脑力又费体力,对我来说确实非常艰辛。也许是因为我天生愚钝、缺乏灵性;也许是因为我勤奋不足、惰性太重。但这都不能成为我放弃学习、放弃写作的理由。所谓"士志于道",乃指读书人有志于真理。既然要追求真理,又哪有不历经艰辛的道理?何况体会艰辛的过程又何尝不是一种幸福一种收获呢?

本书的选题源自我硕士阶段的导师周叶中教授和博士阶段的导师许崇德教授的悉心指导和有益启迪。在我读博士期间,许崇德教授经常和我讲起他参与香港基本法和澳门基本法起草过程中的点滴体会和逸闻趣事,使我对"一国两制"问题产生了浓厚兴趣。但对于此领域,我可以说是"门外汉"。因而,对于博士论文的选题一直"悬而未决"。从我硕士阶段开始,周叶中教授就一直关心我的学业。对于博士论文选题,周老师建议我追随许先生从事港澳问题研究。正在我博士论文选题举棋不定时,恰巧周老师承担了教育部哲学社会科学研究重大课题攻关项目"特别行政区制度在我国国家管理体制中的地位和作用研究"。我有幸成为该课题研究的参与者,于是博士论文的选题也就相对明朗了。

选题确定之后,便是搜集资料。为此,我专门去香港大学、香港城市大学、澳门理工学院的图书馆查阅文献,逛了当地的不少书店,购买了价值不菲的图书,也走访、请教了不少专家学者。得到了深圳大学邹平学教授的大力帮助,在深大法学院图书馆装修搬迁的情况下,邹教授让我顺利地查阅复印了诸多珍贵资料。经过一番搜集—研读—构思—写作—修改工作之后,我已精疲力竭。尽管如此,在本书即将付梓之际,仍然感到有不少缺憾。一是资料未完全穷尽,二是文献未完全消化。因此,在运用文献、观点阐述和研究结论上一定存在着这样或那样的不足。但想到"金无足赤、人无完人",也就稍感释怀,这也算是一种自我慰藉吧。

目前,对于很多问题,我们最大的共识便是"没有共识"。在此,恳请读者以批评、甚至批判的眼光评价本书,有了"拍砖",也就有了本书存在的价值。只有这样,才能真正地帮助作者进步,同时促使达成共识。

虽然感谢的话难免落入俗套,但还是要说!

感谢恩师许崇德教授及师母陈雍先生。在许老师耄耋之年,我有幸成为先生的门生,实属吾辈福分。先生非常珍惜师生缘分,时刻关心我和我爱人包美霞博士的学业与生活,让我们深受感动。先生学而言宪、坐而论道,棋琴书画、温文尔雅,道德文章、奖掖后学;先生思维敏捷、视野开阔,勇于创新、笔耕不辍,德艺双馨、堪称楷模。

感谢恩师周叶中教授及师母陈丹频老师。周老师治学严谨、为人谦和,将我带入了宪法学研究的学术殿堂。可以说,如果没有许崇德教授的谆谆教诲和耳濡目染,没有周叶中教授的因势利导和鼎力相助,便没有本书的面世。古人云:一日为师,终身为父。吾辈后学当以百倍努力报答师恩。

我的博士论文答辩委员会主席由中国政法大学廉希圣教授担任,中国政法大学焦洪昌教授、清华大学余凌云教授、中国人民公安大学齐小力教授、中国人民大学李元起教授担任答辩委员。论文评议老师是北京大学王磊教授、国家行政学院任进教授、中央党校傅思明教授。感谢老师们"手下留情",让我顺利通过答辩,更感谢老师们对论文的修改完善提出宝贵和中肯的建议。

感谢中国人民大学韩大元教授、胡锦光教授、莫于川教授、杨建顺教授、李元起副教授、张翔副教授、王贵松副教授和王旭副教授、喻文光副教授,感谢武汉大学李龙教授、秦前红教授、周佑勇教授、江国华教授、林莉红教授、汪进元教授、桂宇石等教授。老师们的严谨细致、幽默风趣、敬业执著、才华横溢给我留下了深刻的印象,让我终生受益。

同门师兄弟姬朝远、李晓兵、牛文展、姚文虎、王国文、崔世昌、朱世海、朱松岭、刘山鹰、李德龙、伍华军、祝捷、李秀鹏、戴建华、黄振、刘文戈、邹奕、雷振、陈国飞、杨凡等等,师妹韩轶、韩姗姗、郭文姝、杨蓉、董妍等等,感谢你们关心帮助我,并带给我无限快乐。香港城市大学陈永华博士、陈晓锋博士,香港大学肖明博士、孙莹博士为我在香港期间查阅资料提供了诸多便利。

感谢求是杂志社各位领导的鼎力支持与帮助。在此,谨向李宝善社长、陶骅总编辑、夏伟东副总编辑、朱铁志副总编辑、黄中平副总编辑、郑志骁编委、葛洪泽编委和人事部荣琪主任深表谢意,特别要向我所在的政治编辑部常光民主任、杨绍华副主任对我学业上的充分理解和大力支持,表示衷心感谢。本书的顺利出版凝聚着厦门大学出版社领导和编辑们的大量汗水和心血,在此一并致以谢意。

父母的养育呵护教育之恩是无法用溢美之词表达的,姐姐易赛莉博士和姐夫史健勇博士平时对我关爱有加,并敦促教诲。爱人包美霞博士在繁忙工作之余,承担了几乎所有家务,却毫无怨言,还利用休息时间帮我整理了大量文献资料。团结和睦的大家庭,永远是我生活的坚强后盾;亲友们期冀的目光,永远是我前进的不竭动力。

祝你们幸福、安康!

易赛键

初稿完成于 2012 年 5 月 23 日(北京)

定稿完成于 2013 年 3 月 5 日(枣阳)

修改稿完成于 2013 年 7 月 6 日(枣阳)

图书在版编目(CIP)数据

香港司法终审权研究/易赛键著. —厦门:厦门大学出版社,2013.6
(两岸及港澳法制研究系列)
ISBN 978-7-5615-4668-0

Ⅰ.①香… Ⅱ.①易… Ⅲ.①审判-研究-香港 Ⅳ.①D927.658.504

中国版本图书馆 CIP 数据核字(2013)第 126478 号

厦门大学出版社出版发行
(地址:厦门市软件园二期望海路 39 号　邮编:361008)
http://www.xmupress.com
xmup @ xmupress.com
厦门市明亮彩印有限公司印刷
2013 年 6 月第 1 版　2013 年 6 月第 1 次印刷
开本:720×970　1/16　印张:12　插页:2
字数:210 千字　印数:1~1 200 册
定价:28.00 元
本书如有印装质量问题请直接寄承印厂调换